새로운 한반도를 그리다

이화여대 북한연구회 총서 5

새로운 한반도를 그리다

초판 1쇄 발행   2023년 3월 31일

엮은이	이화여대 북한연구회
지은이	최대석 · 김엘렌 · 박민주 · 송현진 · 이경애 · 전정희 · 조현정
펴낸이	윤관백
펴낸곳	선인
등 록	제5-77호(1998.11.4)
주 소	서울시 양천구 남부순환로 48길 1(신월동 163-1) 1층
전 화	02)718-6252 / 6257
팩 스	02)718-6253
E-mail	sunin72@chol.com

정가   18,000원
ISBN   979-11-6068-806-1   93300

이화여대 북한연구회 총서 5

새로운 한반도를 그리다

이화여대 북한연구회 엮음
최대석 · 김엘렌 · 박민주
송현진 · 이경애 · 전정희 · 조현정 지음

선인

이 책은 이화여대 북한학 전공자들이 매년 관심 있는 주제를 직접 선정하여 각자의 전문성을 바탕으로 펴낸 연구서이다. 이화여대 북한연구회 연구총서는 2018년 창간호('김정은 체제 변한 것과 변하지 않는 것') 발간을 시작으로 21세기 현대사의 가장 중요한 시대적 문제로서 북한의 현재와 미래를 깊이 있게 연구할 목적으로 출판되었다. 이 책에는 지난 수년간 수행된 다양한 북한학 연구 결과가 담겨 있으며 북한의 군사, 경제, 정치, 사회, 문화, 여성 등의 분야를 폭넓게 다루며 북한 문제에 대한 인식을 증진하고 국가 안보 및 평화를 위한 정책적 대안을 모색하고자 하였다.

북한처럼 변화 폭이 크지 않은 사회 체제에서는 연구주제의 방향이 매우 중요하다. 한반도 정세가 대내외적으로 경색되고 정치, 외교, 경제적으로도 한반도 평화와 통일의 출구와 해답을 찾기 어려운 지금, 이번 호에서 북한연구회가 주안점을 두고 분석한 연구주제는 '새로운 한반도 변화'이다.

특별히 이 책의 서론에는 창간호 기획 단계부터 출판까지 아낌없는 지원과 성원을 보내주셨던 최대석 전 이화여대 부총장님의 원고를 실었다. 서론에서는 한반도 평화의 구조적 조건과 보이지 않는 비핵화 출구, 북한 인권, 포괄적 접근과 세심한 조율 속에서의 조율이 균형을 이루는, 한국의 담대한 평화정책을 다루고 있으며 '어떤 한반도 평화를 만들어갈 것인가'에 대한 깊이 있는 성찰과 고민이 잘 드러나 있다.

2장에서 김엘렌은 우크라이나 사태로 본 북한의 현실적인 선택과 한반도 평화를 위한 한국의 역할을 분석하고 있다. 필자는 우크라이나 사태가, '끼인 국가'인 한반도에 어떠한 함의를 주고 있는지, 우리가 미래를 위해 준비해야 할 외교적 방향성과 과제는 무엇일지에 대해 의문을 던진다. 특히 북한 문제와 관련하여 우리가 대비해야 할 실질적인 문제를 국제금융기구와 연동하여 다루었다. 차후 북한 정권이 인민과 엘리트들을 의식하여 북미 간 무기 감축 협상이나 비핵화 문제를 협상의 지렛대로 사용하고자 한다면 경제적인 문제에서 전향적인 진전을 위해 그들이 거쳐야 할 과정이 있고 우리의 협력을 받을 수밖에 없는 문제들이 있기 때문이라고 주장하고 있다.

3장에서 송현진은 북한 영웅정치의 지속과 변화를 다루고 있다. 이를 위해 북한 영웅정치를 시대별로 나누어 구조-제도-행위자 요인의 통합적 접근으로 분석하였다. 영웅정치는 전쟁, 분단 등의 구조적 요인의 작용으로 수령체제, 계획경제, 집단주의, 주체사상 등의 제도를 만들어냈으며 이러한 제도적 맥락에 따라 최고지도자와 후계자라는 행위자의 이해관계와 선택 등으로 영웅정치가 변화하고 있다고 설명하고 있다. 무엇보다 영웅정치가 북한 사회주의 체제를 움직이는 중요한 메커니즘 중 하나임을 확인했다는 점에서 유의미하다.

4장에서 이경애는 북한의 영어교육 열풍과 실태를 살펴보았다. 북한은 외부 세계와의 소통을 위해 시대에 맞는 영어교육에 집중하고 있으며 교과서 음원을 통해 풍부한 자료를 만들어 지역에 상관없이 모든 학생들이 동등하게 학습할 수 있는 시스템을 구축했다고 평가하고 있다. 그리고 이 커리큘럼이 학습자가 공백 없이 수업에 참여한다면 영어 실력 향상에 도움이 되도록 구성되어 있다고 분석하고 있다.

5장에서 조현정은 북한의 사교육 활용 양상과 그 의미를 다루고 있다. 필자는 북한교육에서 사교육 활용의 실제를 다층적으로 탐색하고 있다. 결론적으로 북한에서는 입시 과목뿐만 아니라 예체능 과목까지 사교육을 활용하는 것에 대한 인식이 일반화되어 있으며 사교육 정보는 입소문으로 된다고 분석하고 있다. 필자는 또한 권력과 경제적 능력을 가진 부모들이 사교육 시장을 주도하다 보니 국가적인 통제가 있음에도 불구하고 묵인되고 있는 현실도 짚어냈다. 북한에서 자녀 사교육에 투입되는 부모 지원은 삶의 질이 향상됨에 따라 자녀에게 더 많은 양질의 교육을 제공하고 싶은 인간본능에 따른 결과이지만, 업적주의로 포장된 부모주의는 사교육에 참여하지 못하는 집단에 대한 사회적 배제를 정당화하면서 사회적으로 교육 불평등을 재생산하고 있다고 주장하고 있다. 또한 북한 부모들은 사교육을 통해 자신의 지배를 정당화하는 동시에 제도권 학교 교육을 통해 보상받으며 자녀 진로 획득을 위한 전략으로 활용하고 있다고 분석하고 있다.

제6장에서 전정희는 김정은 시기 북한이탈주민의 재북 시 결핵 관리 경험을 분석한다. 이를 위해 필자는 김정은 시기 북한에서 거주할 당시에 결핵 진단과 치료를 경험한 북한이탈주민을 대상으로 CCP 모형에 기반한 결핵 치료단계 이행 정도를 바탕으로 분석하고 있다. 필자에 따르면 결핵치료 6단계 이행과정에 있어 총 15개 하위주제로 결핵치료 관리의 문제점이 도출되었고, 연구 참여자 10명 모두 불완전 결핵치료라는 결과가 나왔으며 탈북 후 검진에서도 다수가 결핵 재발을 경험한 것으로 나타났다고 보고하고 있다. 필자는 연구 결과를 토대로 북한이탈주민과 북한주민의 결핵 증상 및 재발과 관련된 인식 제고와 함께 적절한 진단과 추후 관리가 이루어질 수 있도록 인도적인 지원이 필요하다고 주장했다. 아울러 결핵의 완치를 위해서는 약품의 충분한 공급은 물론 환자의 질병에 대한 정확한 인식과 치료과정의 철저한 준수가 무엇보다 중요함을 고려할 때 붕괴된 북한 내 보건의료체계의 회복이 동반되어야 한다고 강조하고 있다. 특히 북한 내 결핵 퇴치와 체계적이고 주기적인 결핵 관리체계 구축이 무엇보다 시급하다고 주장하고 있다.

마지막으로 7장에서 박민주는 '인재양성 – 과학기술 – 경제자립'의 정책논리와 현실을 분석하기 위해 '강원도 정신'과 '전민과학기술인재화 정책'의 의미를 중요하게 다루고 있다. 필자는 북한당국이 2010년대 초반부터 IT 기반의 '전민과학기술인재화 정책'을 강조하고 2010년대 중후반부터는 그 청사진으로 '강원도 정신'을 제시하면서, 지역에서 자체적으로 과학기술인을 양성·지원하고 그들의 과학기술력을 활용하여 완전한 자립을 이루도록 강조해왔다고 보고 있다. '인재양성-과학기술-경제자립'이라는 3단 논법은 대북제재가 심화되고 대다수 현장에서 설비, 기술, 자본 등의 부족 문제를 겪고 있는 가운데, 인적 자원을 중심으로 하는 출구전략으로 평가할 수 있다고 주장하고 있다. 그러나 이 정책은 현대과학기술의 성격과 조응하지 못하는데, 개별 주민의 희생을 전제한 무리한 자립을 요구한다는 점에서 궁여지책일 가능성이 높다고 분석하고 있다.

총 7장으로 구성된 각 장의 내용은 한반도의 평화통일정책, 국제외교, 북한 내부 사회체제와 정책, 교육, 보건의료 등 각기 다른 주제를 다루되 궁극적으로는 '새로운 한반도'를 모색하고 있다.

모쪼록 이 책이 북한의 '지속'과 '변화'에 대한 종합적 연구 자료로 활용되기를 기대해본다. 아울러 국내외 연구자들뿐만 아니라 정부의 정책 결정자 및 관심 있는 시민들에게도 널리 읽히고 다양한 분야에서 이로운 곳에 쓰이기를 바란다.

여러 어려움에도 불구하고 이 책의 출판을 기꺼이 수락해준 도서출판 선인과 기획부터 출판까지 많은 도움을 준 박민주 박사에게도 특별히 감사드리며 끝으로 이 책이 나오기까지 많은 도움을 주신 최대석·조동호·김석향·박원곤 교수님께 진심으로 깊은 감사의 말씀을 전한다.

2023년 3월
이화여대 북한연구회 5대 회장 **모 순 영**

차 례

제1장

서론
어떤 한반도 평화를 만들어갈 것인가

최 대 석

미중 전략경쟁의 와중에 북한이 핵 보유 의지를 노골적으로 드러내고 있다. 새로운 핵무력 법을 공표(2022.9)하고, 미사일 도발을 일상화하고 있다. 북한 핵은 억지의 수단에서 이제 선제공격용으로 변모했다. 이른바 하노이 노딜 이후 북미 대화의 불씨도 사그라들었다. 2018년의 찬란했던 남북정상 간 합의들도 일순간에 물거품이 되었다. 김정은 정권의 대남 강경전략과 윤석열 정부의 '담대한 구상'이 충돌하면서 가까운 시기에 남북관계가 풀리기는 어려울 것이다.

지난 수십 년간 남북관계는 '긴장 조성 이후 대화가 재개되고, 대화 결렬 이후 다시 긴장이 도래'하는 악순환을 반복해 왔다. 그 때문인지 일각에서는 남북대화와 평화정책에 대한 회의론이 제기되고 있다. 한반도에서 평화를 원하는 마음이야 같겠지만 어떤 평화를 추구할 것인지에 대해서는 우리 국민의 정치적 성향에 따라 극명하게 갈리고 있다. 그러다 보니 우리에게 생필품이 되어야 할 평화가 사치품처럼 느껴지는 상황이다. 자칫하면 영구적인 분단이 되더라도 전쟁만 없으면 된다는 회의론적 사고가 한국 사회를 지배할까 걱정된다. 분단극복은 평화의 문제이면서 동시에 통일의 문제라는 점에서 그 어떤 분단도 우리의 목표가 될 수 없다.

윤석열 대통령은 2022년 5월 취임사를 통해 "일시적으로 전쟁을 회피하는 취약한 평화가 아니라 자유와 번영을 꽃피우는 지속 가능한 평화"를 추구해야 한다고 말했다. 남북대화와 협력을 강조했던 문재인 정부와는 사뭇 결이 다른 접근이다. 그렇다면 한반도에서 어떤 평화를 만들고, 어떻게 지켜갈 것인가? 북한 탓만 해서는 문제를 해결할 수 없다. 평화와 안보가 심각하게 위협받고 있는 작금의 한반도 상황을 돌아보면서, 우리가 평화의 목표를 제대로 세웠는지, 평화를 만들기 위한 우리 정부의 정책에는 문제가 없었는지 점검할 필요가 있다. 이를 통해 한반도 평화와 통일은 민주주의 기반 위에서 보편적 가치에 입각한 원칙 있는 대북정책이 전개될 때만이 제대로 된 길을 걸을 수 있음을 주장할 것이다.

1. 한반도 평화의 구조적 조건

6·25 전쟁을 경험한 우리 국민은 평화를 곧 '전쟁이 없는 상태'라고 이해하는 경향이 높다. 한반도에서 전쟁이 없는 상태를 만들고 유지하는 것은 의심할 여지없이 중요하다. 그러나 단지 전쟁이 없는 상태로서의 평화는 우리가 원하는 한반도 평화를 온전히 대변하지는 못한다. 6·25 전쟁 이후 70년이 지난 오늘에 이르기까지 전

쟁이 없었음에도 우리 국민이 느껴왔던 불안감은 단순히 전쟁이 없는 상태에 머무는 '소극적 평화'로는 극복하기 어렵다. 그 이유는 한반도 평화가 분단이라는 구조적 문제와 얽혀있기 때문이다. 따라서 한반도 평화를 말할 때 보편적인 평화의 개념을 넘어 분단의 해소, 즉 통일이라는 민족적 소망이 항시 개입한다. 요컨대 평화가 목표인 동시에 통일이라는 궁극적인 목표의 수단으로 작용하기 때문이다.

분단 이후 통일은 누구도 부정할 수 없는 당위였다. 그리고 통일은 한반도 평화까지를 내포한 개념이었다. 1950년대 남북한의 통일방안은 모두 힘에 의한 대결을 통해 어느 한 체제가 다른 한 체제를 흡수하거나 붕괴시키는 방안을 담고 있다. 따라서 이 시기에 평화는 무력과 함께 단지 통일의 수단으로서 의미를 가질 뿐이었다. 남북한은 1972년 '7·4 남북공동성명'에서 '평화적 방법에 의한 통일'에 합의함으로써 통일은 최상위의 가치로서 여타 가치 위에 존재하며, 평화통일은 하나의 원칙으로 자리 잡게 되었다. 탈냉전이 시작된 1990년대 초반 남북한은 '남북기본합의서'에서 평화와 공존에 합의했지만, 이 역시 통일이라는 큰 틀 내에서의 평화였고 평화가 독자적인 영역을 구축하지는 못했다.

한반도 평화는 1990년대 후반 한국 시민사회의 성장과 함께 독자적인 이슈로 떠올랐다. 한국의 시민사회는 1980년대 중반까지 민주화운동에 집중하였고, 통일문제는 부차적인 관심사였다. 1990년대 중반 이후에도 통일운동은 정부와의 투쟁 일변도였고, 이러한 구조는 민주화운동을 주도했던 소위 재야 민중운동 세력이 통일문제에 대한 주도권을 확보하고 있었던 데 이유가 있다. 따라서 이 당시까지 평화의 문제는 통일과 동의어 또는 통일에 종속된 하위의 문제로 머물러 있을 수밖에 없었다.

1990년대 중반 시민사회를 중심으로 한 자발적인 '북한돕기운동'은 평화의 문제가 독자적인 영역으로 자리 잡을 수 있는 사회적 토대를 제공했다. 나아가 1990년대 중반 불거진 북핵 문제를 계기로 북미 간 갈등이 깊어지고, 이에 대한 우리 사회의 역할이 중요하게 제기되면서 당면과제로서 한반도 평화는 미래의 과제로서의 통일보다 더욱 시급한 것으로 인식되었다. 이 과정에서 진보적 성향의 시민운동은 한반도 평화가 통일의 중요한 과정임에도 불구하고 평화를 북미 간의 문제로 지나치게 단순화해서 접근했다. 이는 '보편적인 것으로서의 평화'와 '특수한 것으로서의 통일'이라는 이분법적인 사고를 낳았고, 자칫 평화로운 공존 속에서 두 국가로의 분리와 분단의 현상 유지라는 부정적 사고를 확대할 가능성을 높여 놓았다.

따라서 한반도에서 평화는 보편적 가치로서 그리고 당면과제로서 핵심 의제지만 동시에 통일을 지향하는 평화로서의 적극성이 요구된다. 이것은 평화가 평화 그 자체를 위한 것에 그치지 않고 한반도에서 분단의 극복, 즉 통일을 통해서만 평화가 달성될 수 있다는 지극히 현실적인 문제이기 때문이다. 한반도의 상황에 맞는 평화의 상태를 목표로 설정하고, 보편적인 가치인 평화를 기준으로 분단의 특수성을 뛰어넘는 포괄적인 담대한 평화정책, 통일정책을 지향할 때 비로소 국내정치 지형과 남남갈등을 넘어설 수 있다. 나아가 한반도에서 평화는 상대방의 선의에만 의존하는 것이 아니라 위협이 제기될 때 단호히 대응할 수 있는 능력과 의지가 있으며,

동시에 적극적으로 대화와 협력에 나설 준비가 되어 있는 상태에서만 가능하다는 점을 모두가 직시해야 한다.

2. 보이지 않는 비핵화 출구

2018년 4월 싱가포르 북미정상회담 이후 현재에 이르기까지 북핵 문제에 대한 실질적인 진전은 전무하다. 북한이 동창리 시험장의 미사일 발사대를 철거하고 풍계리 갱도를 폭파했지만, 이러한 행동들이 진정성 있는 비핵화 행동이라고 보긴 어렵다. 2019년 2월 하노이 회담 실패는 미국과 북한 간에 신뢰가 부족하며, 북핵 문제 해법에 큰 간극이 존재한다는 것을 다시금 확인시켜 주었다.

남북관계 개선 역시 진전이 없기는 마찬가지다. 문재인 정부는 이명박, 박근혜 정부시기 소원했던 남북관계 복원을 줄기차게 시도했지만, 그 성적표는 초라하기만 하다. 문재인 정부가 비핵화의 유인책으로 제시한 선제적 대북제재 완화에 대한 국제사회의 반응은 냉담했다. 금강산 관광이나 개성공단에 대해서도 유엔제재의 예외로 인정받기 위해 노력했지만, 촘촘하게 짜여진 대북 제재의 망을 피해갈 수 없었다. 무엇보다 미국이 북한의 실질적인 비핵화가 우선이며, 의미 있는 진전 없이 제재 완화는 불가하다는 입장을 시종일관 견지하면서 문재인 정부의 대북 드라이브에 제동을 걸었다.

북미 관계가 교착화되면서 양자 사이에서 중재자 역할을 담당하려 했던 문재인 정부로서는 역량의 한계를 실감할 수밖에 없었다. 이러한 상황 속에서 북한의 인내심은 바닥나고, 문재인 전 대통령을 향한 입에 담을 수 없는 거친 욕설과 함께 한국 정부를 비난하기 시작한다. 2020년 6월의 개성 남북공동연락사무소 폭파는 2018년 4월 판문점 선언으로 시작된 한반도 평화 프로세스가 사실상 좌초했음을 보여주는 상징적인 사건이다. 서울대 통일평화연구원이 2021년 10월에 발표한 '2021 통일의식조사'에 따르면 응답자의 56.3%가 북한의 도발 가능성을 우려했다. 북한의 핵무기가 우리 안보에 위협이라는 인식은 82.9%였으며, 북한이 핵을 포기하지 않을 것이라는 견해도 89.1%나 됐다.

최근 북한은 계속해서 미사일 발사를 감행하고 있다. 2017년까지 북한의 핵 능력 강화는 미국을 겨냥한 장거리 미사일에 집중되었지만, 최근의 핵 능력 강화 방향은 한국을 겨냥한 단거리 미사일에 집중되어 있다. 북한이 연이은 도발을 할 수 있게 된 것은 중국의 도움 때문이다. 오늘의 중국은 2016년이나 2017년 강도 높은 대북 제재를 연이어 승인하던 중국이 아니다. 2018년 이후 북중 양측은 여러 차례의 정상회담을 가졌고, 2019년에는 시진핑 주석이 처음으로 북한을 방문하기도 했다. 그러는 사이 북중 간 혈맹은 복원되었고, 북한은 이제 유엔 안전보장이사회에서 거부권을 가진 후원자를 갖게 되었다.

중국은 '입술이 없으면 이가 시리다'는 옛말처럼 미중 전략경쟁에서 북한의 가치를 새롭게 확인한 것으로 보이고, 한반도에서 영향력을 유지하기 위해 노력하고 있다. 그 결과로서 강화되기 시작한 북중 밀착은 김정은 정권에게 체제 생존의 보험과도 같은 역할을 하고 있다. 경제정책 실패로 인해 경제난이 도래한다 해도 중국의 지원을 확보한 김정은 정권은 체제 붕괴의 위기를 걱정하지 않아도 되기 때문이다. 나아가 북한이 장거리 미사일 발사와 같은 전략 도발을 감행해도 새로운 대북제재가 유엔에서 만들어지기가 쉽지 않다.

날로 증강되고 있는 북한의 핵 능력은 한반도 평화에 최대 위협 요인이다. 이미 북한이 보유한 핵무기는 한국의 군사역량을 초월하고 있다. 우리 군 당국의 설명과 달리 북한의 다양한 단거리 미사일은 함께 발사되었을 때 한국의 미사일 방어망을 무력화할 수 있는 수준에 이르고 있다. 스커드나 노동미사일을 고각으로 발사하고, 대구경 장사정포를 연이어 발사하며, 종말단계에서 회피기동이 가능한 단거리 미사일에 핵탄두를 탑재해서 발사한다면 우리의 미사일 방어체계는 이를 막기가 어렵다. 그 결과 미국의 핵우산을 통해 북핵을 억제하며 북한과 비핵화 협상을 재개하는 것이 유일한 해결책일 수밖에 없다.

문제는 비핵화 협상의 재개가 쉽지 않다는 데 있다. 북중 간 밀착으로 대북제재의 이행은 큰 도전에 직면해 있다. COVID-19로 인해 북중 간 국경봉쇄가 지속되며 북한 경제에 어두운 그림자를 드리우고 있지만, 중국이 북한을 압박하며 비핵화 협상의 견인차 역할을 하는 것은 기대하기 어렵다. 오히려 중국은 북한의 입장을 고려하여 대북제재 완화를 요구하고 있다. 하지만 대북제재가 완화되면 북한은 비핵화 협상에 나올 이유가 사라진다. 그대로 시간만 보내면 사실상 핵보유국의 지위를 얻을 수 있기 때문이다.

일각에서 주장하는 종전선언이나 평화협정과 같은 형식적 의미의 평화로는 비핵화 출구가 그려지지 않는다. 협상의 주도권을 쥔 북한이 자발적으로 비핵화를 수용해야 하는데 그 가능성이 크지 않기 때문이다. 제재가 사라지면 북한은 주한미군 철수를 협상의 조건으로 내세울 것이고, 그 결과 협상은 더욱 진전을 보기 어려워질 것이다. 한반도 평화체제는 비핵화와 함께 진전을 이루어야 한다. 한반도 평화의 최대 위협이 북핵에 있기 때문이다.

한반도에 실질적인 평화정착을 이루기 위해서는 무엇보다 북한 비핵화 원칙을 철저하게 견지해야 한다. 어떠한 경우에도 북한의 핵 보유를 인정해서는 안 된다. 비핵화 협상이 시작된다면 반드시 비핵화의 최종 상태가 포함된 해법을 강구해야 하며, 비핵화 협상이 핵 군축 협상으로 변질되는 것을 막아야 한다. 만약 북한이 대화로 복귀하지 않는다면 북핵 위협에 상응한 한미동맹의 확장억제 장치가 대폭 강화되어야 한다. 그리고 북한과 비핵화 협상을 진행하는 과정에서 발생할 다양한 시나리오에 대한 한미 간 사전 공조가 중요하다.

3. 북한 인권은 정치적 논쟁 사안이 아니다

북한 인권 문제는 핵 문제 못지않게 한반도 평화를 위협하는 사안이다. 그 어느 사회에서도 인권 없는 평화는 가능하지 않기 때문이다. 1990년대 중반 식량난으로 탈북민이 급증하면서 북한 내 기아 상황, 중국 내 탈북민 강제 송환 등 북한 주민의 인권침해 실태가 본격적으로 알려지기 시작했다. 북한의 인도적 위기 상황에 대한 정보들이 탈북민들의 증언, 대북지원 국제 NGO 등을 통해 구체적으로 수집되기 시작했으며, 2000년대 초반 EU 국가들에 의해서 처음으로 북한 인권 문제가 의제화되기 시작했다.

유엔은 북한 내 인권침해를 유엔이 추구하는 세계평화에 대한 중대한 위협으로 보고 있다. 유엔은 2003년 이후 매년 EU 국가들과 일본이 앞장서서 대북인권결의안을 상정, 채택하고 있으며, 북한인권특별보고관을 두어 북한 인권 상황을 지속적으로 모니터링하고 있다. 미국은 2001년 북한인권위원회를 설립하여 북한 인권 문제를 다루기 시작했으며, 2004년에는 북한인권법을 제정하여 북한 인권 개선 활동을 하는 NGO들에 대한 재정지원을 하고 있다. 2013년에는 유엔 북한인권조사위원회(COI)가 북한 내 '조직적이고 광범위하게 이루어지는 인권침해'가 '인도에 반한 죄(crime against humanity)'에 해당할 수 있다고 규정함으로써 국제사회의 북한 인권 실태에 대한 공감대가 폭넓게 형성되었다. 2015년에는 북한 내 인권침해에 대한 모니터링과 기록강화를 위한 유엔 북한인권조사위원회 서울사무소가 개설되어 활동에 들어갔다.

국내적으로 북한 인권 문제는 갈등과 논쟁의 사안이다. 정치권이 북한 인권 문제를 인권 논리가 아니라 이념과 권력의 논리에 따라 접근했기 때문이다. 2005년에 처음 발의된 북한인권법안은 난항을 거듭했다. 보수적인 한나라당은 북한인권 개선방안을 자유권 위주로 접근했다. 반면, 민주당은 미국과 일본의 북한인권법 제정과 유엔 북한인권결의안 채택을 북한에 대한 정치공세로 평가하면서, 북한에 대한 인도적 지원 등을 통한 북한 주민의 생존권 개선을 강조했다. 우리 시민사회도 북한 인권 문제를 매우 다른 입장에서 전개했다. 북한인권시민연합을 비롯한 다수의 북한 인권 NGO들은 국제사회와 연대하여 정치범수용소 및 구금시설 내 가혹행위, 공개처형 등의 사안들을 집중적으로 부각하면서 북한의 근본적인 체제개혁과 정권교체 없이는 인권개선이 불가능하다는 입장을 취했다. 반면 진보 단체들은 남북관계 발전을 우선하여 인권 문제를 공식적으로 다루지 않거나, 인도적 지원을 통한 생존권 증진을 우선시하는 입장이다.

이처럼 북한 내 심각한 인권침해 상황에 대해서 국민 다수가 공감하더라도 인권침해가 이루어지는 구조에 대한 해석은 정파에 따라 매우 다르다. 예를 들어 북한 인권침해 상황에 대한 책임에 대해서도 북한 정권 아니면 외부적 요인으로 양분하여 전가했다. 인권의 보편성을 강조하는 측에서는 유엔을 중심으로 규범화된 국제사회의 보편적 가치인 인권 기준을 중요시하고, 이러한 기준에 기반하여 북한의 열악한 인권침해 상황에 대한 문제를 제기했다. 반면 특수성을 강조하는 차원에서는 북한이 처해있는 경제, 사회적 상황을 감안하여 북한 인권 문제에 접근해야 한다는 것이다.

북한 인권과 관련한 또 다른 논쟁의 요인으로는 인권 문제 제기가 남북관계에 어떤 영향을 미칠지에 대한 평가가 다르기 때문이다. 북한은 '우리식 인권' 개념을 내세우며 국제사회의 인권 문제 제기가 내정간섭이며 미국이 주도하는 대북 적대시 정책의 일환이라고 줄곧 주장해왔다. 북한은 미국이 평화협정 요구를 외면하면서, 수교 거부 등을 통해 북한을 국제사회와의 공존 상대로 인정하지 않고 있다는 것이다. 나아가 북한은 인도적 지원을 인권과 연계시키려는 것에 대해서도 주권국가에 대한 압력이라고 반발해 왔다. 이로 인해 진보 진영을 중심으로 국내적으로 남북관계 발전과 인권개선 노력은 병행될 수 없다는 인식이 강하게 제기되어 왔다.

문재인 정부의 대북정책은 인권압력이 오히려 북한 주민의 실질적 인권개선과 이산가족문제 등 남북 간 인도주의 사안 해결을 위한 협력을 저해할 수 있다는 전제를 바탕에 두고 이루어졌다. 그 결과 2016년에 북한인권법이 어렵사리 여야 합의로 채택되었으나, 핵심기구인 북한인권재단은 민주당이 이사추천을 거부해 아직 출범조차 못하고 있다. 나아가 문재인 정부는 4년 연속으로 유엔 대북인권결의안 공동제안국에 불참해 국제사회의 빈축을 샀다. 김정은의 눈치를 살피느라 북한 주민의 참담한 인권 상황을 외면했다는 비난을 피할 수 없다. 지난 2022년 10월에는 한국이 유엔총회의 인권위원회 이사국 선출투표에서 베트남, 몰디브 등에 밀려 낙선하는 충격적인 사태마저 있었다.

정부는 지난 5년간 우리 관심의 사각지대에 놓여있던 북한 인권에 대한 더 깊은 관심과 문제 제기가 필요하다. 북한인권재단도 하루빨리 출범해야 한다. 국가 정책추진의 보편적 가치로서 인간 존엄 존중의 인권가치를 강조하고, 이를 외교정책과 함께 대북정책에서도 중요한 원칙으로 설정해야 한다. 남북관계가 발전하기 위해 남과 북이 체제가 서로 다른 점은 인정해야지만 인권을 비롯한 보편적인 가치의 훼손을 묵과하는 것은 다른 문제이기 때문이다. 우리의 북한인권법은 자유권과 생명권을 동시에 추구한다고 명시하고 있다.

정부는 인도적 지원에 있어서도 진정성을 보여야 한다. 북한은 의료보건, 에너지, 산림황폐화 등 북한 주민의 생활환경은 여전히 열악한 실정이다. 식량문제는 나름 개선되었다고 하지만 충분치 않다. 김정은 정권은 다시금 경제난이 심화되거나, COVID-19와 같은 전염병이 만연하더라도 남북관계의 주도권 상실 등을 우려하여 우리의 직접지원을 거부할 가능성이 크다. 그러나 그럴수록 우리 정부는 세계보건기구, UNICEF 등 국제기구와 NGO를 통한 지원방안을 선제적으로 강구해야 할 것이다. 그래야 국제사회에 비핵화를 위한 대북제재의 정당성도 글로벌 중추국가로서의 우리의 이미지도 축적될 수 있다.

4. 한국의 평화정책, 그 복합적인 과제

한 나라의 평화는 국가정책의 어느 일부만을 잘한다고 해서 만들어지지 않는다. 주변환경과 국제관계와 같은 지정학적인 요인과 국내 정치·경제적 요인들이 상호작용하며 점진적으로 완성되는 것이다. 미중일러 4강에 둘러싸여 있는 한국의 평화는 자연스럽게 지정학적 문제에 대한 고민에서 출발할 수밖에 없다. 그 결과 주변국과의 외교에 힘을 쏟아야 하며, 다양한 갈등 요인들을 관리해야 한다. 동시에 한국 고유의 외교력을 갖춤으로써 미국과 중국에 대해 고유의 목소리를 낼 수 있는 '힘'을 키워야 한다. 동맹에 예속되거나 이웃 국가의 압박에 굴하지 않기 위해서는 한반도를 벗어난 인도태평양과 중앙아시아 그리고 국제적 차원에서 한국 고유의 외교망을 구축해야 한다. 국제무대에서 한국이 동원할 수 있는 국가가 많으면 많을수록 강대국도 한국의 목소리를 존중할 것이기 때문이다.

북한의 핵 위협으로부터 자유롭지 못한 한국은 독자적인 방위능력과 튼튼한 한미동맹을 갖추어야 한다. 최첨단이라 해도 재래식 무기로는 핵무기를 억제할 수 없다. 하지만 전략 개념을 바꿔 조기에 북한의 군사 지휘체계를 무력화할 수 있다면 상황은 달라진다. 이러한 독자적인 전력과 함께 북핵에 대응할 수 있는 미국의 확장억제를 튼튼히 발전시켜 나간다면, 북한의 군사적 모험주의를 좌절시키고 대화의 주도권을 잡을 수 있다. 북한의 의사에 따라 긴장과 대화가 반복되는 것이 아니라, 한국의 역량으로 평화의 기반을 조성하고 지켜나갈 수 있기 때문이다.

주변 여건이 조성되고 북핵 억제력을 갖춘 상황이라 해도 궁극적으로 한반도 평화는 북한과 대화와 협상을 통해 풀어야 한다. 그 출발은 남북 간의 실질적인 신뢰구축이 되어야 한다. 어떠한 정치·군사적 합의보다도 남북이 교류를 확대하며 서로를 신뢰하게 될 때 평화의 기운이 싹트게 된다. 남과 북은 이미 1990년대 초에 '남북기본합의서'를 만들며 쌍방 간 평화와 불가침에 관한 포괄적인 합의에 도달한 바 있다. '한반도비핵화공동선언' 역시 그 당시 만들어진 것이다. 이후 지금까지 새로운 정상회담 합의문이 세 차례 나온 바 있지만, 그 내용의 범주는 30년 전의 논의의 틀에서 벗어나지 못하고 있다. 새로운 합의 못지않게 과거 합의의 이행이 중요하며, 그 이행과정 속에서 실질적인 신뢰구축이 이루어져야 한다.

그렇다면 한반도 평화를 위한 실질적인 신뢰구축의 내용은 무엇인가. 그것은 남북 간 물적, 인적 교류협력의 관행이 쌓여 형성된 공감대의 형성이어야 한다. 적어도 남과 북이 상대방에 대해 어떠한 행동을 해서는 안된다는 금지선(red-line)에 공감하는 것이어야한다. 이러한 행동규범은 남북 간의 상호연계성과 상호의존성에 기반을 두어야 하고, 일회성 정치적 선언이 아닌 오랜 기간의 교류협력 관행이 축적되어야 의미 있는 신뢰로 굳어질 수 있다. 이 과정에서 불가역적인 평화를 만들기 위해서는 북한 주민의 생활과 인권이 개선되며, 남북이 자유롭게 왕래하고 서로의 경제에 도움이 되는 상황을 만들어야 한다. 남북 간의 교류가 호혜적인 이익으로 생활화될 때 진정한 평화가 도래할 것이기 때문이다.

문제는 남북간 신뢰구축 과제가 북한에게 '김정은 체제의 안전'이라는 과제를 안겨주는 데 있다. 북한이 지금과 같은 폐쇄적인 체제를 유지하고 있을 경우, 남북교류 확대는 잠재적 체제 위협이 될 것이기 때문이다. 결국 북한은 어느 정도 수준에서 대화의 문을 걸어 잠그며 움츠리게 될 것이다. 한국에게도 북핵에 대한 공포를 극복해야 하는 과제가 남게 된다. 북한과의 대화를 이어가기 위해서는 합리적 선에서 북한의 체제보장 요구를 수용해야 한다. 그래야 김정은 정권이 대화에 나오게 할 수 있기 때문이다. 이 과정에서 김정은 체제에 도움이 되는 경제적 지원이나 핵 문제와 관련한 중간단계의 협상을 수용할 수 있어야 한다. 핵 공포에 얽매여 압박만으로 북한을 변화시킬 수 있다는 생각이라면 북한은 움직이지 않을 것이고 신뢰구축을 위한 교류협력의 관행도 만들어지기 어려울 것이다.

실제로 남북경협은 한국 경제에 새로운 기회요인이 될 수 있다. 한반도에는 북한 위협으로 투자가 제약되는 '코리아 리스크'가 존재한다. 북한의 위협이 사라질 경우, 더 많은 해외투자 유치가 가능할 것이고, 외채 금리 또한 낮아질 것이라는 평가가 유력하다. 남북경협의 중요성은 현재보다 미래에 있다. 남북관계가 개선되었을 때 발생할 수 있는 잠재적 성장 가능성 때문이다. 북한의 핵 위협이 해소되면 북한지역에 새로운 투자가 가능하게 된다. 북한의 우수한 인력과 노동시장을 고려하면 성장 가능성은 무궁무진하다. 새로운 시장을 찾아야 하는 한국 경제에 커다란 행운이 될 수 있다.

평화를 만들기 위해서는 경제적, 사회적 요소도 중요하다. 경제 적으로 부강해야 한국이 원하는 대외관계를 형성할 수 있으며 북한을 대화로 유인할 수 있다. 사회적으로도 젊은 세대의 남북관계나 통일관이 부정적으로 흐르는 것을 차단하고 긍정적인 인식을 불어넣어야 한다. 국내정치적으로 양분된 대북인식을 인정하면서도 지속 가능한 대북정책에 대한 공감대를 만들어 가야 한다. 국내적으로 다양한 대북관을 인정하면서도 큰 틀에서 '튼튼한 안보를 기반으로 유연한 남북대화를 추진'하는 대북정책의 원칙에 합의해야 한다.

오늘날의 국제관계에서는 평화를 구성하는 다양한 요소 간의 상호연계성이 강화되는 모습을 볼 수 있다. 북핵 위협에 대응하기 위해 배치된 '사드(THAAD)'는 궁극적으로는 국방 차원의 문제였지만, 미중 전략경쟁을 의식한 중국의 대한국 압박으로 인해 한중간의 외교 문제로 번지게 되었고, 중국의 경제보복 조치로 인해 한국의 경제문제로 전이되었다. 나아가 한중관계의 악화는 북중관계의 강화를 낳았고 남북관계에 악재로 발전했다. 이 과정에서 한국의 여론과 정치가 사드 배치 찬반으로 양분되었음은 물론이다. 이처럼 평화를 구축하기 위해서는 외교, 국방, 남북관계, 경제, 사회적 측면의 과제들을 함께 풀어가야 한다.

5. 포괄적 접근과 세심한 조율 속에서 '담대한 평화정책'을 펴 나가야

최근 북한의 행태를 고려할 때 김정은 정권이 가까운 시일 안에 가시적인 정책 전환을 할 가능성은 크지 않다. 오히려 북한은 추가 핵실험이나 장거리 미사일 발사 등을 통해 한반도의 긴장을 고조시키고, 중국, 러시아와의 연대를 통해 국제적 압력을 피해 가려 할 것이다. 이러한 상황 속에서 한반도에서 평화를 추구하는 것은 자칫 이상적이고 나약한 태도로 폄훼될 수 있다. 그러나 안보의 중요성만 고집하면 갈등의 원인을 해소하기 어렵다. 평화와 안보는 서로 다른 뜻을 가지고 있지만 동전의 양면과 같이 함께 존재하는 것이다. 평화정책과 안보정책도 마찬가지다. 힘에 기초해 안보를 지켜야 평화를 누릴 수 있다. 또한 신뢰와 협력에 기초해 안정적 평화를 구축하면 위협이 감소하고 결과적으로 안보 불안감에서 벗어날 수 있다.

윤석열 정부는 자유 민주주의, 시장경제, 인권 존중이라는 우리의 정체성을 분명히 하고, 보편적인 가치에 입각한 대북정책인 '담대한 구상'을 제시했다. 아직 '담대한 구상'의 성공 여부를 판단하기는 이르지만 바람직한 정책 방향인 것은 분명하다. 왜냐하면 우리가 추구하는 한반도의 평화와 통일은 현재를 살고 있는 개개인 삶의 미래를 위한 것이기 때문이다.

'담대한 구상'이 성공하려면 정부는 무엇보다 한반도 평화와 관련된 다양한 요소들을 하나로 엮는 세심한 정책 조율 역량을 갖추어야 한다. 이를 위해서는 남북관계의 어느 일면에 과도하게 집착했던 한반도 중심적 사고를 버려야 한다. 한국의 경제적 성장은 국격과 외교의 장을 글로벌 수준으로 넓혀놓았다. 하지만 지난 문재인 정부는 북한 문제만 해결되면 모든 문제가 해결된다는 착시현상에 사로잡혀 있었다. 남북대화에 집착하는 한국 정부는 북한이 역으로 이용하기가 용이하다. 북한이 비핵화 협상의 전제 조건으로 제재 완화를 주장하는 이유도 마찬가지다. 북한과 의미 있는 대화를 하기 위해서는 남북관계에만 집착해서는 안 된다. 한반도를 둘러싼 주변 환경을 먼저 변화시킴으로써 한국에 유리한 전략환경을 조성해야 한다.

한국에 유리한 전략환경을 조성하기 위해서는 먼저 주변국과의 협력을 강화해야 한다. 특히 북한 문제에 관한 미중 양국의 협력을 이끌어내야 한다. 아직도 한국에는 '안보는 미국과 경제는 중국과'라는 안미경중의 사고가 팽배해 있다. 하지만 한중간 경제협력의 성격은 상호보완적인 영역이 줄어들고 경쟁적인 영역이 늘어가고 있다. 한국의 대중 기술적 우위는 줄어들고 있고 심지어 역전현상이 목도된다. 중국 시장이 한국 경제의 미래가 아니라 한국의 경제가 중국 경제에 예속될 우려도 제기된다. 중국을 올바로 바라보면서 한미동맹을 강화하고, 다시 한미동맹을 넘어 다양한 국가들과의 공조를 통해 북한 문제에 관한 중국의 시각을 바꿔나가야 한다. 다시 말해 변화하지 않는 북한은 중국의 전략적 자산이 아니라 전략적 부담이라는 인식을 만들어야 한다.

나아가 윤석열 정부는 과거의 틀을 벗어나 보다 포괄적인 관점에서 국민 다수가 공감하면서 우리의 국익을 극대화할 수 있는 평화정책을 기획해야 한다. 그리고 정책 추진 과정에서 한국이 보유한 외교적 자산, 국방력, 그리고 경제력 등을 잘 조율하며 정책 효과의 극대화를 추구해야 한다. 집단사고의 위험을 방지하기 위해 국내적 소통을 강화할 필요가 있다. 지난 정부의 '종전선언' 실패사례를 반면교사로 삼아 한반도의 미래를 결정하는 사안에 대해서는 반드시 광범위한 사회적 합의를 우선해야 할 것이다.

어떻게 남북 간에 대화와 경제협력을 확대하며 평화를 만들어 갈 것인가. 어떻게 동맹정책과 국방정책을 조율하며 평화를 지켜나 갈 것인가. 어떻게 비핵화와 평화체제를 선순환구조로 연계하며 주변국 협력을 전개할 것인가. 어떻게 북한 인권을 개선하며 북한의 지속가능한 발전을 가능케 하여 한반도에 항구적인 평화를 정착시킬 것인가.

이 짧은 글로 이러한 질문에 대한 답을 모두 구할 수는 없지만, 평화로운 한반도의 미래를 만들기 위한 과제들을 차분히 짚어 보았다. 미국의 저명한 시인 휘트먼(Walt Whitman)이 "우리의 얼굴은 미래를 향해야 합니다"라고 말했던 것처럼, 비록 오늘의 한국이 직면한 환경은 높은 파고가 일고 있는 거친 바다와도 같지만 평화로운 바다를 향한 긍정적인 사고를 잃지 말아야 할 것이다.

제2장

우크라이나 사태로 본 한반도의 평화

김 엘 렌

1. 들어가며

2022년 2월 러시아 푸틴이 우크라이나 사태를 촉발시켰다. 2차대전 이후 유럽의 평화는 70여 년 만에 깨졌다. 러시아가 우크라이나를 향해 파죽 공세를 펴던 6월경 푸틴은 한발 물러서는 것으로 읽힐만한 모양새를 연출하였다. 당시 그가 "추가 징집병이나 예비군은 전투에 참여하지 않을 것"이라고 말했다는 외신 보도가 나오기도 했다. 군사 작전적인 측면에서도 다양한 해석이 있을 수 있겠으나 다분히 러시아 국내 여론을 의식한 발언일 수 있다는 분석이 나올만한 대목이었다. 더불어 대러 제재에 반대 입장을 밝혀온 중국이 중재자 역할을 언급했다는 보도마저 나왔다. 당시 국제 사회의 비판적인 여론을 러시아의 푸틴도 무시하기 어려운 상태를 엿볼 수 있는 대목이라 할 것이다. 이런 국제적 여론을 의식해서인지 한발 뒤로 빼던 모양새를 보여주기도 했다.

전쟁의 명분을 얻기 위해 푸틴은 핵무력 사용을 정당화하기 위한 발판으로 2022년 9월 우크라이나 내 러시아 점령지의 영토편입을 위한 투표를 실시하였다. 투표결과 집단주의체제에서 볼 수 있는 90%에 달하는 찬성률을 보이며 가결된 바 있다. 서방 국가들은 이런 강압적인 분위기 속에서 시행된 투표에 관한 증언이 쏟아져 나오면서 UN은 영토편입에 관한 투표를 불법이라고 간주하고 추가 제재도 예고하기도 하였다. 편입된 4개 지역의 영토를 합치면 우크라이나 영토의 15%에 달한다. 푸틴의 합병선언 뒤 러시아는 이 지역전투를 이른바 '국토방위'로 규정하고자 하는 속내를 갖고 있었던 것이다. 투표로 합병되기 전 상황이 러시아계 주민을 해방하는 군사작전이었다면 합병 이후 러시아 영토로 편입된 지역의 치안과 방어를 위한 작전으로 명분이 공식화된다는 의미이다.

국제안보의 중요성과 현실주의 이론을 대표하는 학자인 존 미어샤이머(John Mearsheimer)는 과거 2차례 소련 위성 국가들이 나토에 가입한 이후 2008년 4월 구소련의 영토였던 조지아와 우크라이나가 나토 가입을 선언한 부카레스트 선언은 푸틴과 러시아에게 받아들이기 힘든 사안이었고 2008년 8월 조지아와의 남오세티아 전쟁이 벌어진 이유라고 설명한 바 있으며 2014년 2월 우크라이나에서 미국의 지원을 받은 친서방 군사 친서방 군사 쿠데타로 친러시아 정권이 무너지자 러시아의 크림반도 병합이 시행된 것도 같은 맥락에서 볼 수 있다고 하였다.[1] 당시 전문가들은 우크라이나가 나토 가

---

[1] 신성호, "우크라이나 사태와 미중 관계 및 한반도," 『아시아 브리프』, 제2권 19호 (2022); 〈http://asiabrief.snu.ac.kr/?p=659〉

입을 하게 된다면 러시아의 침공에 대해 예상한 바 있다.

현재 러시아의 푸틴 대통령 우크라이나 젤렌스키 대통령 모두 강경 입장을 이어가고 있다. 특히, 우크라이나 자국민들의 전쟁 반대, 극러, 반러 여론은 점점 거세어지고 있다. 국민 혹은 국제 여론이 전쟁 수행에 영향을 미친다는 점은 베트남전을 비롯한 여러 사례에서 확인된다. 설사 전쟁에서 이긴다 하더라도 여론에서 불리한 상황이 되면 지도자의 종말이 대체로 좋지 않았음을 역사적인 사실에서 확인할 수 있다.

그렇다면 이번 우크라이나 사태와 관련한 소식을 북한은 어떻게 다루고 있을까? 북 외무성은 2022년 10월 4일 국제기구 국장 조철수 담화를 통해 "우리는 로씨야에로의 통합을 지향한 도네쯔크인민공화국과 루간스크인민공화국, 헤르쏜주와 자뽀로쥐예주 주민들의 의사를 존중하며 상기 지역들을 자기 구성에 받아들일데 대한 로씨야 정부의 입장을 지지한다"고 밝힌 바 있다. 더불어 미국이 유엔안전보장이사회에 제출한 반러시아의 규탄결의가 표결에 붙여졌지만 러시아가 거부권을 행사함으로 인하여 부결된 바를 두고 북한은 "미국이 자기의 패권 유지를 위해 유엔안전보장리사회를 방패막이, 침략수단으로 도용하던 시대의 종말"이라며 미국을 강하게 비판하였다.

북한은 2022년 11월 2일 분단 이후 최초로 동해상 NLL(북방한계선)이남 우리 영해 근처로 탄도미사일을 쏘았다. 70여 개의 미사일을 쏘아 올리며 그야말로 근력을 과시하기에 이른다. 북한의 7차 핵실험은 언제 해도 이상할 것이 없는 것이 작금의 상황이다. 북한이 이렇게까지 하는 이유는 무엇일까? 북한의 이러한 행위들을 추동하는 동력은 여러 가지가 있겠지만 동북아 질서 힘의 변화가 그 주요 원인 중의 하나라고 볼 수 있다. 우크라이나 사태는 끼인국가 (in-between-state)인 한반도에 주는 시사점이 있다. 본 연구는 한반도 평화를 위해 우리가 앞으로 대비해야 할 다양한 실질적인 문제 중 북한의 국제금융기구 가입문제 협력가능성에 대하여 다루었다.

2. 남북관계를 반추하는 우크라이나 사태

평화의 상징으로 개최된 베이징 동계 올림픽 직후 전격적으로 이루어진 러시아의 우크라이나 침공은 접경 국가인 동유럽뿐만 아니라 서유럽을 포함하여 전 세계를 경악시키는 사건이었다. 침공 초기 러시아의 푸틴은 국제사회의 비난과 반대를 뒤로하고 침공을 강행했던 그의 속내는 무엇이었을까?

결과적으로 2022년 2월 푸틴 러시아의 우크라이나에 대한 침공은 과거 2차대전 이후 지켜져 왔던 유럽의 평화를 무너뜨린 건 자명한 역사적 사실이 되었다. 러시아가 우크라이나를 침공했으나 예상외로 고전을 면하지 못하자 푸틴은 징집 동원령을 내리게 되고 이로 인해 대규모 피난민이 발생하였다. 무차별 폭격으로 인한 민간인 희생자가 늘어나면서 푸틴에 대한 국제적 여론이 악화되고 있다. 작금의 우크라이나의 거센 저항을 종합해 보면 푸틴의 입지가 좋지 않고 더불어 핵 무력 사용 가능성까지 흘러나오면서 종국에 푸틴이 이러한 전략을 고수할 경우 내부 분열에 의해 실각할 가능성도 증폭되고 있는 상황이다.

게임이론으로 보면 러시아와 우크라이나는 그동안 여러 차례에 걸쳐 시그널(signal)을 주고받았다고 볼 수 있으며 종국에는 치킨게임에 들어갔다고 볼 수 있다. 주목할 점은 다양한 여론이 현재 진행 중인 러시아-우크라이나 양국의 협상 과정에서 미칠 영향이다. 이러한 영향이 후에 중국과 대만 사태에도 영향을 줄 수 있다는 점 등의 이유로 미국은 우회 지원을 나서게 된다.[2] 여기서 우리가 주목해야 할 지점은 우크라이나 사태가 오늘날 한반도 정세에도 영향을 미치고 있으며 우리가 앞으로 어떻게 대응해야 할 것인가에 대한 시사점을 주고 있다는 점이다. 결과적으로 북한은 우크라이나 사태로 핵의 중요성에 관한 학습을 반복하는 계기가 되었고 비핵화의 가능성은 요원해지는 것처럼 보인다. 더불어 이러한 환경은 북-중-러의 삼각 동맹의 기틀을 만드는 데 일조하고 있다.

한반도 정세는 협상으로 가는가? 게임으로 가는가? 이에 관하여 현실에 직면한 장애물은 한두 가지가 아닐 뿐더러 2020년 이후 과거와 확연히 달라진 모습을 지속적으로 보이는 북한에 대해 함의도, 방법론도 2018년 전후와 다르게 접근해야 함을 간과해서는 안

---

[2] 2022년 5월 말 폴란드 국방장관이 방한한 후 7월 폴란드와 한국 사이의 방산 계약을 하게 되었다. 거시적 측면에서 보면 미국의 큰 그림을 그리며 우회지원하는 셈이다. 폴란드와 체코가 과거 사용했던 구형무기를 우크라이나에 지원하면서 서방의 무기와 호환이 되는 신무기를 한국에서 사간 것이 일례이다. 신형 무기를 우크라이나에 지원해봐야 매뉴얼 익히는데 시간이 걸려 곧바로 사용할 수 없다는 점은 폴란드나 체코로서도 구무기를 우크라이나에 지원하면서 미국의 무기와 호환이 되는 한국의 무기를 마다할 이유가 없는 셈이다. 우리는 미국의 허가 없이는 방산계약을 제대로 할 수 없는 처지에 있는 바 윤석열 정부가 전 정권에서 추구했던 정책인 이른바 방미경중이 방미경미 정책으로 바뀌었을 보여주는 대목이라 할 수 있는 지점이다. 또한 체코 체르노호바 장관은 한국의 무기 수입을 검토하고 있다고 10월 중순 경 밝힌 바 있다. 원전에 관하여서도 깊은 관심을 보이고 있다.

된다는 점이 우리가 처한 현실이다.

그동안의 남북의 민족 공조는 남의 화해협력과 상관성을 지닌다고 볼 수 있지만 동시에 남남갈등, 혹은 남북갈등과 동전의 양면과도 같은 속성을 지니고 있으며 이는 정권이 바뀔 때마다 정치적 균열을 일으키는 핵심 상수가 되고 있다. 전 정권에서 핵이 이슈로 다루어질 때 북한은 반미와 핵을 통한 평화로, 남한은 군사적 긴장완화를 이야기하였다. 그나마 상보적 이슈였던 실리 혹은 개혁개방은 온갖 시련에 부딪혔고 오히려 이러한 이슈들이 경제적 통합의 단초를 마련하면서 평화 구축의 발판이 될 것이라는 기대는 오히려 정치적 도구의 하나가 아니었나라는[3] 비판적 입장도 간과할 수 없게 되었다. 주목되는 것은 마치 게임과도 유사한 협상을, 수십 년간 수백 차례에 걸쳐 주도해온 양측의 그 승리집단은 과연 누구였을까 하는 점이다. 과연 승리집단이 존재하기나 하는 것일까? 우크라이나 사태를 보노라면 한반도의 미래와 유사점을 발견하게 되는 지점이 아닐 수 없다. 우리가 국제 질서 속에서 국익을 위하여 다른 국가들과의 외교 차원의 완급을 적절히 조절하면서 지렛대 외교를 준비해

---

[3] 미국 국토안보부장관이 2022년 18일 싱가포르 국제 사이버 주가 써밋(SICWS)연설에서 북한이 지난 2년간 10억 달러가 넘는 암호화폐와 경화의 사이버 탈취를 통해 대량살상무기 프로그램에 자금을 지원하였다"고 밝힌 바 있다. 이는 북한, 러시아, 중국 등에서 불법으로 행하여 지고 있고 처벌은 받지 않는다고 지적하면서 나온 발언이다. 이러한 교묘해지고 부정적 결과를 갖고 오는 사이버 행위들은 모든 경제와 국가 안보에 위협이 된다고 비판했다. "In the last two years alone, North Korea has largely funded its weapons of mass destruction programs through cyber heists of cryptocurrencies and hard currencies totaling more than 1 billion dollars. They have perpetrated these cyber heists against entities within countries present today, and they have done so with near impunity."(마요르카스 장관 발언내용), 또한 추후 쌍방울 사태도 추이가 주목되는 사안임.

야 이유를 던져주고 있다.

2022년 현지 시간 10월 19일 러시아가 우크라이나 내 점령지 4곳에 계엄령을 발표하였다. 이러한 발표에 대해 우크라이나 당국은 "재산 약탈을 정당화하는 시도"라고 신랄하게 비판하였다. 우크라이나 볼로디미르 젤렌스키 대통령은 계엄령 발표 직후 SNS를 통해 "적이 무엇을 계획하고 실행하든 우크라이나는 우리를 지킬 것"이라고 올렸다. 우크라이나 대통령실 보좌관 미하일로 포돌랴크는 점령지에 대한 계엄령은 우크라이나에 대한 약탈을 합법화를 가장한 가짜 전략으로 간주하며 영토해방에 관한 의지를 밝혔다. 러시아가 헤르손주 점령지 주민 6만 명에게 대피령을 내린 데 대해서도 우크라이나의 헤르손 행정부 부수반은 러시아가 공포를 조장하고 정치 선전전의 그림을 만드는 게 푸틴의 러시아가 원하는 목표라고 일축하였다.

우크라이나 사태는 푸틴이 핵 무력 사용까지 염두에 두고 있는 지경까지 와 있다. 유럽연합(EU) 수장은 러시아 인접국인 중국에 대해 경계심을 드러내는 발언을 하였다. 유럽연합(EU)의 이러한 기류는 2022년 2월 우크라이나를 침공해 장기전에 들어가고 있는 와중에 유럽연합이 아닌 러시아와 관계를 돈독히 하는 입장을 보여주고 있는 중국의 모습에서 비롯된 것으로 볼 수 있다. 중국은 대만과의 관계에 관하여 강경한 입장을 고수하고 있는 터라 러시아 사태는 일종의 그들의 동반자적 입장을 견지하고 볼 수 있다.

UN 안전보장이사회 5개의 상임이사국 중 두 나라가 반인권적인 행태를 보여주고 있는 셈이다.

이스라엘 학자 유발 하라리(Yuval Harari)는 우크라이나 침공이 2차대전 이후 지난 70년간 유럽을 중심으로 전개된 반전운동을 다시

회귀시키는 단초가 될 것이라고 했다. 그러나 구소련과 서 유럽 사이에서 완충지대 역할을 했던 동유럽 국가들에 대한 나토 가입을 방관 혹은 조장한 미국과 나토의 태도는 러시아 시각에서 보면 소위 체제가 다른 국가들이 접경지대를 일대를 에워싸는 형국이었고 이러한 점들은 위협감을 느끼지 않을 수 없었을 것[4]이란 비판도 있다는 점도 간과해서는 안될 것이다.

이러한 우크라이나 사태로 러시아, 중국 그리고 북한의 더욱 가까워진 밀착 관계는 종국에는 한반도의 평화에 셈법에서 영향을 미칠 수밖에 없는 상황이 되고 있다.[5]

3. 국제관계의 키워드: Decoupling

한반도를 비롯하여 평화가 절실한 곳에서 평화 논의가 답보상태이다. 냉전이 해체된 지 30년이 지났지만 여전히 평화연구나 담론

---

[4] 뉴욕타임즈의 국제전문 대기자 토마스 프리드먼은 1차적 책임은 푸틴에게 주어진다고 해도 냉전 이후 나토의 존속을 달가워하지 않는 러시아에게 위협이 되는 확장 정책을 하지 않을 것이라는 약속을 한 미국과 서방국가의 책임도 간과할 수 없다고 하였다. 그러나 구소련 붕괴 이후 1990년대 후반과 2000년대를 걸쳐 폴란드, 헝가리, 루마니아, 체코 그리고 발틱 3국에 대한 나토 가입을 통한 결국 확장되었다. 현재 미국이 직접적 우크라이나를 지원할 수 없는 상태이기 때문에 미국과 무기체계가 다른 우크라이나에게 체코와 폴란드가 구무기를 지원해 주고 K-방산산업이 수출할 수 있게 전략적 체계 속에서 우회적으로 지원해 주고 있는 상태이다. 윤정부의 방미경미 정책과 일치한다고 볼 수 있을 것이다.

[5] 북중러 삼각벨트 강화: 2019년 유엔 상임이사국인 중국과 러시아가 북한의 대북제재에 관하여 반대의사를 밝히면서 본격적으로 북중러 삼각벨트가 예상. 2022년 현재 중국과 러시아가 과거에 비하여 크게 밀착되고 있음을 직관적으로도 알 수 있는 상태에 이르게 되었다.

이라는 것은 아직 자리를 잡지 못한 채 추상적 개념으로 인식하는 경향이 있다. 안보 연구가 평화연구라는 등식 프레임 속에 갇혀 이는 곧 북한과 연동되어 온 지난한 과거가 한 몫을 했을 것이다.

주지하다시피 최근 불거진 우크라이나 사태로 인해 북한 정권은 핵문제에 관하여 반복적 학습하게 되었을 것이다. 소위 끼인 국가 (in-between-state)에 속하는 한반도와 우크라이나가 지향해야 하는 국제적 전략은 무엇일까?란 화두를 던져주고 있다. 이와 관련하여 지금 현재 혹은 미래 국제정치를 지배하고 있는 키워드는 무엇일까? 많은 국제정치학자들은 탈동조화(decoupling)를 이야기하고 있다. 단절(disconnectedness), 분절로 표현되기도 하는데 경제 용어로서 탈동조화(decoupling)는 한 나라의 경제가 특정 국가 또는 세계전체의 경기 흐름과 독립적으로 움직이는 현상을 의미하며 국제정치학에서의 탈동조화(decoupling)는 좀 광역적으로 정의하고 있다. 이는 세계화의 종말을 목도하고 있고 탈세계화(de-globalization) 시대의 도래를 의미하기도 한다. 이러한 국제정치학적 이슈를 가지고 북한 문제를 연동해서 향후 방향성에 관한 여러 가능성에 관하여 대비할 필요성이 제기된다.

냉전이 끝난 직후 1992년 프란시스 후쿠야마(Francis Fukuyama)는 냉전의 종식과 국제질서에 대한 낙관론을 펼치면서 자유주의 승리를 이야기했다. 물론 국제정치에서 갈등이 끝나고 항구적 평화를 이야기한 것은 아니었을지 모르나 비민주국가에 대한 민주화 가능성에 대하여 낙관적 시각을 제시하였다.

이어 토마스 프리드만(Thomas Frideman)은 그의 두 개의 저서[6]를 통해 알 수 있듯이 세계화에 관한 낙관주의자이다. 토마스 프리드만은 세계화로 인해 지정학(geopolitics)[7]의 중요성이 퇴색할 것이라는 주장을 펼치는데 그의 주장은 저서 제목에서 직관적으로 알 수 있듯 지구는 세계화로 인하여 평평하게 되었으니 더 이상 지정학의 중요성이 더 이상 유효하지 않다는 것이다.

2013년 지정학자 로버트 카플란(Robert Kaplan)은 The Revenge of Geography(2013)에서 세계화 효력은 과장되었다고 주장하면서 여전히 지정학의 중요성을 강조한다. 더불어 피터 자이한은 저서 The End of the World is Just the Beginning(2022)을 통해 2차대전 이후 70년 동안 역사상 가장 풍요로운 시기였지만 잔치는 끝났다고 표현한다. 그는 The Accidental Superpower(2016)에서 현재 미국의 국제질서 관리의지가 약화되었으며 사실상 미국 1, 2차 대전 전후 고립주의 외교정책을 고수하는 전통이 강한 나라였다고 역설하고 있다.[8]

2022년 중국에서는 우여곡절 끝에 3기 시진핑 시대가 열렸다. 러시아는 우크라이나 전쟁 중에 있으나 동북아의 환경변화로 세 나라의 관계는 오히려 굳건해지고 있는 모양새이다.

특히, 눈여겨봐야 할 부분은 20차 당대회에서 등장한 '중국식 현대화'한 표현이다. 이는 공산당이 경제를 주도해야 한다는 맥락으

---

6) Thomas Friedman, The Lexus and the Olive Tree: Understanding Globalization, New York: Farrar, Straus and Giroux, 1999; Thomas Friedman, The World is Flat, New York: Farrar, Straus and Giroux, 2005.

7) 지리적인 위치관계가 국제관계에 미치는 영향을 연구하는 학문

8) 현재 미국인들이 지향하고자 하는 방향성(고립주의)을 간파하고 이러한 점을 파고든 것이 트럼프였다(세계대전 이전 미국은 국제질서를 운영하려는 의지가 약했던 나라이고 이를 추동하는 당시 미국 이익 집단의 이름은 america first!) 현재 미국은 더 이상 국제 공공재를 제공할 여력이 없어지고 의지도 약화되고 있다고 하면서 이는 미국사회 저변에 많은 변화가 야기된 것을 원인으로 보고 있다(이라크 전쟁 패배, 2008년 금융위기, 미국의 중산층의 붕괴 등).

로 이해되는 부분인데 등소평이 과거 사회주의 시장경제를 도입했던 취지와 역진하는 모양새이다. 과거 등소평이 민진국퇴(民進國退)의 필요성을 주장했다면 시진핑은 시장경제의 폐해를 줄이기 위해 국진민퇴(國進民退)를 역설하고 있다. 이 지점에서 마르크시즘의 이야기도 등장한다. 주지하다시피 국제관계의 키워드로 디커플링이 논의되고 있는 맥락과 오버랩되는 부분이다. 시진핑의 공언대로라면 글로벌 공급망의 탈동조화 현상도 예상되는 지점이다. 최근 미국은 핵심산업의 탈동조화 현상을 조장하는 측면이 있다. 물론 중국의 예를 들며 우방국에 대하여 미국의 공급망 강화 정책에 대해 부합하는 노선을 취해주길 바라는 형국이다. 그렇다면 미국의 정책에는 국제적 룰이 있는가 세심히 따져 보아야 하지 않는가? 인플레이션 감축법에서 쓴잔을 경험한 우리는 독자적인 목소리를 내기엔 한계가 있다. 아시아 국가, 유럽 국가와 협력의 지렛대를 찾아야 하는 이유이다. 우리는 여전히 변하지 않는 끼인국가(in-between-state)이며 지정학적 혹은 지경학적 영향권 하에 있는 국가이기 때문이다. 20차 당대회에서 보인 중국의 행보는 한반도 상황에 즉각적인 영향을 미친다. 따라서 우리가 앞으로 찾아야 할 전략적 행보에 대하여 보다 현실성이 있는 세밀한 프로토콜이 필요하다. 이것이 미국만을 쳐다보며 외교를 고집할 수 없는 이유이다.

4. 북한 VNR 새로운 국제관계 렌즈로서의 가능성

북한 VNR을 국제관계 혹은 남북관계에서 협상의 새로운 렌즈로서 볼 가능성은 없을까?

연구자는 북한이 2021년 7월 유엔에 보고한 VNR 내용의 핵심이 식량이나 의약품의 원조 혹은 국제 사회와의 협력 요청일 것이라는 점에 대해 일종의 가설을 설정해 보았다. 북한의 주장처럼 화성-17형이든, 혹은 한미 군당국의 주장처럼 화성-15형이든, 과거와 다른 점은 "용감히 쏘라"는 한 마디 안에서 드러났다. 북한은 이제 자신들이 적어도 ICBM급 미사일을 가졌다는 점을 더이상 감추지 않기로 한 것으로 보인다. 여기에 조만간 핵실험 재개도 예상되는 상황이다. 2022년 발발한 우크라이나 사태는 북한에게 시사하는 점이 있고 그들의 셈법을 보다 복잡하게 만드는 양상을 지니게 하였다. 게임 체인저 여부를 둘러싼 양측의 치열한 신경전만큼 향후 협상 틀에 상당한 변화가 있을 것이라는 것을 짐작할 수 있다. 이 지점에서 북한의 VNR에 관해 주목해 볼 필요성이 있다.

북한이 2021년 7월 유엔에 보고한 VNR 내용의 핵심이 식량이나 의약품의 원조 혹은 국제사회와의 협력 요청일 것이라는 점에 대해 일종의 가설을 설정해 본다면 가설의 배경은 시점이다. VNR은 회원국이라면 4년마다 자발적으로 제출하도록 되어 있는데 북한은 이제껏 제출하지 않다가 2021년 7월 제출했기 때문이다. 대북 재제, 코로나, 자연재해 이른바 삼중고를 겪고 있다고 알려진 시기였다. 내용을 보면 "곡물 생산량이 10년 만에 최저이다, 의료인력과 장비, 약품 등이 부족하다"라는, 보기에 따라서는 북한 내부의 치부에 가까운 내용들이 포함되어 있다. 이를 원조 혹은 국제 사회를 향한 협력 요청이라는 가설을 전제로 보자면, 현재 북한의 '무력도발'이라는 긴장감 속에서도 향후 남북 협상의 접점이 마련될 여지가 있다. 양자 혹은 다자 방식으로 무상원조가 될 수도 있고, 과거 서독의 대동독 지원처럼 차관 방식이 될 수도 있을 것이다. 다만, 이 같은 논의 출발의 전제는 내부의 여론이다. 이는 남북 양측이 마찬가지일 것이다. 정부의 어떤 정책이 집행되는 과정에 있어 여론은 그 정책을 집행하는 승리집단의 명멸을 좌우하기도 하기 때문이다. 식량과 보건은 가장 인도적 분야이면서, 동시에 안보의 핵심축이다. 또 다시 가시화되는 핵의 위기를 어떤 협상 테이블에서 다루어야 할지, 지혜가 필요한 시점이다. VNR은 그런 점에서 또 다른 렌즈를 제공할지도 모른다.

작금의 우크라이나 사태가 일어나기 전이라는 시기적 문제가 있을 수 있지만 우크라이나 나토 가입이 실행이 될 경우 러시아의 우크라이나 침공은 예견된 일이었다. 때문에 현재로서 북한의 입장은 답보상태로 보이지만 그동안 북한이 국제기구에 협력했던 점에 대해 감안하고 상생을 고려하고 있다면 앞으로 필요한 조치들에 대해 한반도 공동체로서 무엇을 준비해야 하는가?에 대한 논의가 필요한 시점이다. 사실상 북한의 비핵화 문제를 해결하지 않고서는 현재로서는 협상의 이르는 묘안이 없는 상태이다. 특히, 우크라이나 사태를 보면서 북한의 비핵화에 대한 바람은 요원한 일인 것처럼 보인다. 그러나 북한의 엘리트들의 집단이탈과 인민들의 삼중고를 고려해서 나온 '인민대중제일주의'의 태동 배경을 분석해 본다면 어쩌면 요원한 일이 아닐 수도 있다.[9] 국제관계는 국익에 따라 움직

---

[9] 2021년 집권한 지 만 10년이 된 김정은 시대를 대표하는 키워드 중 하나가 '인민'이라는 점은 큰 이견이 없을 것이다. 김일성 시대가 주체사상, 김정일 시대가 선군사상이라면 김정은 시대 북한 정치는 '인민대중제일주의'로 집약될 수 있다. 특히,

이지만 그 양상과 셈법이 점차 복잡해지고 있기 때문이다. 따라서 앞으로 다가올지도 모를 대북 제재의 완화나 북한의 비핵화 문제 혹은 무기 군축에 관한 협상이 북미간에 어느 정도 선에서 합의를 본다면 선행되어야 할 국제 금융기구 가입 문제에 대해 논의를 통해 우리가 해야 할 지점이 무엇인가?에 대한 성찰이 필요하다. 이 부분에 대하여 국민들이 정치적 균열의 상수로써 북한 문제를 보기보다는 한반도의 미래를 안정적으로 만들 수 있는 큰 그림의 일환으로 보는 사고의 전환이 필요한 때인 것이다.[10] 북한이 차후 북미간 무기감축 협상이나 비핵화 문제에 대해 북한의 인민과 엘리트들을 의식하여 경제적인 측면에서 전향적인 진전을 기대한다면 개혁개방을 바탕으로 하는 경제발전 전략 수립 가능성이 크며 국제기구와 국제 금융기구의 협력을 통한 효율적인 경제발전 모색 가능성을 타진하는 것이 수순이기 때문이다. 따라서 국제기구 중 주로 금융기구의 성격과 가입 순서를 논의할 필요성이 제기된다. 여기서 다룰 국제기구는 UN ESCAP, WTO, IMF, WORLD BANK, ADB, AIIB이다. 이 중 UN ESCAP는 국제 금융기구가 아니지만 ADB 가입을 위

1980년 이후 36년 만에 당 대회가 열리고 정례화하고 있는 점, 또 다양한 층위의 당 조직들과 각종 회의들이 신설, 재개되어온 모습은 '당-국가체제'의 모습을 갖춘 사회주의체제의 정상화, 나아가 법의 제도화를 통해 국가 기반을 재정비하고자 하는 김정은 위원장의 국정 철학을 드러내는 것으로 읽힐 수 있기 때문이다.

10) 미국으로서도 우크라이나 사태에 이어 시진핑의 3번 연임으로 가게 되면서 중국-대만 사태까지 염두에 두고 있는 상황이다. 대만에서는 부의 축적을 통해 자산을 불린 자산가를 중심으로 싱가폴로 이주러시가 본격화되고 있다는 보도가 나오고 있는 실정이다. 미국입장에서는 북한에 까지 신경을 쓸 여유가 없다. 이러한 시기를 이용하여 북한은 미사일을 전례없이 퍼 붓고 있는 상황이다. 북중러 삼각벨트가 굳건해지는 건 미국으로서도 바라는 바가 아니기 때문에 이 문제가 어떻게 풀릴지는 추이를 두고 봐야 할 것이다.

한 선행가입이 되어야 하는 기구이다.

UN ESCAP 설립 배경은 다음과 같다. 1947년 UN 총회에서 아시아 극동경제위원회(ECAFE) 설치 후 1974년 아시아·태평양경제사회위원회(ESCAP)으로 명칭을 변경하였다. 아시아-태평양 지역의 산업화에 관한 내용, 교통인프라 구축, 금융협력과 기술협력과 같은 다양한 기능을 수행한다. 가입조건은 (지리적 조건) 아시아 및 태평양 주변에 위치한 국가로 총회(commission)를 통한 승인에 의해 회원국으로서 인정을 받는다.

주지하다시피 ADB의 가입선행 조건이 UN ESCAP라고 언급하였다. 그렇다면 UN ESCAP 회원국인 북한은 ADB에 가입되어 있을까? 북한은 UN ESCAP에는 가입이 되어 있지만 ADB에는 가입이 되어 있지 않다.

ADB는 1966년 일본에 의해 설립된 지역개발은행(regional development bank)이고 지금은 아시아 지역을 대표하는 개발금융기구로 경제개발에 필요한 재원을 제공하는 것과 같은 일을 하면서 아시아 지역 경제개발을 위해 설립되었다. 가입 절차는 가입 희망국이 의사를 표명하면 집행부의 총재와 이사회의 비공식적으로 가입 허용 여부를 검토하는 단계를 거쳐 이사회의 승인을 얻은 후 회원국들의 투표를 걸쳐 가입이 결정되는 프로세스를 가지고 있다. 이때 가입이 결정되면 가입 희망국들 출자금을 납입해야 하는데 북한의 경제 규모가 통계적으로 유의미하지 않은 방식으로 산출되고 있고 북한의 데이터 제공에 관한 약속이 이루어지지 않는 등 북한의 통계 문제가 투명하게 해결되어야만 하는 난제를 안고 있다. 따라서 정치적 문제와 경제적 통계 문제가 해결되지 않은 이유 등으로 현재 UN ESCAP

에 가입되어 있음에도 불구하고 북한은 가입되어 있지 않다. 1997년 ADB가입신청 후 거부되자 2000년에 가입 의사를 표명한 바 있다. 두 번의 가입 시도 모두 미국과 일본의 반대로 무산된 바 있다. 1, 2차 세계대전과 미국의 대공황을 거치면서 환율을 안정시킬 수 있는 국제통화 시스템 수립의 절실하였고 이러한 요구는 IMF 설립 배경이 되었다. 2022년 기준으로 190개국 회원국이 가입되어 있다. 한국도 1990년대 말 IMF 시대를 겪었던 나라이다. 이 국제 금융기구는경제 및 재정지원이나 다자간 지불시스템 구축 등의 기능을 수행하고 있다. IMF도 가입신청국의 공식 가입 신청을 받고 가입 신청국에 대한 데이터(외환보유고, 경상지금 및 국제수지 정보를 기반으로 쿼터를 산정)수집을 한 후 기존 가입국 중 비슷한 경제규모를 가지고 있는 나라의 쿼터에 맞춰 협상하고 가입신청국이 산정된 쿼터에 동의 여부에 따라 이사회 투표로 최종 결정하고 회원국의 자격을 부여하는 과정을 거치고 있다. 미국의 영향력이 센 이곳에 북미관계 개선 없이 가입한다는 것은 어려움이 있다고 볼 수 있다.

World Bank는 제2차 세계대전 이후 파괴된 경제복구와 개발도상국의 경제발전 지원을 위해 설립되었으며 1944년 브레트우즈 협정을 바탕으로 1945년 미국 워싱턴에 본부를 두고 있다. 개발도상국 지원을 통하여 이들 국가들이 갖고 있는 빈곤 문제 감소, 지속 가능한 발전 등을 촉진하는 기능을 하고 있다. 여느 국제 금융기구와 마찬가지로 가입을 원하는 신청국들이 공식적인 과정을 통해 신청을 하고 가입신청국의 경제 상황을 논의하여 출자금, 출자 주식 수를 상임위원회를 통해 논의하는 과정을 거쳐 총회에 표결을 붙여 가입 결정을 하게 된다. 이때 IBRD협약에 서명을 하게 되는데 가입신청국이 출자 주식인수 출자금을 납부해야 한다. 이때 경제 규모에 대한 투명한 자료를 제출해야 출자금납부에 대해 논할 수 있지만 북한의 경우 경제 통계를 공식적으로 밝히지 않고 있고 설사 제출한 자료가 있더라도 통계 수치의 유의미성에 관하여 논란이 많은 상태이므로 가입이 되어 있지 않다.

AIIB는 중국의 제안으로 2016년 베이징에 본부를 두고 설립되었다. 주로 개발도상국 인프라를 구축하고 투자하면서 경제적 발전을 지원한다는 설립 취지를 가지고 있다. 2016년 설립 당시 57개 회원국으로 시작했으나 2022년 103개국으로 집계되고 있다. 주로 지분투자, 지급보증, 기술지원이나 협조 융자와 같은 기능을 수행하고 있으며 가입 절차의 경우 가입 단계 전에 IMF나 IBRD 회원국이어야 한다. 중국이 북한에 대하여 가입을 추진하고자 하더라도 유럽 등에서 가지고 있는 투표권이 25% 이상이기 때문에 승인될 가능성은 희박하다고 볼 수 있다.

마지막으로 WHO에 관한 설명을 하고자 한다. 국제 금융기구 중 가장 가입하기 까다로운 기구로 알려져 있다. 이 국제 금융기구는 우루과이 라운드 협상에 기초하여 1995년에 설립되었다. 관세 인하를 최종 목적으로 하는 다자가 협정 GATT에서 더 나아가 자유무역을 통한 세계 경제 발전을 목표로 두고 있다. 2022년 164개 회원국과 25개의 옵저버국이 참여하고 있다. 주지하다시피 다자간 무역 협상의 프레임을 제공하고 회원국들이 협상을 잘 수행하고 있는지에 대한 감시 기능과 더불어 개발도상국 무역 관련 제도를 지원하는 등의 역할을 하고 있다. 가입을 원하는 국가는 각 나라의 무역이나 경제 정책에 관한 설명 보고서를 제출하고 회원국들이 볼 수 있어야 한다. 다자간 협상과 양자간 협상을 거친 뒤 가입의정서를 작성하게 되는데 가입의정서 제출에 앞서 통합양허표를 작성해야 한다. 그 이후 가입 여부를 회원국의 동의를 거쳐 결정하게 되는 것이다. 특히 양자 협상의 경우에는 각 회원국과 가입신청국이 시장 접근성이나 관세율과 같은 협상을 하게 되는데 이때 최혜국대우 원칙이 적용되는 것이 특징이라 하겠다. 설명한 6개의 기구 중 가입 과정에서 많은 이슈가 발생되므로 오랜 시간이 소요된다. 경제적 발전을 하기 위해서는 북한의 국제 금융기구의 가입은 사실상 필수 불가결한 상황이다. 그러나 주지하다시피 북한의 북미관계 개선과 같은 정치적 문제와 북한의 경제지표에 대한 통계 문제가 해결되지 않고서는 국제 금융기구에 가입하는 것은 사실상 불가능하다.[11] 이 지점이 북한통계와 관련하여 한국이 할 수 있는 역할이 있을 것이며 정치적 문제인 북미간의 중재자 역할을 하는 것이 한반도의 평화에 주요한 영향을 미칠 것이다. 정부는 장기적으로 이 부분에 지렛대와 같은 완급 조절을 통해 북한을 국제기구로의 편입을 유도해야 하는 이유일 것이다. 이는 한반도의 적극적인 평화를 이루는데 있어 필수불가결한 프로세스라 하겠다.

아시아에서 체제전환국의 사례를 보면 IMF, WORLD BANK, ADB는 회원국으로서 인정을 받은 사례가 있지만 사실상 국제기구로부터 본격적인 지원은 경제체제 전환이 필수적인 선행조건이었다. 결과적으로 북한 스스로 개혁 개방의지를 가지고 있어야 한다는 점을

---

11) 그동안 북한은 끊임없이 국제 금융기구에 가입하고자 노력해 왔다. 이 부분은 본문을 통해 다시 설명할 것이다.

국제사회를 통해 인정을 받아야 한다는 의미가 되겠다. 대부분의 국제기구뿐만 아니라 금융기구는 미국의 영향력이 지대하다. 그만큼 정치적 요소도 주요한 변수 중 하나인 것이다. 궁극적으로 가입이 문제가 아니라 가입 이후 이루어질 경제적 지원이라는 것이 미국의 영향을 절대적으로 받기 때문에 북미 관계 개선 없이는 북한의 경제 발전을 위한 WTO 가입은 사실상 요원한 일인 것이다.

한국의 경우 위에서 설명한 국제기구와 금융기구에 모두 가입한 상태이나 북한은 UN ESCAP에만 가입이 되어있을 뿐 나머지 금융기구에는 가입하지 못한 상태이다. 국제기구에서 영향력을 발휘할 수 있는 미국, 일본 등과 관계 개선을 하고자 했던 김정은 위원장의 속내도 이러한 부분에서 영향을 받았다고 볼 수 있는 지점이다.

5. 나오며

우크라이나 사태를 두고 시사점을 도출한다면 다자간 복잡한 셈법을 가지고 있는 협상의 새로운 방정식 도출이 시급한 때라는 것은 이견이 없을 것이다. 우크라이나 사태는 크게 동맹과 핵 사용에 관한 측면에서 남북 양측에 화두를 던진다고 할 수 있다. 러시아가 내세운 침공 배경에는 우크라이나의 나토화를 막겠다는 것이었다. 우크라이나의 친러화 혹은 중립화로 포장된 사실상의 고립화로 해석이 되는 대목이다. 전쟁은 터졌고 우크라이나는 동맹 확보를 위해 여전히 백방으로 뛰고 있다. 하지만 전망은 여전히 밝지 않으며 제3차 대전의 가능성으로 배제할 수 없는 상황이 되고 있다.

현재 한국의 동맹국은 미국이다. 새로운 한국 정권의 출현으로 '안미경중'이 막을 내릴 것으로 간주되고 '안미경미' 추세가 현실화되고 있다. 대표적으로 폴란드 무기협약이 이에 관한 신호탄이라고 볼 수 있을 것 같다. 더불어 체코에서 논의되고 있는 한국 무기 수입과 원전에 관한 것도 이와 동일선상에서 볼 수 있다. 미국이 직접적으로 나설 수 없는 우크라이나 사태에 구 무기로 일원화된 체코와 폴란드가 우크라이나에 대해 무기 공급을 적극적으로 지원하고 새로운 무기를 구입하는 명분이 되고 있는 것이다. 미국의 큰 그림 속 전략의 흐름 속에서 이루어지고 있는 상황이라고 해석할 수 있다.

미래의 현실이 어떻게 흘러갈지 예단하기는 쉽지 않지만 도전의 지뢰는 여러 곳에 산재해 있다. 현재 자주국방, 방위산업 등이 새삼 강조되고 있다. 한미동맹도 일방의 호혜가 아니라 상호 교환적 성격을 가지고 있다. 따라서 남북 협상 못지않게 대중, 대일 협상이 중요한 시점이다.

그리고 핵에 관한 측면에서 본다면 우크라이나 일각에서는 핵미사일을 겨우 100만 불 남짓한 값으로 평화와 맞바꿨다며, 그때 핵을 갖고 있었다면 지금의 전쟁은 없었을 것이라며 과거의 결정에 대한 후회의 지점이 여러 곳에서 포착이 된다.[12] 하지만 당시 서방의 우려는 정치 군사 경제 외교 모든 부분에서 취약한 우크라이나 정부가 핵을 가지고 있는 것이 과연 세계 안전에 유익한가 하는 점

---

12) 젤렌스키 대통령이 2022년 유엔 안보회의에 가서 '1994년 부다페스트 양해각서 체결(1994년 12월 5일)에서 우리가 핵무기 포기했다가 지금 러시아로부터 공격을 받게 되었다'라고 하는 발언을 한바 있다. 또한 2018년 알렉산드르 투르치노프 우크라이나 국가안보국방위원장은 "핵무장 포기는 우리의 역사적 실수였다"고 했다.

이었다.

이번 사태를 보면 북한이 향후 핵 협상에 어떤 자세로 임할지는 지속적인 학습에 의해 이미 답이 나왔다고 해도 과언이 아닐 것이다. 북한이 무차별 미사일 발사로 지금까지와는 판을 달라지게 만들고 있는 점은 현재의 상황이다.

이러한 맥락에서 보면 우크라이나 사태는 한국 정부로서는 달갑지 않은 사례가 되었다. 물론 폴란드와 20조의 무기 수출을 하긴 했지만 장기적으로 보면 이익이라고 단언하기는 어렵다.

북한은 지난해 여름 제출한 VNR 보고서에서 식량난을 언급한 바 있다. FAO와 미국 농무부는 여전히 북한의 식량은 121만 톤이 부족하고 이는 북한의 식량 목표의 30프로 미달되는 수치라는 점을 확인시켜주고 있다. 평화로 상징되는 베이징 올림픽 이후 바로 이어진 우크라이나 사태는 장기적으로나 단기적으로나 경우에 따라서 수년간 북한의 식량난은 더욱 악화될 가능성을 배가시켰다고 볼 수 있다. 북한에서는 핵도 식량도 안보의 핵심 축이다. 핵 보유국 인정에 관한 문제는 후 순위가 될 수 있고 이러한 사태를 통해 갑자기 군축 협상의 물꼬가 갑자기 여기서 터질지도 모를 일이다. 북핵을 둘러싼 여러 경우의 수를 염두에 둔 새로운 협상 방정식 수립이 시급한 시기가 도래하고 있다. 더불어 거시적으로 글로벌 평화를 위해서 미시적으로는 한반도의 평화를 위해서도 우크라이나 사태의 끝이 푸틴의 핵으로 귀결되게 두어서는 안 될 것이라는 점이다.

1. 국문단행본

강혁민. 『평화개념연구』. 서울: 모시는 사람들, 2022.
김엘렌 외. 『김정은 체제 10년, 새로운 국가전략』, 서울: 선인, 2022.
정영철·손호철 외. 『한반도 정치론』 서울: 선인, 2014.

2. 영문단행본

Friedman, Thomas. *The Lexus and the Olive Tree: Understanding Globalization,*
        New York: Farrar, Straus and Giroux, 1999.
        _____. *The World is Flat.* New York: Farrar, Straus and Giroux, 1999.
Zeihan, Peter. *The Accidental Superpower,* London: Hachette UK, 2016.
        _____. *The End of the World is Just the Beginning,* New York: Happer,
        2022.

3. 국문논문

신성호. "우크라이나 사태와 미중 관계 및 한반도." 『아시아 브리프』, 제2권 19
        호, 2022; 〈http://asiabrief.snu.ac.kr/?p=659〉.
정영철. "북한의 통치사상, 정치구조." 『북한 제8차 당대회 평가 및 전망』, 경남
        대학교 극동문제연구소 제68차 통일전략포럼(2022년 1월 14일), pp.
        7~42.
표나리. "중국공산당 제20차 당대회 분석: 주요 쟁점과 외교적 함의." 『주요국
        제문제분석』, 제34호, 2022, pp.1~30.

4. 영문논문

Chung, Y. C. et al. "State strategy in the Kim, Jong-un era: The "Byongjin" policy of pursuing economic and nuclear development." *Korea Observer*, vol. 47, no. 1, 2016, pp. 1~33.

Chung, Y. C. "The North Korean Strategic Choices in Kim Jong-un Era: The way of national prosperity and military power." *Korea and World Politics*, vol. 36, no. 4, 2020, pp. 205~236.

Chung, Y. C. and Kim, Helene. "Study of Kim Jong Un's Leadership based on the Motive Imagery Analysis." *Journal of Peace and Unification*, vol. 11, no. 2, 2021, pp. 33~65.

Kaplan, R. D. "The Revenge of Geography." *Foreign Policy*, no. 172, 2009, pp. 96~105.

5. 기타

"Nato-China Tension over Ukraine Flares at Conference in Iceland." 「Bloomberg」 (온라인), 2022년 10월 16일; ⟨https://www.bloomberg.com/news/articles/2022-10-15/nato-china-tension-over-ukraine-flares-at-conference-in-iceland⟩.

제3장

북한 영웅정치의 지속과 변화

송 현 진

1. 들어가며

북한은 사회주의 체제를 건설하고 발전, 유지하기 위하여 다양한
전략과 정책을 펼쳐왔다. 영웅정치는 이를 위한 핵심 제도 중 하나
로 북한 사회주의 체제를 움직이는 중요한 메커니즘이라고 할 수
있다. 한국전쟁 당시 북한은 절대적 위기상황에서 주민들을 동원하
기 위해 '영웅칭호'를 제정하여 제도화했다. 그 이후 사회주의 건설
과 유지를 위해 인민을 동원하기 위한 동력으로 시대마다 영웅을
적극적으로 배출해왔다. 특히 위기가 닥칠 때마다 대규모 '영웅대
회'를 개최하여 인민의 영웅적 투쟁과 헌신적 노동을 촉구해왔다.

지금까지 북한 영웅에 관한 연구는 영웅의 역할과 특성, 영웅이

---

* 이 글은 다음 글을 수정 및 보완한 것임. 송현진, "북한 영웅정치의 변화와 그 요인
연구",『현대북한연구』제25권 1호, 2022, pp. 89~126.

지니는 정치경제적 효과와 의미, 정치경제적 변동에 따른 영웅의 기능 등을 주로 분석하고 있다.[1] 또한 영웅을 북한의 정치·경제·사회현상을 설명하는 과정에서 권력에 의해 만들어지고 활용되는 제도 및 정책으로 논의하고 있다.[2] 특히 영웅제도가 계획경제의 모순 속에서 노동 동기로 정치사상적 자극을 주로 사용했다고 강조한다.[3] 최근 연구에서는 '영웅정치'라는 개념을 적용하여 북한 영웅정치 전개와 작동 방식을 설명하고, 그 과정에서 드러난 영웅의 역할과 유형을 분석하고 있다.[4] 이처럼 선행연구는 영웅제도 및 영웅정치의 전개, 그 속에서 발견되는 영웅의 역할과 기능의 해석에 중점을 두고 있으며, 특정 시기와 유형에 한정하여 논의하고 있다. 전 시대에 걸친 영웅정치를 역사적 맥락에 입각해 원인을 분석해 이해한 연구는 미비하다고 할 수 있다.

이러한 문제의식을 바탕으로 해방 이후부터 현재까지 북한 영웅 정치의 역사를 통시적으로 고찰하여 그동안 영웅정치가 어떻게 변

---

1) 차문석, "북한의 노동영웅에 대한 연구: 영웅탄생의 정치경제적 메커니즘", 『사회과 학연구』, 제12권 1호, 2004; 허성재, "북한식 영웅의 실태와 정치 사회적 기능에 관한 연구", 국방대학과 석사학위논문, 2005; 오원기, "북한의 산업화시기 노동영웅에 대한 연구", 동국대학교 석사학위논문, 2008; 김종수, "6·25전쟁과 북한 청년영웅", 『정신문화연구』, 제31권 1호, 2008; 김차준, "김정일 시대 영웅의 특성", 북한대학원 대학교 석사학위논문, 2009.
2) 김연철, 『북한의 산업화와 경제정책』, 서울: 역사비평사, 2001; 한성훈, "한국전쟁과 북한 국민 형성: 동원, 학살, 규율과 전쟁의 미시적 분석", 연세대학교 박사학위논문, 2010; 안성필, "북한 민(民)의 변천: 집권세력의 기획을 중심으로", 북한대학원대학교 박사학위논문, 2011; 정교진, "북한정권의 '지도자상징정치'에 관한 연구", 고려대학교 박사학위논문, 2017.
3) 박형중, 『북한적 현상의 연구』, 서울: 연구사, 1994; 홍민, "북한의 사회주의 도덕경제와 마을체제", 동국대학교 박사학위논문, 2006; 남근우, "북한의 복종과 저항의 정치: 생산현장에 나타난 공식/비공식 사회관계", 한양대학교 박사학위논문, 2008.
4) 송현진, "북한의 영웅정치 연구", 이화여자대학교 박사학위논문, 2019.

천했는지, 왜 영웅정치를 지속하는지, 어떠한 요인으로 변화하는지를 밝히고자 한다. 이를 통해 영웅정치가 북한 사회주의 체제의 유지에 어떤 상관관계가 있는지를 밝히려고 한다. 본 글의 목적은 역사적 제도주의 접근을 통해 북한의 사회주의 체제 형성과 변동을 둘러싸고 전개되는 영웅정치의 변화과정을 탐색하고, 이에 영향을 준 요인을 분석하는 것이다. 이러한 연구목적을 살펴보기 위해 2장에서는 이론적 배경으로 영웅정치 및 역사적 제도주의와 제도변화를 살펴보고, 연구의 분석요인을 제시하고자 한다. 3장에서는 시기별로 영웅정치의 변천 과정과 그 변화에 영향을 주는 구조-제도-행위자 요인을 통합적으로 분석하고자 한다. 4장은 3장의 분석 결과를 바탕으로 영웅정치의 변화를 시기별로 비교분석하고, 요인들을 종합분석할 것이다. 5장에서는 본 연구의 시사점을 결론으로 제시할 것이다.

2. 이론적 배경

1) 영웅정치

역사적으로 뛰어난 개인을 영웅으로 떠받드는 사회적 현상은 시대나 국가를 막론하고 나타나고 있다. 전근대 시대에는 뛰어난 엘리트, 지도자 영웅이 역사를 주도해 나갔다. 반면 근대국가 형성 이후부터는 대중을 역사의 주체로 인식하면서 대중적 영웅으로 변화하기 시작했다. 대중독재 체제의 성공적인 유지는 대중의 자발적 참여와 동원이 전제될 때 가능하며, 국민주권 개념은 대중독재의 사상적 기제였다. 파시즘, 나치즘 등을 내세운 근대국가의 독재자들은 대중의 자발적 참여를 위해 대중영웅을 탄생시켰다.[5] 특히 사회주의 국가들은 사회주의 체제를 건설하고 유지하는 과정에서 새로운 사회주의 인간의 전형이 필요했고, 대중영웅을 전형으로 내세웠다. 소련은 사회주의 공업화 시기에 스타하노프라는 영웅을 앞세워 생산력을 향상시키려 했다. 중국도 국가사업에 헌신하는 레이펑영웅 등을 통해 대중의 노동적 헌신을 추동해 왔다. 이처럼 사회주의 국가들은 영웅을 필요로 하는 사회였으며, 영웅은 체제를 가동시키는 엔진이었다.[6]

북한은 해방 직후부터 북한 체제에 적극적으로 지지를 보내거나 빠르게 적응해 가는 인민을 모범으로 제시했다. 전쟁을 맞아 모범인민을 전 사회적으로 빠르게 확산하기 위해 영웅칭호를 제도화했다.[7] 이후 영웅을 추동하고 전 인민의 영웅화를 실현하기 위해 다양한 국가표창제도를 시행하고 있다. 북한의 국가표창에는 영예칭호를 비롯해 명예칭호, 훈장 및 메달이 있다. 영웅칭호는 북한에서 가장 우수한 투사, 일꾼에 대하여 국가가 표창하는 최고의 영예칭호이다. 북한은 국가표창제도가 "일정한 공로에 대한 국가적 평가방식과 방법을 규제한 공고한 질서의 체계"이며, "인민대중을 당과 수령의 두리에 더욱 튼튼히 묶어세우고 혁명과업수행에로 근로자들을

5) 임지현·김용우, 『대중독재 1: 강제와 동의 사이에서』, 서울: 책세상, 2004, pp. 21~49.
6) 차문석, "레이펑, 길확실: 마오쩌둥·김일성 체제가 만들어낸 영웅들", 권형진 외 엮음, 『대중독재의 영웅 만들기』, 서울: 휴머니스트, 2005, p. 92.
7) 송현진, "북한의 영웅정치 연구", p. 38.

힘있게 불러일으키는 중요한 정치사업"이라고 규정하고 있다.[8]

본 글에서는 영웅제도가 정권의 포괄적인 통치기획의 틀 속에서 탄생했다고 보고, 영웅정치를 북한의 정권이 영웅을 매개로 인민대중을 사회주의 건설에 자발적으로 동원하고 참여시키기 위한 정치 전략의 하나로 정의한다. 영웅정치는 북한 사회주의 체제의 수호와 정권 유지, 위기 극복을 목표로 영웅을 앞세워 인민을 자발적으로 동원하기 위한 북한의 정치제도이다. 결국 영웅제도는 인민을 국가가 필요로 하는 장소로 불러내기 위한 적극적 대중동원 기제이다.[9] 이런 차원에서 북한정권이 수행하는 영웅정치는 북한 사회주의 체제를 움직이는 중요한 메커니즘이라고 할 수 있다.[10] 북한의 영웅정치는 소련 영웅제도의 모방으로 출발했지만, 대내적인 북한 체제의 특수성과 결합하면서 북한이 계속되는 위기에도 흔들리지 않고 사회주의 체제를 유지하는 동력으로 자리했다.

2) 역사적 제도주의와 제도변화

신제도주의의 한 흐름으로 발전한 역사적 제도주의는 제도를 "널리 정치적 질서 속에 전재하는 공식적이고 비공식적인 조직, 규칙, 행위표준, 관행으로서 개별 주체가 행위하는 지평을 정의하는 것"으로 규정한다.[11] 따라서 역사적 제도주의는 국가기관의 공식적·

---

8) 리명일, "공화국표창제도의 본질과 발생발전", 『김일성종합대학학보(력사·법학)』, 2006년 4호, 2006, p. 12.
9) 송현진, "북한의 영웅정치 연구", p. 47.
10) 위의 글, p. 48.
11) 하연섭, 『제도분석: 이론과 쟁점(제2판)』, 서울: 다산출판사, 2011, pp. 26~27.

법적 측면만을 단순히 기술하는 것이 아니라, 사회현상을 통합적으로 설명하려고 한다. 역사적 맥락에 대한 이해 없이 제도를 설명할 수 없음을 강조하고, 제도와 상호작용하는 행위자에 초점을 맞춘다. 또한 역사적 제도주의의 주요한 문제의식은 여러 시대의 공통점과 차이점을 분석하는 것이다.[12]

제도는 변하지 않는 고정상태가 아니라 생성, 변화, 소멸하는 진행형이다. 제도변화에 대한 역사적 제도주의의 초기 주장은 Krasner의 '단절된 균형'이다. 제도는 전쟁과 혁명 등 외적 충격으로 촉발된 '중대한 전환점'에 이르러서는 기존 경로에서 이탈하지만, 그 경로를 벗어나 새로운 균형이 이루어질 때까지 오랜 기간 안정상태를 유지한다. 위기나 충격으로 새로운 제도가 형성될 수 있고, 이렇게 형성된 제도는 상당 기간 지속될 수 있다.[13] 하지만 이 논리는 외부적 요인만 강조하고 내부의 변화요인을 간과했다는 비판을 받는다.[14] Orren과 Skowronek은 제도를 이질적인 요소로 구성된 복합체로 보고, 제도의 복합적 모습에 주목하여 제도변화를 설명한다. 제도변화의 내부적 요인, 제도형성의 시간적 비동시성, 점진적인 변화의 가능성에 주목하여 '단절된 균형'이 지닌 문제를 극복하고자 했다.[15] 한편 행위자가 지닌 '아이디어'를 통해 제도변화의 원인과

---

12) Ikenberry, G. John, "Institutions, Strategic Restraint, and the Persistence of American Posrwar Order", *International Security*, Vol. 23, No. 3, The MIT Press(Winter, 1998 ~1999), p. 52.

13) Krasner, Stephen D, "Sovereignty: An Institutional Perspective", *Comparative Political Studies*, Vol. 21, No. 1, 1988, pp. 66~94.

14) 하연섭, 『제도분석: 이론과 쟁점(제2판)』, p. 68.

15) Orren, Karen & Stephen Skowronek, "Institutions and Intercurrence: Theory Building in the Fullness of Time", *Political Order*, New York University Press(1996), pp. 111~146.

경로를 설명하고자 하는 것이 역사적 제도주의의 최근 흐름이다. 이는 역사적 제도주의가 제도변화를 설명하는 데 있어 외부적 충격 뿐 아니라 내부적 요인의 중요성에 주목하도록 했다.16)

　최근 역사적 제도주의의 새로운 관심은 제도의 변화에서 행위자의 중요성과 행위자와 제도 사이의 상호관계이다. 제도는 행위를 구성하지만, 행위자의 행위도 제도를 형성한다는 것이다. 제도의 형성과정이 권력관계에서 자유로울 수 없듯이, 제도의 변화과정도 기존 제도를 유지하려는 행위자들과 이를 변화시키려는 행위자들 간의 권력관계에 의해 이루어진다. 역사적 제도주의에서 행위자에 대한 관심은 제도의 변화과정에서 행위자의 중요성을 명백히 인식한 것으로 볼 수 있다. 따라서 구조(거시)－제도(중범위)－행위(미시)의 통합적 접근을 통해 역동적·단절적·본질적·비의도적인 제도변화를 설명할 수 있을 것이다.17) 본 글은 시대별로 북한의 영웅정치가 어떻게 변천했는지, 이에 영향을 준 요인은 무엇인지, 어떤 공통점과 차이점이 있는지를 탐색하는 것이다. 이를 위해 역사적 제도주의 관점에서 통합적 접근으로 영웅제도의 시대별 변화를 살펴보고자 한다.

3) 연구의 분석요인

　본 연구에서는 제도변화를 김윤권이 주장한 '구조·제도·행위자

---

16) 하연섭, 『제도분석: 이론과 쟁점(제2판)』, p. 67.
17) 김윤권, "제도변화의 통합적 접근: 역사적 신제도주의를 중심으로", 『한국정책학회보』, 제14권 1호, 2005, pp. 322.

세 요소 간의 상호관계에 따라 공식적·비공식적 관계가 변화(형성, 유지, 폐지 등)하는 것'으로 정의한다.[18] 따라서 제도변화의 요인을 제도변화의 계기와 자극이 되는 구조적 요인, 제도적 요인과 이러한 위기와 충격의 영향을 받는 행위자의 제도변화를 추진하는 과정으로 설명하고자 한다.

우선 영웅정치가 역사적 맥락에서 어떻게 형성되었는지를 알기 위해 구조적 요인을 제도와 행위자에게 영향을 미치는 변수로 정한다. 구조란 거시적 수준에서 정치체제에 영향을 미치는 정치적, 경제적, 사회적 환경 등 대내외적 환경을 말한다.[19] 구조는 변화에 계기를 주며, 역사적 맥락에서 구조의 문제가 쌓여 있다가 어느 순간에 위기, 사건, 충격 등이 발생한다. 이러한 계기는 제도와 행위자에게 변화의 자극과 계기를 초래한다.[20] 구조적 변화는 세계, 국가의 경제·사회적 변화와 정치적 요인에 의한 정권교체 등을 포함한다.[21] 특히 정권교체 같은 정치적 사건은 제도변화의 결정적 동인이 될 수 있으며, 이념과 같은 문화적 변수도 제도변화에 주요한 영향을 준다.[22]

다음으로 구조적 요인의 영향을 받은 제도적 요인의 변화와 행위자들에게 미치는 영향을 살펴보고자 한다. 제도는 구조적 충격이

---

18) 위의 글, p. 305.

19) 강나은·김찬동, "지방공기업제도의 '역자치적'변화에 대한 통합적 분석: 역사적 신제도주의의 구조-제도-행위 통합모형을 중심으로", 『지방정부연구』, 제24권 제2호, 2020, p. 35.

20) 김윤권, "제도변화의 통합적 접근: 역사적 신제도주의를 중심으로", p. 321.

21) 신현석·이예슬·정양순·신범철, "역사적 신제도주의와 정책흐름모형을 활용한 교장임용제도 변화 분석", 『한국교원교육연구』, 제35권 3호, 2018, p. 460.

22) 구현우, "제도변화의 통합적 접근: 신제도주의 하위 분파 간 통합적 접근의 가능성", 『국정관리연구』, 제7권 제2호, 2012, pp. 78~79.

나 위기에 직면하면 지속성과 안정성을 유지하기 위해 행위자를 제약하고 지배하는 특성이 있다.[23] 제도는 여러 요소로 구성된 복합체로, 이런 요소들이 결합하여 상위 개념의 제도를 만들어낸다.[24] 북한 영웅정치의 변화과정을 이해하기 위해서 제도적 맥락은 중요하다. 제도적 상하 연결관계가 비교적 긴밀하게 연결되어 있어 어느 하나의 변화는 다른 부분에 영향을 줄 수밖에 없기 때문이다. 따라서 행위자가 어떤 선택을 하게 될 때, 그 행위를 이해하기 위해서는 행위자의 행위를 조건화하는 주요 제도적 맥락을 살펴보는 것이 필요하다. 이러한 제도적 맥락으로는 정치체제와 경제체제, 사회체제, 체제이념 등 다양하며, 이들 간에는 상호 영향을 주고, 서로 밀접한 연계성을 가지고 있다.

마지막으로 행위자 요인의 이해관계와 선택 행위 등을 알아보려고 한다. 행위자는 구조와 제도의 영향을 받는 객체이면서 동시에 제도를 변화시키는 주체이다.[25] 구조의 촉발기제에 의한 제도적 제약이 행위자를 통제하지만, 동시에 행위자는 불균등한 권력관계나 이념적 혁신을 통해서 제도변화를 추구한다. 기회를 잡은 행위자는 문제를 해결하고자 하는 의도, 자신의 이익과 정책이념 등을 추구하기 위해 자신이 소유한 자원을 바탕으로 전략적으로 제도를 변화시키려 하는 것이다. 제도의 지속과 변화는 제도를 유지하려는 행위자와 변화시키려는 행위자 간의 권력관계에 의해 결정된다. 행

---

23) 김윤권, "제도변화의 통합적 접근: 역사적 신제도주의를 중심으로", p. 313.
24) 손정수·남재걸, "군 정보기관 기능의 경로변화 분석: 역사적 제도주의 관점에서 기무사령부를 중심으로", 『한국조직학회보』, 제17권 4호, 2021, p. 36.
25) 김윤권, "제도변화의 통합적 접근: 역사적 신제도주의를 중심으로", p. 315.

위자는 구조적, 제도적 변화에 대응하여 자신들의 이해관계를 관철하기 위해 제도를 변화시키기 위해 노력하며, 때로는 기존 정책을 옹호하기 때문이다.

3. 영웅정치의 변천 및 요인

1) 영웅정치의 형성기(1945~1966)

(1) 변천과정

해방 후 한반도는 미·소의 분할점령정책에 의해 분단정부를 수립했고, 서로의 실체를 인정하지 않았다. 북한은 민주개혁과 새 사회건설에 공로를 세운 근로자들을 높이 평가하기 위해 1947년 4월 25일 북조선인민회의 상임위원회 결정으로 『북조선인민회의 상임위원회 표창제도에 관하여』를 발표했다. 이에 따라 민주제도의 공고화 과정에 우수한 성과를 달성했거나, 과학기술과 문화예술 분야에서 공헌한 사람들에게 국가표창을 수여할 것을 결정했다.[26] 또한 모범단위와 적극적 인물을 표창하기 위해 '모범노동자'와 '모범농민'이라는 칭호를 제정하여 영예와 물질적 보상을 주었다.[27] 1948년 10월 12일에는 '국기훈장제정에 관한 정령'을 발표하고, 공훈의 정도에 따라 국기훈장 제1급·제2급·제3급으로 규정했다. 이렇게

---

26) 리명일, "공화국표창제도의 본질과 발생발전", p. 14.
27) 김민도, "민주주의 노동규율의 강화에 대하여", 『근로자』, 제7호, 1948, p. 76.

북한은 국가표창제도를 도입했으며, 새로운 사회건설에 공훈을 세운 근로자들에게 표창을 수여하기 시작했다.[28] 이것은 북한식 영웅제도의 탄생을 의미했다.

전쟁은 북한 사회주의 체제를 붕괴시킬 수 있는 정치적 위기상황을 안겨주었다. 이 위기를 타개하고자 1950년에 공화국영웅, 1951년에 노력영웅칭호를 제정하여 영웅제도를 수립했다.[29] 북한은 '영웅칭호'를 북한 공민의 최고 영예로 선언하고, 533명의 공화국영웅과 5명의 2중영웅, 16명의 노력영웅을 배출했다. 전쟁으로 분단은 고착화되고, 북한사회는 엄청난 희생과 막대한 피해를 겪었다. 하지만 전쟁은 북한이 군사형 사회주의 체제로 빠르게 전개되는 추동력이 되었으며, 김일성을 전쟁의 영웅이며,[30] 정치지도자로서 헤게모니를 장악하는데 일조하였다.

북한은 1953년 7월 정전협정 직후인 8월 19일에 '전국전투영웅대회'를 개최했다. 김일성은 전쟁영웅들에게 전후복구건설을 위해 영웅칭호에 걸맞은 높은 성과와 모범적 행동으로 더 큰 공훈을 세울 것을 요구했다.[31] 전쟁영웅은 전쟁에서의 영웅적 경험을 바탕으로 전후복구와 사회주의 건설과정에서 새로운 위훈을 계속해서 창조

---

28) 리명일, "공화국표창제도의 본질과 발생발전", p. 14.
29) 1950년 6월 30일 최고인민회의 상임위원회 정령으로 '조선민주주의인민공화국영웅칭호'를 제정했다. 또한 1951년 7월 17일에 '로력영웅칭호'도 제정했다.
30) 김일성도 1953년 전쟁 승리에 대한 업적으로 공화국영웅칭호와 국가훈장 제1급을 수여받았다. 과학, 백과사전출판사, 『조선전사』, 제27권, 평양: 과학, 백과사전출판사, 1981, p. 513.
31) 김일성, "공화국영웅들은 조국해방전쟁에서 세운 불멸의 위훈을 계속 빛내어 나가야 한다(1953. 8. 19)", 『김일성저작집』, 제16권, 평양: 조선로동당출판사, 1995, pp. 65~71.

해 나갔다. 이 시기 북한에서 규정한 영웅의 개념은 "용감성과 헌신으로 탁월한 공로를 세운 사람, 또는 국가에서 주는 영웅 칭호를 받은 사람"이다.[32] 전쟁영웅은 인민들에게 국가가 요구하는 이상적인 인민의 모델로 제시되었으며, 북한의 전 역사과정에서 새로운 영웅을 양산하는 데 기여했다.

북한은 천리마운동을 전개하면서 집단적 영웅주의를 발휘한 인간개조의 선구자와 집단적 혁신운동의 영웅들을 많이 배출했다. 1954년부터 1966년까지 배출된 공화국영웅은 40명, 노력영웅은 361명이다. 진응원 영웅은 이 시기 최고의 영웅으로 천리마작업반운동을 발기하여 작업반의 생산성을 고도로 증가시킨 인물로 유명하다. 길확실과 리신자 영웅은 인간개조의 대표적인 영웅으로 현재까지 모범으로 제시되고 있다. 천리마운동의 영웅들은 사회주의 건설에서 집단적 혁신을 일으키는 데 앞장섰으며, 영웅정치가 정착하는 데 기여했다. 헌신적 노동으로 탄생한 영웅들은 정치적 보상으로 계층 상승이 이루어졌으며, 특히 1956년 8월 종파투쟁을 겪으면서 나타난 엘리트층의 공백을 일부 충원하였다.[33] 한편 반종파 투쟁을 거

---

[32] 조선민주주의인민공화국 과학원, 『조선어 소사전』, 평양: 조선민주주의인민공화국 과학원, 1956, p. 650; 과학원출판사, 『조선말사전』, 평양: 과학원출판사, 1960, p. 4633.

[33] 1957년 제2기 최고인민회의에서 공화국영웅 5명, 노력영웅 12명, 공훈광부 3명이 대의원으로 선출되었다. 천리마시기를 거친 1962년 제3기 최고인민회의에서 상층 이동한 혁신자 수는 대폭 증가하였다. 노력영웅, 공훈광부, 천리마작업반장 등이 전체 383명의 대의원 중 102명으로 27%를 차지했다. 한편 1961년 제4차 당 대회에서 김일성은 보고를 통해 1956년 제3차 당대회 이후 간부대열의 구성이 변화했다고 강조했다. 당, 정권기관에서 노동자 출신 간부들이 차지하는 비중이 제3차 당대회 당시 24%에서 제4차 대회에서는 31%로 높아졌다. 또한 노력혁신자 중 다수가 직업동맹 간부가 되었다. 다수의 영웅들이 상층으로 사회이동했음을 알 수 있다. 김연철, 『북한의 산업화와 경제정책』, pp. 231~234.

치면서 항일영웅들이 핵심으로 부각하였으며, 전쟁과 천리마시대에 탄생한 영웅도 북한 영웅정치의 핵심세력이 되었다.

(2) 구조 – 제도 – 행위자 분석

1950년 영웅제도가 제정되어 영웅정치의 경로를 시작한 것은 분단과 한국전쟁이 촉발시켰다고 볼 수 있다. 전쟁이라는 위기를 맞아 해방 후 수립된 모범농민, 모범노동자 제도를 '공화국영웅·노력영웅' 제도로 강화한 것이다. 또한 전후 복구과정과 사회주의 공업경제 건설이라는 경제목표는 생산혁신을 위한 '노력영웅' 제도를 정착시켰다. 이처럼 구조적 수준에서 분단과 전쟁이라는 외부적 요인이 북한의 영웅정치 도입과 형성에 큰 영향을 미쳤다.

제도적 요인은 첫째, 북한이 소련의 영향으로 사회주의 국가를 수립했다는 점이다. 사회주의 국가 건설에 필요한 새로운 사회주의 인간의 전형이 요구되었으며, 그 전형이 바로 영웅이었다. 둘째, 북한의 계획경제는 개인의 이익을 위한 경쟁보다 전체의 이익을 위한 계획에 의해 전개되며, 경제적 보상보다 정치사상적 보상을 줄 수밖에 없는 제도이다. 따라서 생산력 향상에 모범을 보인 혁신적 노동자, 농민에게 영웅칭호를 부여한 것이다. 셋째, 집단주의 체제인 북한은 집단적 영웅주의를 영웅을 배출하는 정신으로 내세우고 있다.

영웅정치는 다양한 행위자들의 이해관계가 얽혀있으며, 행위자 중 김일성의 이해관계와 영향력이 영웅정치의 형성에 크게 작용하였다. 김일성은 전쟁승리로 권력을 공고화하려고 영웅제도를 도입했고, 1953년 8월 전투영웅대회를 개최해 전후 복구건설 과정에 영웅들이 앞장설 것을 호소했다. 또한 1950년대 중반 사회주의 건설 노선을 둘러싼 정치적 갈등과정에서 김일성의 정책적 호소에 노동자 영웅들이 적극적으로 호응해 나섰다. 영웅들은 관리자들을 비판하며 내부 예비자원을 적극 동원해 내었다. 이처럼 김일성의 정치적 위기와 국가의 경제적 어려움은 그것을 극복하는 과정에서 영웅정치를 본격적으로 가동시킨 요인이다.

2) 영웅정치의 전환기(1967~1994년)

(1) 변천과정

북한은 1967년 갑산파를 숙청하고 당의 유일사상체계를 확립하고, 1972년 사회주의 헌법을 제정해 주체사상 체계에 따라 권력구조를 개편하고 주석제를 도입함으로써 김일성 유일지도체계를 확립했다.[34] 이렇게 1960년대에는 김일성 유일체계인 수령체제를 태동시켰으며, 수령체제가 수립되면서 항일 혁명전통도 제도화되었다. 항일 혁명전통의 기본 구도는 수령의 영도와 항일영웅들의 충성으로 이루어져 있다. 즉 수령체제는 최고지도자와 인민의 관계를 항일유격대 시절의 수령-영웅 관계로 전환시키는 것이다. 수령-영웅 관계는 정치적 생명 관계로 영웅은 자신에게 정치적 생명을 안겨 준 수령의 배려에 충성으로 보답해야 한다. 이런 맥락에서 1972년에 김일성의 이름을 명명한 '김일성훈장'과 '김일성상' 등을 새

---

34) 안문석,『북한 현대사 산책 3』, 서울: 인물과 사상사, 2016, pp. 128~134.

로운 국가표창제도로 추가하여 영웅제도를 보강했다. 이 시기에 북한은 영웅주의를 "수령을 위하여 조국과 인민을 위하여 무한한 헌신성과 용감성을 발휘하는 자기희생적인 사상과 행동"으로 규정했다.[35] 영웅의 조건에 '수령을 위하여'라는 항목이 추가된 것이다.

1970년대부터 1994년 김일성 사망까지 영웅정치는 수령체제가 후계체제 확립으로 완성되는 시기를 반영한다. 1970년대 북한정치의 가장 중요한 사건은 김정일의 등장이다. 김정일은 혁명전통의 계승과 항일영웅들과의 사업을 통해 김일성 시대 영웅들의 충실성을 계승했으며, 후계자가 되기 위해 김일성과 항일영웅의 우상화 작업을 실행했다. 혁명전통 제도화를 통해 보여준 김정일의 정치적 능력은 항일영웅들의 지지하에 후계자로 추대되는 데 결정적 역할을 했다. 김일성과 항일영웅과의 관계가 김정일의 혁명전통 계승과정을 통해 김정일과 항일영웅의 관계로 변화한 것이다.

김정일은 대중운동을 지도하면서 3대혁명소조원 등을 자신의 영웅정치 세력으로 구축했다. 북한은 6개년 경제계획(1971~1976) 기간 무려 796명의 노력영웅을 배출했다. 김정일이 후계자로 내정된 후 경제계획의 목표를 달성하기 위해 실시한 대중운동을 직접 지도하면서 성과가 필요했기 때문이다. 이것은 경제적 위기극복을 '영웅 만들기'를 통한 인민총동원 전략으로 수행했음을 의미한다.[36] 한편 이 시기 북한에서는 세대교체가 일어나고 있었다. 1세대 항일영웅과 전쟁, 전후복구 및 사회주의 건설에서 영웅적 위훈을 세운

35) 사회과학출판사, 『정치용어사전』, 평양: 사회과학출판사, 1970, p. 196.
36) 송현진, "북한의 영웅정치 연구", p. 112.

영웅 2세대에 이어 새로운 3세대 영웅이 주체로 등장했다. 김정일은 3세대 영웅들과 함께 새로운 통치세력을 구성해 나갔으며, 3대혁명소조운동 과정에서 구축했다.[37] 김정일이 후계자로 공식 등장한 제6차 당대회를 계기로 3대혁명소조원 중심의 전후세대가 대거 입당하면서 김정일의 핵심세력이 되었다. 이는 천리마시대 영웅들의 계층상층과 함께 영웅정치가 최고지도자와 후계자를 위한 지배엘리트의 충원의 통로가 되었음을 의미한다.

1980년대 북한이 내세운 영웅은 '숨은 영웅'이다. 천리마운동을 거쳐 3대혁명소조운동, 3대혁명붉은기쟁취운동까지 쉼 없이 진행된 인민총동원운동으로 주민들의 피로 현상은 심각했다. 계속된 동원과 경제침체가 맞물려 생산혁신자 영웅을 내세운 동원 효과가 감소하면서 새롭게 '숨은 영웅'을 등장시킨 것이다. 생산현장에서 묵묵히 자신의 임무를 성실히 수행하는 평범한 인민의 본보기로 '숨은 영웅'을 내세운 것이다. 최초의 '숨은 영웅'은 식물학연구소 연구사 백설희였으며, 김정일은 '숨은 영웅'을 "우리 시대의 공산주의적 인간의 전형"으로 제시했다.[38] 북한은 '숨은 영웅'의 모범을 따라 배우는 운동을 전개했으며, 이 운동을 더 발전시키기 위해 1986년에 '숨은 공로자대회'와 1988년에 제2차 '전국영웅대회'를 개최했다. 지속된 경제침체로 집단적 대중운동의 추동력이 급감하면서, 영웅대

37) 김정일은 자신의 친위대로 3대혁명소조운동을 전환시켜, 지도체제를 형성한 셈이다. 3대혁명소조원 중 1만 1,600여 명이 노동당에 입당했으며, 공화국영웅 1명, 노력영웅 23명, 국기훈장 1급 2,124명을 포함하여 총 3만 5,400여 명이 국가표창을 받았다.
38) 김정일. "당조직들 앞에 나서는 몇 가지 과업에 대하여(1980. 12. 3)", 『김정일선집』, 제9권, 평양: 조선로동당출판사, 2011, p. 235.

회 등을 통해 위기를 극복하려고 한 것이다. 이 시기 북한은 영웅을 "당과 수령, 조국과 인민, 사회와 집단을 위한 투쟁에서 세운 위훈으로 하여 인민들의 사랑과 존경을 받는 사람"으로 새롭게 규정했다.[39] 1980년대 김일성과 김정일은 공동통치를 하며, 김정일과 함께 할 영웅을 발굴하고 세대교체를 하며, 영웅정치를 국가와 인민을 위해서가 아닌 최고지도자와 후계자의 정치적 생존을 위한 것으로 전환해 나간 것이다.

(2) 구조 – 제도 – 행위자 분석

1967년부터 1994년까지는 북한 영웅정치의 전환기였다. 영웅정치의 전환에 영향을 미친 구조적 요인은 첫째, 1950년대 말부터 격화된 중소갈등은 북한의 외교적 위기와 고립을 가져왔으며, 사회주의 국가들이 경제원조를 대폭 삭감하면서 경제는 저성장의 길로 들어섰다. 이것은 북한이 영웅정치를 지속할 수 있는 요인이 되었다. 둘째, 소련과 중국의 후계체제 갈등과 실패는 북한의 후계체제를 서두르게 했고, 김정일 세습으로 이어졌다. 이러한 요인은 영웅정치의 전환으로 이어졌다. 셋째, 점차 남북한 간의 경제적, 국제적 위상의 격차가 벌어지면서 북한은 고립감과 위기감을 느꼈으며, 이는 영웅정치에 의지하게 했다. 이처럼 구조적 요인이 영웅정치의 변화에 큰 영향을 미쳤음을 알 수 있다.

---

[39] 이는 김정일이 영웅대회에서 한 연설을 그대로 개념화한 것으로, 이 개념은 현재까지 지속되고 있다. 사회과학출판사, 『조선말대사전』, 평양: 사회과학출판사, 1992, p. 1699.

제도적 요인은 첫째, 계획경제는 저발전을 잉태했으며 경제성장을 이루는 과정에서 물질적 보상보다 정치사상적 보상을 줄 수밖에 없었고, 최고의 보상은 영웅칭호였다. 둘째, 1970년대 후반부터 전개된 저성장 경제의 위기는 기존 영웅제도를 '숨은 영웅'제도라는 변화로 작용했다. 생산력 향상이 어려운 상황에서 탁월한 실적을 낸 영웅의 영향력이 저하되면서 자신의 일터에서 묵묵히 주어진 임무를 해낸 사람을 숨은 영웅으로 선정하고 따라 배우도록 한 것이다. 셋째, 김일성 유일지도체계가 수립되는 과정에서 영웅제도는 국가와 인민을 위한 공헌자가 아니라 수령에게 충실한 자로 영웅의 기능이 변화하기 시작했다. 이 시기부터 영웅제도는 국가와 인민을 위한 제도에서 수령체제를 유지하는 제도로 전환된 것으로 해석할 수 있다. 넷째, 주체사상이 북한의 체제이념으로 성립되면서 혁명적 수령관과 사회정치적 생명체론에 의해 영웅의 애국심은 수령에 대한 충성심으로 변질되고, 수령과 영웅의 관계는 동맹관계에서 상하관계로 굴절되었다.

권력승계와 맞물려 후계자 김정일의 등장을 중심으로 김일성과 김정일의 관계, 항일영웅과 김정일의 관계는 영웅정치 변화에 영향을 주었다. 김정일은 자신의 후계체제를 구축하는 과정에서 김일성과 항일영웅을 우상화하고, 혁명전통을 제도화하면서 영웅정치의 전환을 촉진했다. 김성일을 지지한 항일영웅은 북한 영웅의 시원으로 자리매김했으며, 김정일은 주체사상을 해석하면서 혁명적 수령관에 의해 지도와 대중에 관한 담론을 왜곡하였다. 이제 영웅은 수령의 지도로 만들어지는 수동적 영웅으로, 공적 영웅이 아닌 수령을 위한 사적 영웅으로 전환되었다. 인민들의 자발적 참여와 동원을 위해 제도화된 영웅정치는 독재권력의 세습으로 굴절된 것이다.

3) 영웅정치의 강화기(1995~2011)

(1) 변천과정

1994년 김일성의 사망으로 집권한 김정일 정권은 총체적 위기에서 출발했다. 위기가 영웅을 낳는다는 말처럼 김정일 정권은 김일성이 제도화한 영웅정치를 심화발전시켰다. 특히 위기를 극복하기 위해 '고난의 행군'이라는 상징적 의미를 부여하였다. 북한주민에게 1930년대 항일영웅을 본받아 고난을 견디고, 위기를 극복하자는 의미를 담고 있다. 이러한 절박함에 따라 수령에 대한 충실성, 당의 정책관철에 앞장선 5명을 '우리 시대 영웅들'로 선포하고, 주민들에게 "제2의 천리마대진군의 선구자"가 될 것을 독려했다.[40] 북한은 충실성을 상징하는 정성옥 영웅, 전기문제 해결에 앞장선 김유봉과 허용구 영웅, 식량문제 해결에 모범을 세운 박옥희 영웅을 통해 당면한 위기를 극복하고자 한 것이다.

1990년대 들어 심각한 식량난을 겪으며 대규모 아사자 발생으로 북한의 인구손실이 급증했다. 인구가 감소하자 북한은 적극적으로 출산을 장려하기 위해 1996년에 '모성영웅'이라는 새로운 제도를 만들어 노력영웅 칭호를 수여해왔다. 북한은 고아 33명을 키운 서혜숙 영웅을 비롯해 수십 명의 모성영웅을 배출했다. 북한은 이들을

---

[40] 조선중앙통신사, 『조선중앙년감 2000』, 평양: 조선중앙통신사, 2000, pp. 77~81.

'선군시대 모성영웅'의 모범사례로 내세우고 '모범 따라 배우기 운동을 벌여나갔다. 또한 1998년과 2006년에 전국어머니대회를 연속해 열고, 모성영웅을 앞세워 여성들의 출산을 촉구했다. 모성영웅 외에도 군대를 원호하거나 독거노인, 영예군인을 돌보는 등 사회주의 미풍을 실천한 영웅들도 등장했다.

북한은 1998년 '고난의 행군'을 공식 마감하고, 강성대국 건설을 국가목표로 군대를 앞세운 선군정치를 펼쳐나갔다. 혁명적 군인정신의 핵심인 수령결사옹위정신을 담론화하고, 군대를 모범으로 하여 주민들을 수령을 보위하고 체제를 수호하는 영웅으로 만들고자 했다. 이에 따라 1995년부터 2011년까지 공화국영웅 151명, 노력영웅 438명을 배출했다.[41] 한편 강성대국을 건설하려는 노력은 경제강국 건설로 집중되었으며, 돌파구는 전기와 식량문제의 해결이었다. 이를 위한 노력의 일환으로 2003년 9월 '선군시대 영웅대회'를 개최하고, "모두 다 선군시대를 빛내이는 영웅적 위훈의 창조자"가 될 것을 촉구했다.[42] '선군시대 영웅'은 충실성을 바탕으로 자력갱생의 원칙을 지니고, 과학기술에 기초하여 실리의 원칙으로 실천하는 선봉투사여야 했다.

영웅정치로 총체적 위기를 극복하고자 했던 김정일 정권은 과거의 영웅까지 소환해 영웅정치를 강화해 나갔다. 항일영웅과 전쟁영웅 등을 적극적으로 호명해 주민들이 따라 배우도록 선전했다. 김책과 오중흡 등 수령에 충실한 항일영웅, 리수복 · 안영애 · 조옥희

---

41) 김일성 시대와 비교했을 때, 전쟁 시기를 제외하면 노력영웅이 감소하고 군인 중심의 공화국영웅을 많이 배출한 것이다. 송현진, "북한의 영웅정치 연구", p. 167.
42) "선군시대 영웅대회 호소문", 『로동신문』, 2003년 9월 7일.

등 전쟁에서 목숨을 바쳐 체제를 수호했던 영웅이다. 또한 정춘실 영웅을 호명해 어려운 경제상황에서 자력갱생으로 생산까지 하는 상징적 역할로 재창조했다. 과거 영웅들의 모범을 다시 확산한 것은 주민들이 이들의 모범을 본받아 경제회복에 헌신하도록 하려는 의도였다. 이처럼 김정일 시대는 영웅정치의 필요성이 절실했으며, 다양한 방식으로 영웅정치를 강화했던 것이다. 그 결과 사회주의 체제를 수호하고 김정일 정권을 유지하는 데 성공했다.

(2) 구조 – 제도 – 행위자 분석

김정일 시대의 영웅정치를 강화한 구조적 요인은 첫째, 외부 환경요인의 변화이다. 구소련의 해체와 동유럽 사회주의 국가의 체제전환으로 사회주의 시장이 사라지면서 장기간 경제침체에서 벗어나지 못한 북한경제를 마비시켰다. 따라서 에너지와 식량문제 해결에 앞장선 영웅의 헌신으로 경제를 회복시켜야 했다. 또한 사회주의 국가들의 몰락은 체제 위기감을 고조시켰고, 북한은 전쟁영웅들까지 소환해 정권을 유지해야 했다. 둘째, 연속된 자연재해로 인한 '고난의 행군'은 북한을 공황상태로 만들었으며, 이런 구조적 요인은 정치와 경제를 위축시키고, 결국 영웅정치에 의지하게 했다. 셋째, 김일성의 사망과 김정일로의 권력승계라는 정치적 사건이 경제위기와 맞물리면서 정치적 위기로 파급됐다. 결국 북한을 둘러싼 총체적 위기는 영웅정치를 지속하게 하면서 강화시킨 요인이다.

영웅정치를 강화한 제도적 요인은 첫째, 위의 구조적 요인은 김정일 정권의 정책기조와 권력관계 등 제도적 맥락 요인의 변화에 영향을 미쳤다. 북한은 선군정치를 통해 위기를 극복하고자 했으며, 혁명적 군인정신을 영웅들의 정신으로 담론화해 돌파구를 열어나갔다. 둘째, 고난의 행군은 집단주의 원칙의 후퇴를 가져왔으며, 영웅정치를 위축시킨 동시에 강화하도록 했다. 셋째, 1990년대 경제위기는 계획경제와 자립적 민족경제노선의 모순과 한계에서 비롯된 것이다.[43] 국가배급제의 붕괴는 시장화를 촉발했으며, 이는 주민들 사이에 비사회주의와 반사회주의 현상을 야기했다. 또한 식량난으로 대량의 아사자가 발생하면서 인구를 급감시켰다. 이는 수령을 중심으로 한 사회주의 대가정을 유지하기 위해 모성영웅이라는 새로운 제도를 도입하도록 작용했다.

행위자는 구조, 제도의 변화에 대응하여 자신들의 이해관계를 관철하기 위해 제도를 변화시키기 위해 노력하며, 때로는 기존 정책을 옹호한다. 첫째, 총체적 위기와 권력교체로 시작된 김정일 시대는 선군정치로 강성대국을 건설하고자 했다. 부족한 자원을 군대에 집중하면서 군대가 사회경제적 기능과 역할까지 담당한 것이다. 이러한 군대 역할의 강화는 군인 영웅을 중심으로 위기를 돌파해 나가도록 했다. 둘째, 시장화 확산으로 여성의 경제적, 사회적 역할이 더욱 중요해졌으며, 시장이라는 비공식 경제영역에서 활동하는 여성들을 공식 경제체제로 유입하기 위해 두 차례의 어머니대회를 열었다. 여성의 전통적 역할 강화로 사회주의 대가정을 유지하기 위해 모성영웅 제도를 만들어 통제해 나갔던 것이다.

---

43) 이태섭, 『북한의 경제위기와 체제변화』, 서울: 선인, 2009, p. 295.

4) 영웅정치의 조정기(2012~2021)

(1) 변천과정

김정일의 사망으로 집권한 김정은은 제대로 후계체제를 구축하지 못한 상황에서 북한의 3대 지도자가 되었다. 권력기반과 정치적 자산이 취약했으며, 고난의 행군 이후 추락한 북한의 국가 위상과 경제력도 회복되지 않은 상태였다. 따라서 기존 정치구도를 재편해 자체의 권력기반을 확보해 나갔으며, 핵·미사일 개발에 주력하며 국가위상을 제고시켜 나갔다. 강성국가 건설·인민생활 향상이라는 국가목표를 세우고, 경제-핵 병진노선 전략을 제시하며 정치적 정당성을 확보하고자 했다. 이 과정에서 2012~2013년에 핵실험과 미사일발사에 성공한 우주과학자 201명에게 공화국영웅 칭호를 수여했다. 북한은 영웅들의 성과를 대대적으로 선전하며, 이들을 따라 배워 다른 부문에서도 성과를 내자고 추동했다. 과학기술에 기반한 경제강국을 건설하기 위한 차원에서 과학기술자를 우대하고 사기를 진작시키기 위한 정책도 펼쳐나갔다. 또한 집권 초기 2년 동안에 집중적으로 391명(71%)의 영웅을 배출하면서 정권의 정당성과 지지기반을 확보하고자 했다.[44]

김정은 정권은 권력을 장악했다고 판단하고 인민생활의 향상에 집중하고 있다. 제7차 당대회를 성과적으로 준비하자며 70일 전투

---

[44] 과학기술자 영웅 이외에도 발전소 등의 건설과 식량문제 해결을 위해 물길공사와 세포지구축산건설 등 대규모 건설사업에 참여한 군인, 돌격대원 등이 대부분이다. 공업과 농업 등의 생산 분야가 아니라 가시적 성과를 보여주는 대규모 건설에 헌신한 사람들이 대부분의 노력영웅을 차지한다.

와 200일 전투를 선포하고, 주민을 총동원시켰다. 2016년부터 5개년 경제발전전략을 제시하고, 자력자강 정신을 김정은 시대 영웅을 추동하는 담론으로 선포했다. 또한 과학기술을 바탕으로 경제회복에 주민들을 동원하고 있다. 하지만 김정은은 2021년 8차 당대회에서 5개년 경제발전전략이 실패했음을 인정하고, 새로운 5개년계획을 제시했다. 배급제라는 자발적 동원을 일으키는 동인이 없이, 시장을 통해 자체적으로 먹는 문제를 해결해나가는 주민들에게 계속된 총동원령은 효과를 내지 못하고 있다. 더 이상 영웅정치는 주민을 총동원하는 전략이 되고 있지 못한 것이다. 집권 초반기(2012~2016년)의 5년 동안에 488명의 영웅을 배출했지만, 2017년부터 2021년까지 62명에게만 영웅칭호를 수여한 것을 보면 알 수 있다. 이런 현상은 김정은 정권이 성공적으로 전 시대의 영웅정치를 계승했지만, 여러 요인으로 인해 영웅정치가 조정기에 접어들었음을 의미한다.

〈표 1〉 김정은 시대 연도별 영웅현황

연도	2012	2013	2014	2015	2016	2017	2018	2019	2020	2021	총계
영웅 수	244	147	13	0	84	29	13	1	11	8	550

자료: 『로동신문』을 참조하여 작성.

북한은 2018년 핵개발에 주력했던 자원을 경제에 집중함으로써 발전동력을 확보하려는 시도로 경제건설총력집중노선을 선언했으며, 2021년 제8차 당대회를 열어 자력갱생과 과학기술 전략으로 인민생활의 향상을 추진하고 있다. 하지만 대북제재의 장기화로 인한 내구력 약화, 코로나19 사태에 따른 국경봉쇄와 자연재해 등으로 북한은 3중고에서 벗어나지 못하고 있다. 이러한 어려움은 북한이 영웅정치를 지속하도록 한다. 김정은 정권은 청년세대에 각별한 관심을 보여주고 있으며, 청년강국을 선포하고 청년영웅이 될 것을 독려하고 있다. 두 차례의 사회주의애국청년동맹 대회를 열면서 청년세대를 지지세력으로 확보하여 경제적 어려움을 돌파하고자 애쓰고 있다. 북한은 2012년 2월 3일 '김정일청년영예상'을 제정하여, '김일성청년영예상'과 함께 청년들을 위한 최고의 표창제도라는 의미를 부여했다.[45] 제도를 도입한 후부터 2021년까지 '김정일청년영예상'을 받은 청년은 모두 331명이며, '김일성청년영예상'도 비슷하게 수상하고 있다.[46]

김정은 시대는 2014년 12월 25일 한 해 동안 여러 분야에서 공헌한 공로자들에게 국가표창식을 진행한 후 매년 '국가표창 수여식'을 진행하고 있다. 또한 최근 들어 영웅칭호는 적게 수여하면서 새로운 표창제도를 다양하게 만들어 주고 있다. 현재 상황에서 권력이 의지할 것은 주민들의 자력갱생밖에 없지만, 자원과 자본이 절대적으로 부족한 상황에서 높은 성과를 내기는 어려울 수밖에 없다. 따라서 성과가 없는데 북한의 최고 영예인 영웅칭호를 수여하기는 어려울 것이다. 그보다는 평가 기준이 낮은 다른 표창제도를 통해 국가정책에 청년 등 주민들을 동원하려는 것으로 볼 수 있다. 이처럼 영웅정치를 지속하며 상황에 맞게 대상과 표창제도의 수위를 조정

---

45) 수령에 충성한 청년, 당정책 관철에 앞장선 청년, 국가안보에 헌신한 청년, 경제강국 건설에 헌신한 청년돌격대원에게 표창하겠다고 밝혔다. 조선민주주의인민공화국 최고인민회의 상임위원회, "정령 제2152호", 『로동신문』, 2012년 2월 3일.
46) 송현진, "김정은 시대의 '청년강국'과 '청년영웅' 연구", 『북한연구학회보』, 제25권 제1호, 2021, p. 249.

하고 있는 것이다.

(2) 구조 – 제도 – 행위자 분석

집권 10년을 맞은 김정은 정권은 영웅정치를 지속하며 복합적 요
인에 맞춰 조정하고 있다. 영웅정치 조정에 영향을 준 구조적 요인
은 첫째, 한반도 교착 국면의 장기화로 인한 남북관계 및 북미관계
의 단절이다. 이 과정에서 북한은 핵실험을 강행했고, 미국을 겨냥
한 미사일을 계속 발사했으며, 국제사회는 강력한 대북제재로 대응
하고 있다. 둘째, 전 세계를 강타한 코로나19 팬데믹 상황은 북·중
접경지역의 국경봉쇄로 이어졌고, 북한경제에 막대한 타격을 주고
있다. 셋째, 기후 위기가 전 세계적 현상으로 자리하면서 북한도 연
속된 자연재해가 발생하고 있다. 이로 인한 식량문제가 심각한 상
황이다. 이처럼 북한을 둘러싼 거시적 환경은 김정은 정권이 영웅
정치를 지속하면서도 조정하도록 영향을 주고 있다.

이와 같은 구조적 요인들은 새로운 제도를 만들도록 작용했으며,
제도적 요인들이 영웅정치의 변화에 영향을 미치고 있다. 첫째, 외
부적 환경은 자력갱생 정신을 통해 영웅을 추동하며, 주민 자체의
노력으로 경제회복에 주력하도록 작용한다. 둘째, 취약한 정당성으
로 집권한 김정은 정권은 대규모 건설사업을 통한 빠른 성과가 필
요했다. 따라서 노동자·농민 중심의 영웅이 아니라 건설에 동원된
군인, 돌격대원 중심의 영웅을 대량 배출했다. 셋째, 경제 – 핵 병진
노선을 수립하고, 핵·미사일 개발에 주력함에 따라 집권 초기 우
주과학자 영웅을 대규모로 배출해, 과학기술에 기반한 경제성장을

추진하도록 했다. 넷째, 시장화는 집단주의 원칙을 흔들면서 비사회주의와 반사회주의 현상을 확산하고 있다. 이에 모성영웅 제도를 유지하면서, 사회주의 미풍 실천에 모범을 보인 여성들에게 영웅칭호를 수여해 사회주의 대가정 체제를 유지해 나가고 있다.[47]

행위자의 전략적 선택은 제도변화의 변수로 작용하며, 권력을 가진 사람은 제도의 효과가 불확실할 경우 제도를 조정하고 변화시킨다.[48] 첫째, 시장이 비공식경제로 자리하면서 북한은 사회주의기업책임관리제, 포전담당책임제 등 경제개혁을 추진하고 있다. 기업 간, 농민 간 경쟁을 유발시켜 능력과 실적에 따른 분배를 통한 생산력을 유도하려는 목적을 지닌다.[49] 이런 김정은의 전략적 선택은 기존의 영웅칭호라는 정치사상적 보상에서 물질적 보상으로 조정하고 있다는 점이다. 이는 김정은 시대에 노동자와 농민 출신 영웅의 절대적 감소에 영향을 주었다. 둘째, 새로운 행위자의 부상은 제도의 변화에 영향을 미친다. 고난의 행군 시기 장마당에서 생계를 유지하는 부모 아래서 자라나 사회주의 복지제도의 혜택을 누리지 못한 청년세대의 등장이다.[50] 북한에서 안보를 담당하는 군인과 노동력의 핵심은 청년이지만, 청년세대를 중심으로 국가와 집단보다 개인을 우선시하는 경향의 확산은 김정은 정권을 위협하고 있

---

47) 김정은 정권은 모성영웅 제도를 유지, 확산하기 위해 2012년 제4차 전국 어머니대회를 개최했다. 또한 11월 16일을 '어머니 날'로 제정했다.
48) 이재화, "한국의 중앙은행제도 변천과정에 관한 연구: 역사적 제도주의를 중심으로",『정책개발연구』, 제21권 제2호, 2021, p. 11.
49) 이종석·최은주,『제재속의 북한경제, 밀어서 잠금해제』, 성남: 세종연구소, 2019, pp. 23~29.
50) 송현진, "김정은 시대의 '청년강국'과 '청년영웅' 연구", p. 236.

다. 이에 청년문제를 국가의 사활이 걸린 문제로 규정하고, 청년에 대한 교양을 강화하고 있다. 모든 청년을 사회주의 신념으로 무장한 애국청년으로 교양하기 위해 천리마 시대 인간개조의 선구자로 유명한 길확실과 리신자 영웅을 집중적으로 호명해 전파하고 있다.[51] 청년층의 사상·정신적 이완이 심각하여 김정은 체제를 유지하는 데 걸림돌이 된다고 판단했기 때문에 청년영웅의 역할을 유독 강조하고 있는 것으로 보인다.

4. 영웅정치의 지속과 변화

1) 구조 – 제도 – 행위자 통합분석

지금까지 3대 정권에 걸친 북한 영웅정치가 어떠한 역사적·제도적 맥락 속에서 형성되고, 이후 외부 충격을 받으면서도 어떻게 그 기능과 역할이 지속되었는지, 또 어떤 변화를 하는지를 살펴보았다. 역사적 제도주의 관점에 기반하여 구조와 제도, 행위자의 상호작용이 어떻게 영웅정치의 변화와 지속에 영향을 주었는지를 알아보았다.

첫째, 구조적 요인이 영웅정치 기능의 제도와 행위자에게 변화의 자극과 계기를 제공하였다. 강대국에 의한 해방, 미·소 정권에 의한 분단정부 수립, 전쟁과 분단고착은 영웅정치의 형성에 결정적 역할을 하였다. 소련 사회주의 체제를 이식하는 과정에서 북한은

---

51) 리남호, "천리마시대의 인생관", 『로동신문』, 2021년 4월 30일.

영웅정치를 모방했으며, 이후 전쟁과 수령체제, 3대 권력세습이라는 북한식 사회주의 체제 건설과 맞물리면서 북한식 영웅정치로 정착되었다. 사회주의 체제의 수립, 김일성 유일체제 확립, 후계자 등장과 3대 세습 정권으로의 권력교체 등의 정치적 사건도 영웅정치 변화의 자극과 계기로 작용했다. 이러한 구조적 요인은 제도적 요인의 변화에 영향을 주었으며, 행위자들의 이해관계와 전략에도 영향을 주었다. 결국 거시적 구조요인이 영웅정치의 기능을 구성하고 있는 요소들의 경로변화에 자극과 계기가 된 것이다.

둘째, 구조적 요인의 영향을 받은 정책 및 전략, 권력관계 등의 제도적 요인들이 행위자들에게 제도변화의 제약과 기회 요인으로 작용했음을 확인했다. 분단과 전쟁, 중·소 갈등, 구소련의 해체와 사회주의 국가들의 시장경제 체제로의 전환, 북핵 위기 등의 안보 환경과 정권교체 같은 정치적 사건은 북한의 전략과 정책 기조, 권력관계, 체제이념 등 제도적 맥락 요인의 변화에 영향을 주었다. 이러한 제도적 요인의 변화는 최고지도자를 비롯한 행위자들에게 영웅정치 기능의 변화과정에서 제약요인이나 경로를 강화하는 기회요인으로 작용했다. 예를 들어 안보위기는 영웅정치를 도입하게 했으며 지속하게 하고 있다. 김일성 유일지도체계 확립과 후계승계 과정 같은 정치적 사건은 권력갈등 관리 등 권력관계에 영향을 주었고, 이는 영웅정치의 기능을 전환하고 강화하는 영향요인으로 작용했다. 특히 주체사상으로의 체제이념 변화는 영웅정치를 인민의 자발적 참여를 위한 제도에서 권력의 유지를 위한 기능으로 전환시켰다.

셋째, 구조요인과 제도적 맥락의 영향을 받은 행위자들의 상호작용이 제도의 변화와 지속에 커다란 영향을 주었다. 북한은 최고지도자가 권력의 정점에서 유일한 권한을 행사해 왔으며, 영웅정치 기능의 변화과정에서도 주요 행위자인 최고지도자와 후계자의 영향이 크게 작용했다. 영웅제도에 따른 정치적 이해관계, 즉 영웅정치의 제도변화에 따른 정치적 수혜자와 수혜집단, 역동적 정치과정에서 영웅정치가 어떻게 활용되어왔는지를 살펴보면 다음과 같다. 전쟁시기 영웅정치의 도입으로 김일성은 경쟁권력을 물리치고 단일권력을 쟁취할 수 있었다. 또한 생산혁신 영웅을 중심으로 사회주의 경제를 건설하는 과정에서 김일성과 항일영웅 세력은 유일권력을 얻을 수 있었다. 김정일은 후계자 승계과정에서 3대혁명운동에 앞장선 영웅들로 핵심 엘리트층을 구성할 수 있었고, 김정은도 청년영웅을 중심으로 유일체계를 구축하고 있다. 이처럼 항일영웅을 비롯해 전쟁영웅, 천리마시대 영웅, 3대혁명운동 영웅, 군인영웅 등은 최고지도자와 함께 영웅제도의 수혜집단이 되었다. 또한 최고지도자의 권력유지를 위한 과정에서 영웅정치는 지배엘리트를 충원하는 기능도 담당하고 있다. 한편 정치상황이 안정되고 사회가 발전하면서 행위자들의 역할과 상호작용 또한 다양하게 나타났다. 김일성 정권부터 김정일 정권까지는 최고지도자, 당 엘리트와 군대 등이 영웅정치 기능의 경로를 강화하는 지지기반이 되었다. 하지만 김정은 정권에 들어서는 시장화 확산으로 청년세대와 여성의 역할이 중요해지고 영향력도 커졌다. 이러한 행위자들의 등장은 영웅정치 기능의 경로 강화에 제약요인으로 작용하였고, 그러한 작용은 지속될 것으로 보인다.

넷째, 역사적 제도주의의 구조-제도-행위자 통합접근을 바탕으로 제도변화의 특징을 살펴보면, 경로의존과 경로진화의 모습을 보이고 있다. 일단 형성된 제도는 외부환경이나 조건이 변화해도 본래의 경로를 벗어나지 못하는 것을 경로의존이라고 한다.[52] 영웅정치는 현재까지 기능 전환, 명칭 변경, 제도 추가 등의 변화는 있었지만, 제도의 기본 정체성, 본질은 그대로 유지하면서 경로의 존성을 보이고 있다. 또한 제도변화는 외부적 환경 등 구조의 영향을 받은 제도적 맥락과 제도를 구성하는 요소들의 갈등과 같은 내부적 원인에 의해서도 이루어질 수 있는 것이 경로진화의 모습이다. 영웅정치의 기능도 내부적 원인에 의해 변화가 이루어지는 경로진화로 분석할 수 있다. 전체적으로는 기존 구성요소에 일부 요소가 추가되어 제도가 변화하는 형태를 유지하였고, 부분적으로 전환과 조정의 모습을 보여주고 있다.

2) 시기별 영웅정치의 변화 비교

본 연구는 북한 영웅정치의 변화를 정권별로 시기를 구분해 살펴보았으며, 50여 년간 통치했던 김일성 정권은 1967년 유일사상체계 성립 전후로 나누어 분석했다. 해방 후부터 1966년까지는 영웅정치의 형성기였다. 남북분단, 소련군의 북한점령에 따른 사회주의 체제의 이식, 전쟁 등의 외부 충격은 북한이 영웅정치를 도입, 형성하도록 했다. 전후복구와 사회주의 경제 건설은 천리마운동이라는 전략을 수립하도록 했으며, 이 과정에서 영웅정치는 북한에 정착할 수 있었다. 영웅정치를 제도화하고 정착할 수 있었던 것은 고착화

---

52) 손정수·남재걸, "군 정보기관 기능의 경로변화 분석: 역사적 제도주의 관점에서 기무사령부를 중심으로", p. 56.

된 분단 상황에서 북한이 사회주의 체제를 유지하고 남한보다 우위를 점하려고 했기 때문이다. 이러한 영웅정치의 기능은 현재까지도 경로의존성을 보인다. 이 시기는 북한주민을 전쟁에 동원하기 위한 전쟁영웅(체제수호)을 위주로 제도가 형성된 후 사회주의 건설에 자발적으로 동원하고 참여시키기 위해 노력영웅(생산혁신)의 기능을 추가하는 형태로 변화했다. 전쟁영웅과 천리마시대 노력영웅들은 북한 영웅의 모델이 되어 현재까지 영웅을 재생산하고 새로운 영웅제도를 낳은 역할을 하고 있다.

1967년부터 1994년은 영웅정치의 전환기였다. 중소갈등과 소련과 중국의 후계체제 실패, 남북 간 위상의 격차라는 환경은 북한에서 영웅정치를 지속하도록 작용했다. 권력갈등과 김일성의 승리로 인한 유일체제의 확립, 김정일의 등장과 후계체제 수립, 혁명전통의 제도화와 주체사상으로의 이데올로기화는 북한식 사회주의의 길로 인도했다. 이는 수령 독재체제라는 특수한 제도를 만들어냈으며, 영웅정치는 수령을 위한 제도로 변질되었다. 또한 계획경제의 한계로 인한 경제의 지속적인 침체는 더 이상 뛰어난 생산혁신을 창조하는 영웅이 아닌 자신의 일터를 지키며 묵묵히 성실하게 일하는 '숨은 영웅'으로 기능을 변화하도록 했다. 이 시기는 국가사업에 주민들을 자발적으로 참여시킨다는 영웅정치의 기능이 경로의존성을 유지했다. 그 가운데 수령을 위한 영웅, 숨은 영웅으로 경로진화했다.

1995년부터 2011년은 영웅정치의 강화기였다. 사회주의 국가들의 몰락에 따른 체제위기, 김일성의 사망과 김정일로의 권력교체에 따른 정치위기, 연속된 자연재해로 인한 심각한 경제위기는 '고난의 행군'이라는 시기를 만들었다. 이에 따라 주민들을 항일영웅들처럼 기능하게 했으며, 영웅정치를 강화하도록 했다. 선군정치라는 통치전략의 실행에 따라 국가의 자원을 군대에 집중했으며, 혁명적 군인정신이 영웅을 만들어내는 정신으로 변화했다. 노동자와 농민의 자발적 생산 참여보다는 군대가 경제사회 건설까지 담당하며, 군인과 돌격대 출신 영웅들을 배출한 것이다. 또한 경제위기는 국가배급제를 비롯한 복지체계의 붕괴로, 대규모 아사사태와 인구감소로 이어졌으며, 모성영웅이라는 영웅정치의 새로운 기능을 도입하게 했다. 이 시기는 제도의 지속성을 유지하는 동시에 새로운 기능들을 추가해 영웅정치를 강화시킨 것으로 분석된다.

2012년부터 2021년은 영웅정치의 조정기라고 할 수 있다. 대북제재의 장기화, 코로나19 팬데믹, 연속된 자연재해 등은 영웅정치를 지속하게 했다. 김정은 정권은 집권 초기 권력의 정당성 확보와 국가위상 제고를 위해 핵실험과 미사일 발사를 계속했고, 이 과정에서 과학자 영웅과 대규모 건설사업을 벌여 동원된 노력영웅을 많이 배출했다. 하지만 북한을 둘러싼 환경적 요인이 더욱 악화되면서, 경제적 보상을 주는 상위 제도를 선택했다. 이에 따라 영웅 칭호보다는 다른 표창제도를 제정해 수여하고 있다. 김정은 체제와 미래를 함께 할 청년세대의 변화는 체제 위기 요인으로 떠올랐고, 이에 청년강국을 선포하고 청년영웅이 될 것을 독려하고 있다. 집권 초기에는 영웅제도를 강화하는 것으로 나타났지만, 구조적 요인으로 인한 새로운 제도의 도입으로 영웅정치의 기능을 조정 중에 있는 것으로 분석된다.

이처럼 시기별 영웅정치의 변화를 통해 북한 영웅정치를 작동시키는 메커니즘을 발견할 수 있다. 북한정권은 권력의 필요에 따라 영웅을 탄생시키고, 영웅의 모범을 전체 사회에 확산하기 위해 다양한 방식의 동의기제를 활용해 왔다. 북한정권은 영웅을 기념과 상징으로 이미지화해 다양한 선전선동과 교육 등을 통해 대중들에게 확산시켜 새로운 영웅들의 탄생을 도왔다. 또한 영웅이 받는 각종 보상과 특별대우를 부각하거나,[53] 영웅 따라 배우기 운동을 전개하고, 체제수호와 정권유지를 위한 중요한 국면에 영웅대회를 개최해 영웅을 총궐기시켜 위기를 극복해왔다. 그리고 영웅은 북한체제의 위기 혹은 대내외적으로 중요했던 시기에 게임체인저의 역할을 수행해 왔음을 알 수 있다. 위에서 분석한 시기별 영웅정치의 변화를 〈표 2〉와 같이 비교하였다.

〈표 2〉 시기별 북한 영웅정치의 지속과 변화

구분	형성기 (1945~1966)	전환기 (1967~1994)	강화기 (1995~2011)	조정기 (2012~2021)
구조 요인	남북분단 소련군 점령 한국전쟁	중소갈등 중소 후계체제 실패 남북 간 위상의 격차	사회주의 체제전환 고난의 행군 김정일 권력승계	남북/북미관계 단절 북핵 및 기후 위기 코로나19 팬데믹
제도 요인	사회주의 국가 수립 계획경제 체제 집단주의 체제	주체사상 저성장 계획경제 수령 독재체제	혁명적 군인정신 선군정치 국가배급제 붕괴	자력갱생 정신 계획-시장 이중경제 경제-핵 병진노선

53) 북한에서 영웅이 되면 정치적, 경제적, 사회적 보상이 주어진다. 영웅이 되면 해당 지역 당비서 정도의 존경과 혜택을 입거나, 공장 및 협동농장의 지배인이 되고, 최고인민회의 대의원이 되는 등 신분이 상층으로 이동한다. 경제적 보상으로는 상금이나 상품형태의 표창과 현물도 지급받는다. 또한 영웅은 다양한 사회적 우대조치를 받을 수 있고, 각종 대회와 회의에 초대받아 주석단에 앉기도 한다. 하지만 이러한 영웅에 대한 보상제도는 김일성시대에는 주어졌을지 모르지만, 김정일정권 이후에는 경제적 어려움으로 보상이 줄어들고 있으며, 제대로 집행되고 있지 못한 것으로 보인다. 송현진, "북한의 영웅정치 연구", pp. 45~47.

구분	형성기 (1945~1966)	전환기 (1967~1994)	강화기 (1995~2011)	조정기 (2012~2021)
행위자 요인	김일성의 부상 권력 갈등 혁명주체 노동자	김일성의 승리 김정일 등장 항일영웅 우상화	당·군 관계 조정 후계자 등장 여성역할 강화	권력자의 선택 청년세대 부상
영웅 수	533명	2,242명	589명	555명
영웅 유형	전투 영웅 생산혁신 영웅 인간개조 영웅	숨은 영웅	군인 영웅 돌격대 영웅 모성 영웅	우주과학자 영웅 체육 영웅 청년 영웅
영웅 정치 기능	전쟁 승리 생산 혁신 사회주의 인간형	수령(후계)체제 확립 체제 유지	체제 수호 경제 회복 사회주의 대가정	체제 수호 경제 회복 사회 통합
영웅 정치 특징	전 시대 영웅의 모델로 존경과 사랑을 받음	자발적 영웅에서 조직된 영웅으로 굴절	과거영웅 호명 모성영웅(여성역할) 강조	천리마 영웅 호명 청년영웅 강조

자료: 저자 작성.

5. 나오며

북한에서 영웅제도를 도입한 1950년부터 현재에 이르기까지 역사적 제도주의 관점에서 영웅정치의 변화를 살펴보았다. 영웅정치의 변화요인을 시대별로 구분하여 구조(거시) - 제도(중범위) - 행위자(미시) 통합 수준에서 분석하여 각각의 요인들이 제도변화에 어떤 영향을 주고 상호작용하였는지 알아보았다. 이러한 분석 결과를 바탕으로 본 연구의 시사점을 제시하면 다음과 같다.

먼저 북한의 영웅정치 연구에서 통시적, 총체적으로 지속과 변화를 밝히고 그 요인의 분석을 시도했다는 점이다. 북한은 3대 세습 정권을 이어오면서 여러 차례의 체제위기를 맞았지만, 세간의 우려를 뒤로하고 체제를 유지해오고 있다. 이에 북한연구에서는 북한 사회주의 체제를 유지하는 동력이 무엇인지, 내구성의 요인이 무엇인지를 밝히려 애써왔다. 본 연구도 북한이 대내외적 위기에도 3대 정권을 유지하는 요인이 무엇인지를 규명하기 위한 노력의 일환으로 이루어졌다. 체제유지와 영웅정치의 상관관계를 규명하여, 영웅제도가 북한 사회주의 체제를 움직이는 중요한 메커니즘 중 하나임을 확인할 수 있었다. 영웅정치라는 제도를 중심으로 북한 사회주의 체제의 형성과 변화를 살펴봄으로써, 70여 년 동안 북한체제를 지탱해온 요인을 밝히는 연구로 자리매김하였다. 북한체제의 지속성을 규명하고, 북한사회를 설명하는 데 있어서 '영웅정치'라는 새로운 시각을 제공했기 때문이다. 제도와 이데올로기, 지배권력과 파워엘리트 중심의 연구에만 머무르지 않고, '영웅'이라는 새로운 주체를 중심으로 북한을 분석한 것은 인민이 주인인 나라 '북한'을 연구하는 데 있어 의미가 있다. 앞으로 영웅정치는 변화를 모색하는 북한체제의 미래를 예측하는 데 도움을 줄 것으로 여겨진다.

다음으로 본 글은 역사적 제도주의 관점에서 북한 영웅정치의 변화과정과 변화에 영향을 주는 구조-제도-행위 요인을 통합적으로 분석한 최초의 연구이다. 역사적 제도주의 관점에서 제도변화는 구조와 제도, 행위자 요인의 결합과 상호작용을 통해 변화가 이루어지고 있음을 확인했다. 북한 영웅정치는 북한정권이 인민의 지지를 이끌고 국가사업에 인민을 적극적으로 동원하기 위한 제도의 문제이다. 그 안에는 역사의 흐름에 따라 정치적, 경제적, 사회적으로 짜여진 매트릭스(matrix)가 내재된 구조와 제도, 제도에 영향을 미치는 행위자들의 관계 맥락 등 다양한 요소들이 작용하고 있다. 북한 영웅정치는 인민 동원제도의 형성에 영향을 미치는 구조적 요인과 제도적 맥락, 행위자 요인이 상호작용하며 지속, 변화하고 있었다. 따라서 역사적 제도주의 관점에서 거시적 환경 같은 구조, 제도, 행위자들의 상호작용과 같은 미시적 측면을 함께 살펴볼 수 있어서 연구내용에 대해 더욱 체계적인 이해를 제공하여 주었다.

향후 북한 영웅정치 변화 연구의 결과를 바탕으로 다른 사회주의 국가들과의 비교연구를 통해 영웅정치와 사회주의 체제 유지와의 관계를 비교분석하는 연구가 나오길 바란다. 또한 역사적 제도주의 관점에서 북한의 정치·경제·사회현상에 대한 깊이 있고 실증적인 연구가 이루어지길 바라며 글을 마친다.

1. 국문단행본

김연철. 『북한의 산업화와 경제정책』, 서울: 역사비평사, 2001.

박형중. 『북한적 현상의 연구』, 서울: 연구사, 1994.

안문석. 『북한 현대사 산책 3』, 서울: 인물과 사상사, 2016.

이종석·최은주. 『제재속의 북한경제, 밀어서 잠금해제』, 성남: 세종연구소, 2019.

이태섭. 『북한의 경제위기와 체제변화』, 서울: 선인, 2009.

임지현·김용우. 『대중독재 1: 강제와 동의 사이에서』, 서울: 책세상, 2004.

차문석. "레이펑, 길확실: 마오쩌둥·김일성 체제가 만들어낸 영웅들". 권형진·이종훈 엮음, 『대중독재의 영웅 만들기』, 서울: 휴머니스트, 2005.

하연섭. 『제도분석: 이론과 쟁점(제2판)』, 서울: 다산출판사, 2011.

2. 영문단행본

Orren, Karen & Stephen Skowronek, *Institutions and Intercurrence: Theory Building in the Fullness of Time*, New York University Press, 1996.

3. 국문논문

강나은·김찬동. "지방공기업제도의 '역자치적'변화에 대한 통합적 분석: 역사적 신제도주의의 구조−제도−행위 통합모형을 중심으로." 『지방정부연구』 제24권 제2호, 2020.

구현우. "제도변화의 통합적 접근: 신제도주의 하위 분파 간 통합적 접근의 가능성." 『국정관리연구』 제7권 제2호, 2012.

김윤권. "제도변화의 통합적 접근: 역사적 신제도주의를 중심으로."『한국정책학회보』제14권 1호, 2005.

김종수. "6 · 25전쟁과 북한 청년영웅."『정신문화연구』제31권 1호, 2008.

김차준. "김정일 시대 영웅의 특성." 북한대학원대학교 석사학위논문, 2009.

남근우. "북한의 복종과 저항의 정치: 생산현장에 나타난 공식/비공식 사회관계." 한양대학교 박사학위논문, 2008.

손정수 · 남재걸. "군 정보기관 기능의 경로변화 분석: 역사적 제도주의 관점에서 기무사령부를 중심으로."『한국조직학회보』제17권 제4호, 2021.

송현진. "북한의 영웅정치 연구." 이화여자대학교 박사학위논문, 2019.

_____. "김정은 시대의 '청년강국'과 '청년영웅' 연구."『북한연구학회보』제25권 제1호, 2021.

신현석 · 이예슬 · 정양순 · 신범철. "역사적 신제도주의와 정책흐름모형을 활용한 교장임용제도 변화 분석."『한국교원교육연구』제35권 3호, 2018.

안성필. "북한 민(民)의 변천: 집권세력의 기획을 중심으로." 북한대학원대학교 박사학위논문, 2011.

오원기. "북한의 산업화시기 노동영웅에 대한 연구." 동국대학교 석사학위논문, 2008.

이재화. "한국의 중앙은행제도 변천과정에 관한 연구: 역사적 제도주의를 중심으로."『정책개발연구』제21권 제2호, 2021.

정교진. "북한정권의 '지도자상징정치'에 관한 연구." 고려대학교 박사학위논문, 2017.

차문석. "북한의 노동영웅에 대한 연구: 영웅탄생의 정치경제적 메커니즘."『사회과학연구』제12권 1호, 2004.

한성훈. "한국전쟁과 북한 국민 형성: 동원, 학살, 규율과 전쟁의 미시적 분석." 연세대학교 박사학위논문, 2010.

허성재. "북한식 영웅의 실태와 정치 사회적 기능에 관한 연구." 국방대학과 석사학위논문, 2005.

홍 민. "북한의 사회주의 도덕경제와 마을체제." 동국대학교 박사학위논문, 2006.

4. 영문논문

Ikenberry, G. John, "Institutions, Strategic Restraint, and the Persistence of American Postwar Order," *International Security*, Vol. 23, No. 3, The MIT Press (Winter, 1998~1999).

Krasner, Stephen D, "Sovereignty: An Institutional Perspective," *Comparative Political Studies*, Vol. 21, No. 1, 1988.

5. 북한문헌

김일성. "공화국영웅들은 조국해방전쟁에서 세운 불멸의 위훈을 계속 빛내어 나가야 한다." 1953년 8월 19일. 『김일성저작집 16』, 평양: 조선로동당출판사, 1995.

김정일. "당조직들 앞에 나서는 몇 가지 과업에 대하여." 1980년 12월 3일. 『김정일선집 9』, 평양: 조선로동당출판사, 2011.

과학, 백과사전출판사. 『조선전사 27』, 평양: 과학, 백과사전출판사, 1981.

과학원출판사. 『조선말사전』, 평양: 과학원출판사, 1960.

사회과학출판사. 『정치용어사전』, 평양: 사회과학출판사, 1970.

사회과학출판사. 『조선말대사전』, 평양: 사회과학출판사, 1992.

조선민주주의인민공화국 과학원. 『조선어 소사전』, 평양: 조선민주주의인민공화국 과학원, 1956.

조선중앙통신사. 『조선중앙년감 2000』, 평양: 조선중앙통신사, 2000.

김민도. "민주주의 노동규율의 강화에 대하여." 『근로자』 제7호, 1948.

리명일. "공화국표창제도의 본질과 발생발전." 『김일성종합대학학보(력사·법학)』 2006년 4호, 2006.

「로동신문」 각 호.

제4장

북한의 영어교육 열풍과 실태

이 경 애

1. 들어가며

북한은 김정은 시기 교육에 있어서 영어교육이 큰 비중을 차지하고 있으며 영어교육에 있어서 과학적이고 조직적인 구상에 따라 계획해 놓은 영어교육 사업을 통해 새로운 영어 교과서를 발행하였다. 2013년 개정 영어 교과서는 컬러 표지로 바꾸고 구성에서도 영어교육 발전에 대한 집중적인 투자를 엿볼 수 있다. 북한당국은 학습 기간 차이를 고려해 교수 목적을 다르게 운영하였다.

초급중학교는 영어의 4가지(듣기, 읽기, 쓰기, 말하기) 능력을 키우는 것에 중점을 두고 고급중학교에서는 원서를 읽고 이해하는 능력에 집중한다. 북한은 영어교육을 강화하면서 이를 계기로 국제적 교류를 빈번하게 추진하였다. 해외 여러 나라에 영어를 가르칠 수 있는 자원봉사자를 요청하여 캐나다, 미국, 영국에서 원어민과 교구를 협찬받아 왔다.

2022년 새로운 교과서로 공부한 지 10년이 지난 지금 북한의 교육내용은 크게 변화된 것이 없다. 다만 코로나 19로 인해 원어민 교사와의 수업 방식이 바뀌었다. 영국문화원은 영어 강사를 북한에 파견해 해당 지역 교사를 대상으로 영어 교습법을 가르쳐 왔으며 중학교와 대학교에서 영어교육 프로그램을 진행하였다.[1] 북한당국에서 선발된 원어민 교사는 학생 대상으로 주 5일, 하루 3~4시간 영어를 가르쳤다. 또한, 방과 후에는 일주일에 한두 차례 영어 교사를 대상으로 교육을 시행했다.

이렇듯 북한당국은 원어민을 자국으로 초청해 외국어를 배우는 정책을 적극적으로 추진해 왔다.[2] 북한 초급중학교는 연간 교수시간이 총 3,456시간이고, 그중 영어 과목은 408시간으로 전체의 11.8%를 차지하여 국어, 자연과학에 이어 3번째로 많은 시간이 배정되었다. 김정은은 "영어교육 사업을 시대의 요구에 맞게 우리 식으로 발전시켜 나가자면 교육 계획을 과학적으로 세우고 그것을 철저히 집행해 나가야 한다!"라고 2013년 교육일꾼 담화문에서 말했다.

교육 계획은 교육 사업의 발전 방향과 규모를 규정한 국가 계획을 가르치고, 주체의 교육 사상과 교육 이론에 기초하며, 계획 이론을 응용하여 영어교육 사업의 목표와 발전 방향, 규모를 과학적으

---

[1] 영국문화원 대변인은 "영국문화원의 북한 내 활동은 영국 정부의 대북정책인 비판적 교류 정책의 중요한 부분"이라며 미국의 소리 방송이 전달했다. 이를 위해 영국 외교부로부터 연간 20만 파운드(미화 약 29만 달러)를 지원받고, 영국문화원이 같은 액수를 부담하고 있다. www.nocutnews.co.kr, 노컷뉴스(검색일: 2022.10.4).

[2] 『KBS 남북의 창』, 미국의 소리(VOA) 방송 인용(시청: 2022.1.9).

로 예견하는 사업으로서 북한에서 매우 중요시하는 사업이 교육 사업이다.

1) 북한 영어 수업 최신설비

최근 북한이 영어교육에 있어 회화에 집중하고 영어 수업에서 동영상 강의를 활용하고 있다. 북한당국은 동영상 학습과 음성 청취, 전자책 서비스를 제공하며 스마트폰이나 태블릿을 통해 시공간의 제약 없이 영어공부하고 있다. 북한 매체인 '메아리'에 따르면 김일성종합대학 조선어문학부도 음성 및 동영상 서비스를 제공하는 언론학 교육 지원체계 '새날'과 실기연습 지원 프로그램 '새별'을 선보였다.

룡산정보기술교류소는 고급중학교 학생을 위한 "영어학습지원프로그램을 개발해 전람회에서 우수한 평가를 받았다"라고 조선중앙방송이 전했다. 이 교류소는 이전에도 학생용 학습프로그램인 '속셈의 별'과 '반짝별', 가상현실 프로그램 '자랑별', 증강현실 프로그램 '신비한 별' 등을 출시했다.

북한 내각 교육위원회 기관지 '교육신문'은 지난달 7일 "학교에서는 현대교육기술에 의한 교수 방법들을 적용해 학생들의 실력을 부단히 높여가고 있다"라며 금성제1중학교의 수업 장면을 소개했다. 이 학교의 수학과 컴퓨터 수업에는 "3D 화상 모형화"와 "가상현실을 적용한 방법", "증강현실기술" 등 각종 첨단기술을 이용하여 수업하는 모습을 발표했다.

고급중학교에서는 5개 실험실습실이 현대화를 통해 높은 수준으로 수업할 수 있으며 교내 실험실 모습을 공개했다. 특히 "생물실험실에는 입체 영화상영이 가능한 투영기, 고급 입체 안경 등을 갖춰놓았다." 이 연구실에서는 "현실체험이 불가능한 동식물들을 3차원 입체화면으로 볼 수 있다."라고 설명했다.

북한은 김정은 체제 들어 과학기술을 통한 경제발전을 추구하고 이를 위해 세계적 추세에 따른 선진교육 제도와 방법, 내용을 도입하는데 국가적 투자를 집중하며 총력전을 펴고 있다. 영어 수업에서도 책, 음원, 카세트만 있으면 수업할 수 있도록 시스템을 구축했다. 김정은은 2019년 10월 3일 제14차 전국 교원대회에 보낸 담화에서 "교육을 현대화, 정보화하는데 필요한 수단과 현대적인 실험 실습 설비, 실험 기구들을 원만히 갖춰야 한다."라고 주문했다.

2012년 4월 6일 김정은은 교육자모임 담화문에서 "교육 사업에 대한 국가적 투자를 늘리고 교육의 현대화를 실현하고 중등 일반 교육수준을 결정적으로 높이고 대학교육을 더 강화한다."라고 선언했으며 "재능 있는 인재를 더 많이 키워내야" 한다고 하였다. 이처럼 북한은 인적자원을 확보하여 국가 발전을 추진하기 위해 조직을 재구조화하고 교육을 산업계의 필요와 더욱 긴밀하게 연계시키려는 정책적 노력을 적극적으로 기울이고 있다.[3] 여기에 영어교육은 세계적 추세와 맞물려 현실적인 측면에서 국가 발전을 위한 도구로 간주하여 영어교육에 집중하고 있다.

---

[3] 김해진, "북한 교육열의 사회문화적 특성에 관한 연구", 고려대학교 대학원 박사학위 논문, 2018, p. 46.

〈그림 1〉 북한 제1고등학교 학생들 컴퓨터를 활용한 수업 장면

북한당국은 재능과 소질이 있는 학생들을 조기에 선발하여 최고의 전문가로 양성한다는 긍정적인 평가가 있었지만, 최근에는 학생의 능력과 소질 이외에 부모의 경제력이 중요한 현실의 문제로 등장하고 있다. 경제적 여건이 어려운 상황에서도 지적 호기심을 충족시키기 위한 북한 주민들의 내적 동기는 교육에 대한 열망으로 나타나고 있다.

북한당국은 외국어를 배워도 학교 이외의 일상생활에서 사용할 기회가 많지 않은 것에 착안하여 학생들의 영어실습장을 북한무역의 중요 항구 남포항의 '남포 외국 선원 구락부'를 선택했다. 남포 외국 선원 구락부는 북한 주민은 금지구역이고, 외국 선원들도 이곳을 벗어나 주민과 접촉할 수 없다. 북한 정부의 허락을 받은 영어전공자 학생들은 한 달에서 3개월간 인도, 파키스탄, 싱가포르, 영국인 선원들과 함께 지내며 영어를 익힐 수 있다.

2) 베를린자유대학교 계절학기 수업에 남·북 학생 참여

2020년 1월 25일 독일의 베를린자유대 초청으로 독일, 칠레, 한국, 북한의 학생들 모두 200여 명의 학생이 참여하였다. 대한민국은 부산대와 홍익대학생을 중심으로 80여 명이 참여하고 북한은 김일성종합대학 독일어 전공 학생 12명이 참여했다. 베를린자유대 계절학기 푸비스 프로그램에 참석한 이들은 대한민국 학생이 파스타를 만들고 북한 학생이 김치찌개를 끓여 나누어 먹을 정도로 가깝게 지냈다. 수업은 독일어 실력 Level 7개 반으로 나뉘었는데 북측 학생들은 대부분 상위 반에 편성되고 한국 학생들은 하위 반에 편성되어 수업 시간에 겹치지는 않았다.

〈그림 2〉 베를린대학 초청으로 독일에서 만난 남북 학생들

북한에서 참여한 김일성종합대학 학생들은 졸업반인 5학년과 3

학년이었다. 북측 학생들은 수업에서 열의를 보였고 과제도 성실히 이수하여 새벽까지 공부하는 학생들이 많았다고 한다. 베를린자유대 관계자는 "학업에 대한 자존심이 강해 잘해야 한다는 압박감도 느끼는 듯했다"라고 하였다. 이들은 계절학기 프로그램의 목적으로 여러 국적의 학생들과 박물관을 견학하고 베를린 장벽 이스트사이드갤러리를 견학하며 동서독 분단기 소련의 레오니트 브레즈네프 서기장과 동독의 애리히 호네커 서기장 간의 키스 장면을 그린 "형제의 키스"도 관람하고 홀로코스트 추모관과 연방의회, 맥주 양조장에서 문화시설로 변신한 쿨투어브라우어라이도 방문했다.

〈그림 3〉 베를린대학 수업 종강 후 남북 측 학생들 기념사진

개강식 날 남측 학생들과 북측 학생들은 서로 거리를 둔 채 말을 섞지 않았지만, 외부 견학 시간과 기숙사 생활을 통해 가깝게 되었다. 실제 북한에서는 공부를 잘해도 출신성분이 좋지 않으면 김일

성종합대학 입학은 꿈꾸기 어려운 곳으로 알려져 왔다. 베를린자유대는 앞으로 김일성종합대학 학생들의 겨울학기 연수를 정기화할 계획이다. 이처럼 남과 북 주민은 시간이 지날수록 여러 경로를 통해 소통하게 되어있다.

3) 코로나 19가 준 영어교육의 변화

코로나로 인해 북한 교육에는 많은 변화가 있었다. 영어교육 일선에서 외국인 교사들이 참여해오면서 15개국에서 온 교수들이 가르쳐야 할 강의를 전부 사전녹화된 비디오나 줌, 스카이프 영상 통화로 대체해야 했다. 구체적으로는 전공, 외국어, 특강 등이 불가피하게 비대면으로 해야 했다.

코로나 발생 이후 북한 방문을 못 한 원어민들은 "현재도 대부분 비대면 수업이 불가피한 상황으로 알고 있다"라고 했다.[4] 북한 내 미국인 교사들은 미 국무부가 미국 시민권자의 방북 금지령을 내린 2017년까지만 해도 수업이 있는 학기 중엔 주로 평양에 머물고, 방학 기간엔 미국과 한국을 다녀갔다. 방북 제재로 인해 자연스럽게 교사들이 학교나 회사가 아닌 교사가 원하는 편한 공간에서 비대면으로 강의를 진행할 수 있었다. 북한으로서는 장점이 곧 단점이 되기도 했다.

줌 회의가 비추는 배경 모습에는 교사들이 속해 있는 공간도 함께 드러났기 때문이다. 집에서 회의를 진행한 경우 교수들의 사생활

---

4) 한국기자협회 아시아엔 기자 이상기, 2021. 10. 24.

이 담긴 공간이 북한 학생들에게 노출되었으며, 더불어 집에 가족이나 반려동물도 줌 회의를 진행하는 도중 카메라에 비쳤다. 화상 강의 참가자들에게 카메라에 비친 배경 공간 그리고 주변 사람들의 이동 여부 등 매우 다양한 부분의 정보가 적나라하게 노출되었다.

가정집이나 연구실 배경을 통해 "직접 그곳에 가고 싶다." "그곳에 대해 훨씬 많은 것을 느끼게 되었다"는 분석이다. 화상 강의를 통해 "나만 느끼는 거겠지"라고 생각했던 줌 환경이 여러 학생이 공통으로 느끼고 있는 현상으로 다양한 과학적 근거들이 존재한다. 줌 환경의 발생 원인은 크게 환경적인 특징, 화상 수업의 특징, 거울 효과의 특징으로 분석해 볼 수 있다.

뇌는 순간의 찰나를 감지할 수 있을 만큼 민감하다. 화면에 나타나는 다른 배경에 수시로 긴장하고 대응하고 상대방에 대해 파악하여 대면 수업보다 훨씬 어려운 일이며 엄청난 정보를 준다. 코로나19를 통해 많은 영향을 준 기회가 되었다.

4) 갈수록 거세지는 북한의 영어교육 열기

1968년 1월 23일 미국 푸에블로호 나포사건 이후 북한은 영어교육의 중요성을 알게 된다. 70여 명의 미국 해병을 생포한 사건으로 김일성은 "적의 언어를 알아야 그들의 생각을 알 수 있다"라고 선언한다. 이때부터 고위관료들의 영어공부와 일본어 공부가 시작되었다.

1958년에 개교한 평양 외국어학원은 6년제 중학교 과정으로 우리나라의 특수목적 고등학교인 외국어 고등학교와 비슷한 곳으로, 영어 외에 중국어, 일어, 러시아어 등 8개 외국어를 중점적으로 교

육하고 있다. 학생들은 수업 시간은 물론 일상생활에서도 전공어를
사용하도록 몰입식 교육을 받는다.

〈그림 4〉 평양과학기술대 정문과 캠퍼스

평양과학기술대학은 북한의 최초사립대학으로 남북공동으로 세
운 대학이다. 전쟁이 나도 건설한다는 목표로 2010년 개교했으며,
정보통신공학부, 농생명공학부, 경영학부 등이 있다. 평양과기대는
대학생 543명과 대학원생 95명 등 638명의 재학생이 있다. 이들은
김일성종합대학이나 김책공대 등 우수 학교에 2년 이상 다닌 학생
을 대상으로 추천과 소정의 시험을 통해 뽑는다.

48명의 외국인 교수로 100% 영어로 하는 수업으로 영어공부는
학교에서 가르치기도 하지만 시험을 대비해 준비한다. 대학원생을

대상으로 토플시험을 봤는데 최고점수가 550점이었고 학생 평균이 450점이다. 이 대학 학생들은 학업 성취도가 뛰어나며 영어를 물 먹는 스펀지처럼 빨아들인다. 과기대 재학 중 영국 케임브리지 대학, 웨스트민스터 대학, 브라질대학으로 유학을 떠나기도 한다.

북한은 이러한 대학 입학을 위해 사교육 열풍도 거세어지고 있다. 최고 명문대학인 김일성종합대학 외국어 문학부 또는 평양외국어대학 입학을 위해 각 도에 있는 외국어학원 진학을 위해 사교육을 받는다.

외국어학원은 초급중학교 과정이 포함된 6년제이므로 이 학교에 입학하기 위해서는 소학교 때부터 영어 실력을 높여야 하므로 사교육 경쟁은 불가피하다. 지난 2017년 1월 29일 새해 특집방송에서는 4살짜리 어린이가 영어를 유창하게 하는 것을 보여주었다. 북한은 "세계선진기술을 널리 받아들이고 과학문화 분야에서 국제적 교류와 협조를 발전시켜 나가자면, 중등 일반교육단계에서 외국어 교육을 강화하여여 한다."라고 영어교육의 목표가 과학화와 세계화에 있음을 밝혔다.

김정은 시대에 들어와 개정된 헌법에 명시한 대표적 교육 슬로건은 '세계적 추세', '세계적 수준'으로 영어교육과 과학화 정책이 경쟁력으로 영어를 세계적 수준의 과학기술과 산업 발전을 따라가기 위한 필수적 수단으로 인식하고 있다. 북한에서 외국어를 지망하는 학생들은 대부분 부모가 외무성에 근무하거나 대외무역 활동에 종사하는 경우다.

부모를 따라 외국에 살면서 그 나라 언어를 배우고 평양외국어대학에 진학해 졸업하면 외무성, 대외경제성, 국가보위부, 인민보

안성, 무력성 등 권력기관에 진출할 수 있다. 국내파들은 개인학원은 없지만, 외국어 영어과를 나오고 영어 교원을 하거나 외국어대 영어과 학생들을 통해 과외를 받는다. 매주 한두 시간에 30~40달러의 비용이 든다. 외국어대학 교원들이 퇴근 후 자기 집에서 3~5명을 가르치면 한 달에 150~200달러의 소득을 얻는다.[5]

2. 선행연구의 오류

북한 영어 교과서를 대상으로 한 '2013 개정 교육과정 영어 교과서' 선행연구에서 다수의 오류가 발견되었다. 이러한 이유는 한 권이나 두 권을 분석했을 경우 나타날 수 있다. 본 연구에서는 65권을 참고하여 31권 내용분석과 코퍼스 분석에서 아래와 같이 상반된 결과를 얻을 수 있었다.

2013 개정 영어 교과서에 관한 내용에 있어서 북한 영어 교과서는 국제적 수준이라고 하지만 표지 다음 지면에 김정은 교시와 김정일 찬양가가 나온다. 교과서 내용도 과학 내용이 50% 이상 편중되게 다루는 예도 있다. 영어 교과서라면 국제적 표준에 맞추려는 의도도 하여야 함에도 북한의 개정 영어 교과서는 국제 표준과는 거리가 먼 교과서이다. 일례로 표지에 발행처와 발행일을 밝히지 않으며 듣기, 말하기, 쓰기, 읽기 부분에서 22% 이상 문법에 비중을 두고 있으며 김일성 일가가 75회 출현한다.

---

[5] 이준혁, 북한 영어교육 이야기, 제1외국어, 북한 사교육, 민주평화통일자문회의.

〈그림 5〉 북한의 영어 교과서 표지

1970년도 고등중학교 4 1996년도 고등중학교 2 2015년도 제1중학교 3

개정 영어 교과서는 체제 유지와 사상적 내용을 더 강화하고 있다. 김일성 시대 영어교육을 전쟁 대비 목적이었다면 개정 교과서는 적국이 사용하는 언어를 배우려는 의도가 크다. 성경책처럼 글씨만 나열되었던 교과서가 그림과 삽화가 추가되면서 단원은 줄어들었지만, 쪽수는 늘어났다.

〈그림 6〉 2013 개정 영어 교과서에 나타난 김씨 일가 출현 수

개정 전에는 학습용 기자재가 부재한 이유인지 영어 수업에서 듣기나 말하기 학습은 없고 읽기와 문법에 치중하였다. 구성체계는 첫째, 고등중학교에서는 서문이 없고 중학교 교과서에만 서문이 있는데 찬양가가 개정 전후 서문에 모두 등장한다. 중학교 2학년 목차에는 9개 과가 있고 부록으로 10개 과가 더 있다. 개정 전 평균 단원 수는 19과였으나 개정 후 7과로 줄었다.

개정 전 읽기 지문에만 치중한 단원은 개정 후 영어 4대 기능, 즉 듣기, 읽기, 쓰기, 말하기 시스템에 어휘, 발음 문법을 포함해 7가지를 고루 다루고 있다. 개정 후 단원은 Reading → Vocabulary → Grammar → Listening → pronunciation → speaking → writing → Grammar Summary → Words and Expressions의 일률적인 절차에 따라 수업하는 것으로 나타났다.

김정은은 교시에서 영어공부 방법에 하위 단원 17개가 있다고 강조했다. 교사의 지시에 따라 수업하는 방식보다는 학생들이 참여하는 수업 방식으로 전환되었으며 세세하게 수업을 따라 할 수 있도록 설명이 부가적으로 들어가 있다. 이는 개정 전 단원이 20% 줄고 쪽수가 4% 늘어난 이유와 일치한다. 개정 전에는 본문학습이 끝나고도 부록으로 적게는 2과에서 많게는 11과까지 학습이 이어졌는데 개정 후는 부록이 사라졌다. 대신 Classroom English, 참고문헌, 새로 나온 어휘가 부록으로 첨부되어 있다.

3. 내용분석 결과

1) 2013 개정 영어 교과서

북한의 기자재 부족, 시설 낙후, 학생들 출석률 저하, 교권 하락, 수업의 질 하락을 염두에 두고 북한 실정에 맞게 영어 교과서를 개정한 것으로 보인다. 그 결과 짝꿍 + 교과서 + 카세트 + 음원이 있으면 학생 수와 관계없이 수업할 수 있도록 만들었다. 언어의 4대 기능과 어휘, 발음, 문법을 포함해 7가지의 활동과 17가지의 하위 활동으로 구성되어 Level 차이가 있어도 따라갈 수 있도록 구성되었다.

문법을 설명한 후 문제를 제시하는 문법 번역식(Grammar Translation)에서, 관련된 내용을 먼저 공부하고 문법설명을 하는 형태 중심교수법으로(Focused Instruction) 변하였다. 북한당국이 주어진 여건의 한계 속에서 세계와 소통하는 영어교육을 시행하고자 시도한 것으로 평가된다.

2) 문화 내용분석

영어를 외국어로 공부하는 EFL(English as a Foreign Language) 환경에서는 타문화를 통해 자국의 문화가치를 실현하고자 하는 목적이 있다. 북한의 교육제도는 북한 체제의 우월성을 드러내는 대표적인 정책으로 영어 교과서를 통해 타문화에 관한 관심은 낮다. 공통문화가 높게 나타난 것은 과학이 포함되었기 때문이다.

〈표 1〉 읽기 지문에 나타난 문화 내용 분석[6]

	개정 전			개정 후			기타
	1위	2위	3위	1위	2위	3위	
일반형 중등학교	자문화 (49%)	공통문화 (36%)	타문화 (22%)	공통문화 (52%)	자문화 37%)	타문화 (11%)	왜곡 11%
수재형 중등학교	공통문화 (42%)	자문화 (34%)	타문화 (24%)	공통문화 (52%)	자문화 (25%)	타문화 (23%)	왜곡 7%
대학교	공통문화 (66%)	자문화 (22%)	타문화 (12%)	공통문화 (52%)	자문화 (25%)	타문화 (23%)	왜곡 4%

3) 소재 분석

영어를 외국어로 공부하는 EFL(English as a Foreign Language) 환경에서는 형제간의 우애, 부모에게 효도, 가족 간의 사랑, 친구들과의 우정, 인류의 평화 대한 소재로 인류에 이바지한 인재육성을 목표로 한다. 북한 2013 개정 영어교과서에서는 과학, 학교생활, 수령에게 충성하는 소재가 높게 나타났다. 김정은의 교육정책은 사상교육을 강조하며 동시에 과학기술교육과 영어교육 강화이다.

〈표 2〉 읽기 지문에 나타난 소재 분석

	개정 전			개정 후		
	1위	2위	3위	1위	2위	3위
일반형 중등학교	수령충성 (14%)	학교생활 (9%)	가난불행 (9%)	일화문화 (19%)	기후 (19%)	학교생활 (15%)
수재형 중등학교	과학의학 (21%)	수령충성 (15%)	인물 (14%)	과학의학 (23%)	학교생활 (16%)	인물 (12%)
대학교	과학의학 (61%)	수령충성 (6%)	기후 (6%)	과학의학 (57%)	학교생활 (11%)	수령충성 (8%)

6) 리은필・우건호 외, 『제1고등중학교 4학년』(30권), 평양: 교육도서출판사, 1999.

4) 주인공 분석

영어를 외국어로 공부하는 EFL(English as a Foreign Language) 환경에서 주인공은 종교개혁자, 역사학자, 사상가, 존경받을 대상의 인물을 비중 있게 다룬다. 북한 영어교과서에서는 김일성 일가와 혁명적이고, 투쟁적인 인물이 주인공으로 나타난다. 북한의 원래 교육 목적이 당에 충성하는 혁명적인 인재 양성이 그대로 나타내고 있다.

<표 3> 읽기 지문에 나타난 주인공

	개정 전			개정 후		
	1위	2위	3위	1위	2위	3위
일반형 중등학교	투쟁적 (28%)	비판적 (26%)	절망적 (16%)	문제해결 (67%)	혁명적 (33%)	-
수재형 중등학교	문제해결 (42%)	투쟁적 (21%)	절망적 (16%)	혁명적 (50%)	문제해결 (33%)	절망적 (17%)
대학교	혁명적 (31%)	절망적 (23%)	투쟁적 (19%)	투쟁적 (100%)	-	-

4. 코퍼스 KH Coder 분석 결과

1) 2013 개정 교과서 최상위 어휘

2012년 개정된 사회주의 헌법이 밝히고 있는 북한 교육의 목표 "국가는 사회주의 교육학의 원리를 구현하여 후대들을 사회와 인민을 위하여 투쟁하는 견결한 혁명가로, 지덕체를 갖춘 주체형의 새 인간을 키운다(사회주의 헌법 제3장 제43조). 최상위 빈도수에서 북한이 의도한 영어교육 목표가 그대로 나타난다. 일반형 중등학교 (body, energy, say), 수재형 중등학교(man, say, woman), 대학교(make, water, man) 일반형 중등학교는 장기간의 입대로 건강을 우선으로 하는 내용으로 body가 나타나고, 정치사상에 김일성의 담화, 연설문을 통한 내용 전달 say, 과학기술 중시 energy가 대표적이다.

수재형 중등학교에서는 김일성의 담화내용이나 연설문 전달이 많아 man, woman이 높게 나타났는데 김일성, 김정일은 인민에게 man, woman으로 지칭했으나 김정은은 people로 지칭한다. 북한 사회주의 교육은 자주적인 사상 의식과 창조적인 능력을 갖춘 인재로 깊은 과학기술지식과 튼튼한 체력을 가진 사람을 육성한다.

〈표 4〉 최상위 빈도수

	최상위 빈도 어휘
일반형 중등학교	**body energy say** lesson come water make work know man list use food wave look father live time young good
수재형 중등학교	**man say woman** old robin life make come other time great machine people hood socialism way live young
대학교	**make water man** use **people** time energy **body** know say great lesson world air year work day food came power

2) 품사별 분류

북한에서는 명사 위주로 교재가 구성되고 문장을 꾸며주는 부사 사용과 형용사, 외래어 사용은 비중이 작다. 김일성이 등장하여 훈화나 담화를 전달하는 내용으로 북한 영어 교과서는 명사 중심 교과서로 구성되었다.

<표 5> 품사별 분류

품사	일반형 중등학교		수재형 중등학교		대학교	
	어휘 수	비율(%)	어휘 수	비율(%)	어휘 수	비율(100%)
명사	1,171	48.21	801	45.98	3,936	46.48
고유명사	183	7.53	86	4.93	1,027	12.12
외래어	12	0.49	13	0.74	39	0.46
형용사	515	21.20	328	18.82	1,693	19.99
부사	119	4.89	93	5.37	402	4.76
동사	429	17.66	421	24.16	1,371	16.19
총계	2,429	100	1,742	100	8,468	100

3) 추출어휘 네트워크

한 단어가 최소 30번 이상 문장에 참여한 어휘로 이 단어가 어떤 단어와 네트워크 관계인지를 나타낸다. 모든 교재에는 Kim Il Sung과 네트워크 관계인 것으로 나타났다. 영어 교과서의 목적은 김씨 일가의 유일사상, 주체사상을 고취하고 과학발전을 위해 영어공부라는 것으로 나타났다. 일반형 중등학교에서 네트워크 관계는 education은 technical, general, secondary, basic, knowledge로 연결되고 Kim은 Il, Sung, Leader, Comrade, policy, means, principle, problem과 연결된다.

수재형 중등학교에서 네트워크 되는 단어는 Science가 physics, century, phenomenon, world, idea, new와 연결되고 Star는 Sun, town, planet, mile, galaxy와 연결된다. Kim은 Il, Juche, Party, leader, people, cause, revolutionary와 연결되어 과학기술 네트워크를 형성해 나가고 있는 것으로 나타났다. 대학영어에서는 mass가 popular, independence, social, creativity와 연결된다. mass는 a mass of troop로 북한은 대학

이 군대와 같은 훈련을 받는 것으로 나타났다.

Great가 Kim, II, Sung, Jong, Comrade, Leader로 연결된다. 2013 개정 후 영어 교과서에서도 member가 species, stock, evolve, advantageous 와 연결된다. steam은 valve, taster, shaft와 연결되어 나타난다. 개정 교과서에서도 Kim이 30회 이상 나타난 것으로 확인된다. Kim은 II, Sung, Jong, marshal과 연결되어 있다.

〈그림 7〉 추출어 네트워크

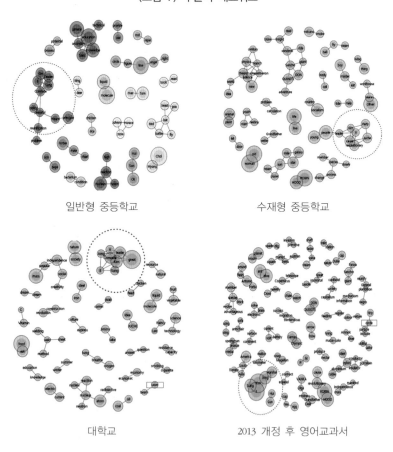

일반형 중등학교   수재형 중등학교

대학교   2013 개정 후 영어교과서

4) 추출어 다차원 척도

분류는 의학, 과학, 부정적인 내용, 긍정적인 내용, 습관적으로 쓰는 언어 등 원하는 내용을 검색할 수 있다. 도표에서는 북한 영어 교과서를 정치, 경제, 사회, 문화로 분류했다. 북한은 모든 교과서에서 정치 어휘가 넓게 차지하고 있다. 일반형 중등학교에서는 사회 부분이 가장 넓게 차지하고, 수재형 중등학교에서는 문화 부분이 적게 나타나고 정치 부분은 넓게 나타났다. 내용을 살펴보면 '공산주의적 새 인간형'은 정치 내용에 속하고 '개인의 이익보다는 사회적 집단의 이익을 중시하며'는 경제 부분에, '창조적인 능력을 갖춘 인재'는 사회 부분으로 '지덕체를 갖춘 인간'은 문화 내용으로 나누어져 있는 것으로 확인되었다. 개정 후 영어 교과서에서는 정치적인 부분이 넓게 나타났다.

〈그림 8〉 추출어 다차원 척도

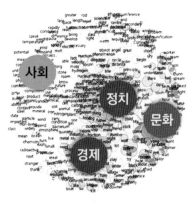

일반형 중등학교   수재형 중등학교

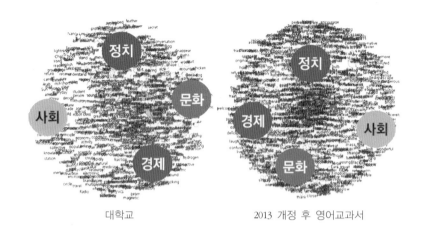

| 대학교 | 2013 개정 후 영어교과서 |

5) 추출어 계층적 클러스터 분석

〈그림 9〉 추출어 계층적 클러스터 분석

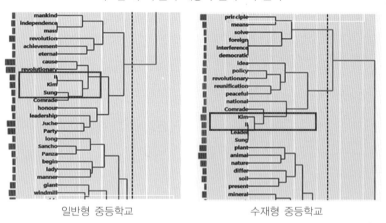

| 일반형 중등학교 | 수재형 중등학교 |

클러스터 분석은 한 단어가 직접 30회 이상 연결되어 사용한 단어의 추출이다. 북한 영어 교과서는 어떠한 단어이든지 결국은 김일성과 연결된다. 일반형 중등학교에서는 Kim이 leadership, juche, party와 가깝게 연결되고, 수재형 중등학교에서는 idea, policy, revolutionary, peaceful, national, comrade와 연결된다. 대학교에서는 economy, economic, guidance, party, collective와 연결된다. 클러스터 분석에 서도 대학교에서 김정일이 나타났다. 다른 교과서에서는 김정일은 30번 이하 사용되었다는 결과이다.

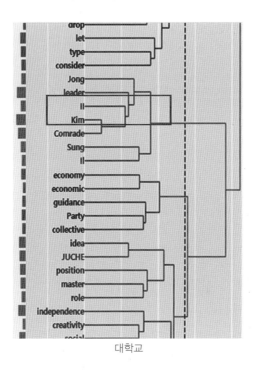

대학교

5. 2013 개정 후 영어 교과서 특징

2013 개정 교육과정의 특징은 외형과 구성에서는 변화되었지만, 내용 체계에는 변화가 없다. 외형에서 표지는 흑백에서 색채로 바뀌었다. 학생들이 사용하기 편하게 내지도 2도 인쇄로 출판했다. 단원은 색인과 참고문헌을 수록하고 있다. 특히 영어 과목은 다른 교과

목의 연계성 및 통합성을 강조한다. 정치적인 면에서는 김일성·김정일의 교시가 사라지고 그 자리에 김정은의 교시가 등장했다. 교시 내용은 김일성과 김정일의 우상화 내용을 그대로 답습하고 있다.

개정 교과서는 전반적으로 시대가 요구하는 국제적 표준에 따라 교육내용을 듣기, 말하기 위주로 구성했다. 김정은이 요구하는 팀별 활동과 모둠 활동 중심으로 수업 방식을 변화시켰다. 북한에서 영어 교과목 전공을 하지 않았어도 영어를 지도할 수 있도록 교육내용, 전달 방법, 교과서 이용 방법을 교원에게 재교육하고 있다.[7]

개정 후 변화된 내용을 더 자세히 살펴보면 다음과 같다. 첫째, 중학교 6학년 과정으로 연결되었던 교육과정이 초급중학교와 고급중학교로 분리되고, 이에 따라 초급중학교와 고급중학교에서 공부하는 과목의 수업 시간이 조정되었다. 초급중학교 단계에서 통합형 교육과정이 적용되고, 자연과학과 중 물리, 화학, 생물을 고급중학교에서 '통합교과'로 하여 자연과학으로 운영한다.[8] 둘째, 김정은 정치사상 교과가 신설되어 초급중학교에서는 '경애하는 김정은 원수님 혁명 활동' 고급중학교에서는 '경애하는 김정은 원수님 혁명력사'를 배운다.

정치사상 교과에서는 김정은을 찬양하고 충성심을 고취하며 우상화 교육을 통해 후계자로서의 역량을 과시하게 한다.[9] 셋째, 북

<hr>

7) 『남북의창』(2020. 4. 11), 「북한의 '수재교육'」 방송.
8) 2013년 9월 12일자 교육신문에서는 새 교육강령이 "낮은 교종단계에서의 통합교육 방식과 높은 교종단계에서의 학과목 위주의 교육방식을 배합하여 학교 전 교육으로부터 고등중학교에 이르는 모든 교종의 교육 내용에서 체계와 순차를 명백히 밝히고 계승성과 통일성. 연관성이 철저히 보장되도록"작성되었다.
9) 엄현숙, 『2000년대 이후 교육법제정비를 통한 북한 교육의 현황』, 현대북한연구, 2017.

한당국에서의 교과서는 정치적인 성향 때문에 특수 교과와 일반 교과로 구분한다. 교과 구성에서는 영어와 정보기술 교과가 필수적이다. 김일성·김정일·김정숙·김정은의 혁명 활동 과목은 정치사상 교과로 도덕 748시간에 포함되어 있다. 과학 804시간에는 정보기술, 기초기술이 포함되어 있고, 예술 204시간에는 음악, 미술이 포함되어 있다. 영어 408시간은 과학, 도덕, 수학, 국어 다음으로 큰 비중이다. 다음으로 개정 교과서만의 특징을 살펴본다.

1) Let's sing

북한 영어 교과서에는 개정 전에 없었던 노래 부르기 시간이 생겼다. 학생들이 즐겁게 영어교육에 참여할 수 있도록 세심한 배려가 보인다. 노래는 영어권 아이들이 쉽게 따라 부를 수 있는 곡으로 한국 학생들도 잘 아는 노래로 한 학년에 3곡 정도 소개한다. 영어로 노래 부르는 시간을 통해 학습자를 배려하는 구성이다. 초급중학교 3학년 교과서에 수록한 노래 가사는 다음과 같다.

> I Went to School One Morning
> I went to school one morning And I walked like this.
> Walked like this, walked like this.
> I went to school one morning And I walked like this.
> All on my way to school. I heard the school bell ringing And I ran like this.
> I heard the school bell ringing And I ran like this. All on my way to school.
> ─초급중학교 3 Unit 2 p. 21[10]

2) Fun time

개정 전에 없었던 Fun time 시간이 있다. 수업 중간 시간에 배정되어 학생들이 지루함을 느끼지 않도록 하려는 의도가 엿보인다. 해당 활동은 영어에 관련한 어휘를 동작을 보고 맞히거나 협동심을 발휘해야 맞출 수 있는 게임이다. 초급중학교 3학년 영어 교과서에서는 12과 중 10과에 걸쳐 진행한다. 영어 실력이 있어야 참여할 수 있는 내용이 아니라 누구든지 즐겁게 참여할 수 있는 특징을 가지고 있다.

영어책에는 그림과 삽화로 설명되어 있어 글을 보는 것보다 훨씬 더 이해하기 쉽다. 모든 내용의 활동이 Unit마다 겹치지 않는 것도 큰 특징 중 하나다. 학습자들이 수업 시간을 기다리는 효과를 기대할 수 있다.

〈표 6〉 초급중학교 3학년 Fun time

Unit	Fun time 내용
Unit 1	선생님이 매 조의 첫 동무들에게 알려준 문장을 그 동무들은 자기 조의 다음 동무들에게. 그 동무들은 또 다음 동무들에게 차례차례 귓속말로 전달하며 마지막 동무들은 앞으로 나와 그 문장을 칠판에 씁니다. 정확하게 제일 먼저 쓴 조가 이긴 것으로 됩니다. 정답: I played football this afternoon.
Unit 5	한 학생이 표에 있는 직업 중에서 하나를 선택하면 다른 학생들은 물음을 제기하여 그가 무엇을 선택하였는지 알아맞히어 봅시다. e.g. A: Do you have to wear a uniform? 　B: Yes. I do/No. I don't | Jobs	Wear a uniform	Work outside	Sit for a long time	Work at night | | soldier | | | | | | driver | | | | |

---

10) 리용철 · 김원석 · 황철진 · 리무일 · 박철롱, 『영어3 초급중학교』, 평양: 외국문도서출판사, 2015, p. 21.

Unit	Fun time 내용
Unit 6	조별로 모든 학생이 종이쪽지에 오늘 오후 자기의 계획을 씁니다. 질문하여 매 학생들의 계획을 알아맞힙니다. 알아맞히면 자기의 쪽지를 보여줍니다. Are you going to play football? No. I am not. Are you going to read a book in the library? Yes. I am. I am going to study English.
Unit 10	카드를 리용합니다. 카드의 앞면에는 동사가 씌여 있고 뒷면에는 O또는 X표식이 있습니다. 카드를 뽑은 학생은 앞면의 동사를 리용하여 부탁을 하며 마주선 학생은 뒷면을 보고 O표식이면 동의하고 X표식이면 거절합니다. 거절할 때는 그 리유를 말합니다. ┌───┐ ┌─────┐ ┌───┐ ┌─────┐ │ X │ │ open │ │ O │ │ Close │ └───┘ └─────┘ └───┘ └─────┘ e.g. A: Would you open the door? 　　 B: Sure. 　　 A: Would you close the doof? 　　 B: I'm sorry. I feel hot.
Unit 11	조를 묶어 진행합니다. 첫 조의 한 학생이 동물이름을 종이쪽지에 서가지고 나서면 다른 동무들은 질문을 하여 그가 쓴 동물의 이름을 알아맞힙니다. 앞에 나선 학생은 "Yes" 또는 "No"로만 대답할 수 있습니다. 동물이름을 정확히 알아맞히면 자기의 쪽지를 보여줍니다. 동물이름을 많이 알아맞힌 조가 이긴 것으로 됩니다. e.g. Is it a mammal?　　　　　　 Does it live in Africa? 　　 Is it bigger than a rabbit?　　 Is it as big as a rabbit?

3) 복습 단원 활동

개정 후 영어 교과서는 복습 단원 활동이 있다. 복습 단원 특징은 학습에 흥미를 유발할 수 있도록 하는 형식으로 되어있고 회화 위주의 팀별 영어교육을 교실 영어로 진행하고 있다. 매 3단원 또는 4단원마다 복습 단원이 있는데 이는 연결된 단원을 학습한 후 한 번 더 확인하는 수업 과정이다. 누구나 즐겁게 참여할 수 있도록 구성한 학습이다.

북한 영어 교과서 고급중학교 3학년 복습 단원 전개 과정을 살펴

보면 다음과 같다. 그림과 삽화가 있어 학생들 스스로 잘 따라 할
수 있도록 구성되어 있다. 수업준비물인 교과서·카세트·음원만
있으면 전국 어디에서든 같은 영어 수업이 가능하다.

**Here are some things you learned in Units 1-3.
How well can you do them? Put a tick(✓) in the box.**

❶ Put each of these sports into one of the two groups.
❷ Fill in the gaps with the correct form of do, play or go and match these questions with their answers.
❸ Look at each picture and answer the questions using full and reduced relative clauses.
❹ Put the suitable prepositions in these sentences.
❺ Which beginning is correct for each sentence? Tick(✓) in the suitable column.
❻ Read the following situation and put the words in the correct order to make sentences.
❼ Underline the correct option in each sentence.
❽ Complete the conversations with three suitable suggestions in Exercise 7. Then listen and check.
❾ Complete the sentences with the phrases in the box. Use the correct form of feel.
❿ Underline the errors in these conversations and correct them. Put into English

---

4) Classroom English

개정 교과서에서는 교실 영어가 따로 명시되어 있는데 문장 길
이에 포함된 단어가 7개를 넘지 않아 쉬운 문장이다. 2015년 발행
한 고등중학교 3학년 교과서 부록에는 다음과 같이 71개의 교실 영
어 문장이 주어졌다. 교실 영어 문장이 제공된다는 것은 영어로 수
업이 제공된다는 그것을 나타낸다.

교실 영어는 ① 수업 시간 전에 18개 문장 ② 수업 시간 중에 36문
장 ③ 수업 후 17문장으로 총 71개 문장이다. 문장 내용이 익숙하지 않
은 것들도 있다. 12번 'Has the first bell gone yet?'는 첫 번째 '벨이 울렸

니?'로 해석되는데 교과서에서는 '예령이 났니?'로 표기돼 있어 오류임을 확인할 수 있다.[11] 다음은 수업 중 사용하는 문장 예시이다.[12]

---

1. Before the class
   1) Hi. Chol Nam!
   2) When did you come?
   3) Sorry to be late. I overslept.
   4) Let's clean the classroom first.
   5) Did you mop the floor? … (중략)

2. During the class
   1) Do you remember the last lesson?
   2) What did we learn?
   3) What page is it on?
   4) Turn over the page.
   5) What's the task for today? … (중략)

3. After the classes
   1) Have you got any plan today?
   2) Are you free this afternoon?
   3) Are you going to the club today?
   4) Let's play a guessing game, shall we?
   5) Don't bother me for a while … (중략)

---

[11] 북한 교과서 오류: 일반적으로 교과서는 신뢰도가 높다. 교과서에 오류가 있으면 학습자들이 다른 상황에서 실수할 수 있으므로 정확해야 한다. 고등중학교 2학년 10과 p. 115에서는 띄어쓰기 오류를 발견할 수 있다. Do you know the days of the week? Of course. I do. 내용을 보면 Do you know the days of the week? 이렇게 질문하려고 한 것 같다. 또한. 단원의 내용이 일치하지 않는 경우도 있다. Lesson 3의 경우 The Olympic Games 제목으로 김정일에 대한 충성으로 올림픽에서 메달을 땄다는 이야기가 나온다. 어떻게 하든 충성을 다하는 공산주의 인간으로 세뇌 교육을 진행하고 있을 것을 알 수 있다. 내용오류도 있다. 북한은 국제대회에서 좋은 성적을 거두었을 때 대대적으로 과장을 하여 보도해왔다. 2012 런던올림픽에서 북한은 금메달4개, 동메달2개로 종합 20위를 하였다. 그러나 교과서 내용에서는 금메달만 소개하고 동메달 소개는 하지 않는다. In the 2012 London Olympics our athletes won four gold medals. How our country is developing into a sports power under the wise leadership of the respected Marshal Kim Jong Un. 고급중학교3학년 1과 p. 7.

[12] 박철호 · 김원석 · 황철진 외, 『초급중학교 3학년』, 평양: 외국문도서출판사, 2015.

5) Revision Check

개정 교과서에서는 복습 단원에 들어가기 전 학습자들이 수업을 잘 따라왔는지 확인하는 과정이 있다. 일방적인 수업이 아닌 학습자들을 배려하는 부분이다. 예를 들어 지난 시간 3과에서 Healthy Food를 주재로 가장 좋아하는 음식, 아침에 주로 먹는 음식, 요리방법, 전통음식, 식당에서 음식 주문하기에 관련하여 수업하였다면 배운 내용을 다시 한번 생각해 볼 수 있는 기회가 주어지는 것이며 자신이 놓치고 지나간 내용이 있는지 점검할 수 있는 기회가 주어진다. 수업이 끝나면 다음과 같이 정리한다.

Revision Check

Here are some things you learned in Units 1-3. How well can you do them? Tick(✔) in the box.			
I can…	Very well	OK	A little
use new words.			
understand grammar points			
give suggestions			
order food in a restaurant.			

6) 학습자 토론중심 교육

개정 영어 교과서는 토론중심의 교과서이다. 반 전체를 두 팀으로 나눠 찬반논의를 하고 또 반으로 나눠 토론한 다음 4명으로 나누고, 마지막에 짝꿍과 나의 주장을 말하고 발표하는 방법이다.[13] 토론에서는 수업 주제에 관해 깊이 연구 및 토론하고 배운 내용과

느낌을 말하는데 그 내용은 그림이나 삽화로 설명을 도와주어 난이
도가 높지는 않다.

학생들에게는 설문 조사하기와 의견 조합해서 발표하기 등 단원
에서 배운 내용에 대한 활동지가 주어진다. 영어 교과서는 1년 동
안 배울 내용과 학습 목표, 단원 목표, 학습 활동을 미리 제시하고
한 과에서 배울 내용을 ① Listening, Speaking, Reading, Expressions,
Writing, Vocabulary, English in use 7가지 항목으로 나눈다. 이러한 항목
은 ② Listening-3가지, Speaking-3가지, Reading-6가지, Expressions-
2가지, Writing-3가지 등 총 17가지 활동으로 이어진다.

이는 또 ③English in use-5가지 활동으로 ④Listening-3가지는
다시 5~10가지 활동으로 나눈다. 각 활동은 자세하게 매뉴얼화 되
어있다. 참고서, 자습서, 문제집이 필요하지 않고 난이도가 높지 않
아 학생 스스로 시간만 내면 학습할 수 있다. 또한, 전체 단원의 제
목과 쪽수를 제시하는 Contents 외에 각 단원의 세부 목표와 각 단
원의 하위기능 활동 학습을 한다.

기능별 교육 목표를 구체적으로 제시하고 있어 체계적인 구성으
로 짜였음을 알 수 있다. 김정은 정권이 미래인재 양성에 역점을
두고 영어교육의 기본 원리에 따라 교과서 내용이 구성했음이 분석
을 통해 나타나고 있다.

---

13) 김일성 · 김정일 · 김정숙 · 김정은의 풍모와 덕성을 깊이 연구 토론하는 '덕성연구
모임'도 같은 방식이다.

7) 참고도서 명시

개정 영어 교과서는 부록에 참고도서가 명시되어 있다. 북한당국에서 교과서를 자체적으로 만든 것이 아니고 참고해서 만들었다고 교과서에서 밝히는 것은 이례적인 일이다. 참고문헌을 보면 북한당국에서 발행한 영어 교과서가 영국의 영향을 받았다는 것을 알 수 있는데, 목록에 포함된 도서가 대부분 영국에서 발행한 도서이기 때문이다. 해당 도서들은 영국의 ELT(English Language Teaching)) 교재이다. 이는 2012년 3월부터 유니세프와 영국문화원에서 영어교육 전문가들이 파견하고 북한 교육위원회가 새 영어 교과서를 유니세프, 영국문화원과 함께 교과서를 집필하면서 참고한 결과이다.[14]

이로 인해 개정된 영어 교과서는 개정 전 영어 교과서와 완전히 다른 체계로 구성되었음을 알 수 있다. 북한 영어 교과서는 참고문헌에 나타난 교과서 외형과 구성체계가 유사하다. 개정된 북한 영어 교과서의 특징은 학년이 올라갈수록 레벨도 함께 올라가는 것을 알 수 있다.

Grammar Sense 1·2를 고등중학교 1학년에 참고하고, 3학년에는 3·4권을 참고하였다. 'Grammar in Use', 'Grammar Sense'는 한국에서도 알려진 교재이다. 개정 후 교과서는 구성과 체계가 외국 교재와 비슷한 양상을 보이는데 한국에 있는 영국문화원에서 사용하는 교재와도 흡사하다. Grammar in use는 케임브리지 대학 출판 교재로 말하기, 듣기, 읽기, 쓰기가 포함한 교재이다.

---

[14] 이효선, "남·북한 중학교 영어과 교육과정 및 교과서 비교분석: 중학교 1학년을 중심으로", 연세대학교 교육대학원 석사학위 논문, 2017, p. 49.

해당 도서를 참고한 것을 보면 북한당국이 언어 4대 기능 모두를 공부하도록 명시한 것을 짐작할 수 있고 북한당국이 영어교육의 국제적 표준에 맞추려 노력한 의지를 알 수 있다. 대부분 참고도서는 Cambridge University, Oxford University 출판사가 참여한 것으로 나타난다. 참고도서는 비교 분석대상 교과서 5권에 등장한 30권이다. Cambridge University 출판사가 14회, Oxford University 출판사가 9회 나타났다.

북한의 영어 교과서 내용은 여러 가지 면에서 모순점이 발견될 수 있다. 그것이 두려워 인터넷 정보를 차단해도 가까운 시간 안에 학부모, 학생, 기업가 사이에서 습득될 것이다. 북한당국은 시대적 흐름을 따르지 않으면 여러 가지 무리가 따르게 될 것이다. 북한당국의 영어교육 본질은 과학기술교육을 받아들이기 위해 영어교육을 강화하고 있다. 학생들을 통해 얻으려는 가치는 자주적이고 창조적인 능력을 갖춘 과학기술과 튼튼한 체력을 가진 인재 그리고 영어 활용능력을 갖춘 인재로 국가에 충성하는 인재 양성이다.

북한의 영어교육은 70년 동안 폐쇄국가로 살아왔기 때문에 외부 바람에 영향을 받을 수도 있고 통제하기 어려운 예기치 못한 일들이 일어날 수 있다. 영어 교과서가 학생들 중심으로 토론형식으로 바뀐 것도 큰 변화이다. 조금씩 아주 조금씩 변화되어 갈 것이다.

6. 나오며

북한은 "개혁·개방이라는 말은 금기시되어 있지만 '국제화'라는 말은 사용한다. 김일성종합대학 전자도서관에는 김정일의 명제 판이 걸려 있다. '자기 땅에 발을 붙이고 눈은 세계를 보라'이게 바로 국제화다. 국제화를 이루기 위해 북한당국은 인터넷, USB, 노트북과 같은 새로운 의사소통 환경을 만들고 뉴스 미디어의 변화와 통제를 허용하여야 한다. 코로나 19로 인해 화상회의를 통해 서방세계의 정보는 빠르게 전파되었다.

북한 학생들은 현재 학교 수업, 과제물 수업, 연구에 관련해서만 인터넷이 제한적으로 허용되고 있으나 외국 사이트에 접속하는 건 불가능하다. 남북한 공존과 상생을 기치로 내걸고 북한 국제화 및 경제발전에 필요한 인력양성을 주목적으로 설립된 평양과기대 졸업생 일부는 해외 유학과 북한의 국제교류 및 경제 관련 기관에서 일하면서 학생들 스스로 깨달아 해외 인터넷을 사용하면서 변화를 적극적으로 받아들인다. 과학이 발전할수록, 영어교육이 발전할수록 북한의 실정은 빠르게 알려진다. 인터넷, 핸드폰, USB, Zoom을 차단해도 어떠한 방법으로든 사용하는 사람은 있다.

그렇게 되면 북한의 영어 교과서 내용은 여러 가지 면에서 모순점이 발견될 수 있다. 영국주재 북한 공사를 지낸 태영호 국민의힘 국회의원도 최근 자신의 유튜브 채널(태영호 TV)을 통해 영어 방송을 한다. 중국에서 12명의 종업원이 집단 탈북한 류경식당 지배인을 지낸 허강일 씨도 미국 뉴욕에서 'Change North Korea' 채널을 통해 북한 실상을 알리고 있다. 한국어로 제작하는 'Humans of North Korea' 채널도 주목받고 있다.

특히 2017년 5월 허준 씨가 북한 사람들에 대한 한국인들의 반응을 찍은 동영상은 조회 수가 천 만을 넘었다. 구독자도 24만 명에

달한다. 북한당국이 영어 교과서를 통해 지향하는 바는 영어 활용 능력을 최대한 개발하여 북한당국에 충성하는 인재 양성에 있다. 이 연구가 북한 영어 교과서 중에서 범위를 한정하여 분석한 점과 북한의 정보가 알려진 경우에도 진위를 알기 어려워 신뢰할 수 없는 예도 있어 기록하지 못한 점은 한계로 남는다.

1. 국문단행본

고대평화연구소. 『북한교육의 조명』, 서울: 법문사, 1990.
김동규. 『북한의 교육학』, 서울: 문맥사, 1990.
통일교육원. 『북한이해』, 서울: 통일교육원 교육개발과, 2014.

2. 국문논문

권성아. "헌법 개정에 다른 북한의 교육이념 변화." 『교육과정연구』, 제21권 제
       2호, 2003, pp. 145~171.
김근식. "김정은 시대의 '김일성 – 김정일주의: 주체사상과 선군사상의 추상화."
       『한국과 국제정치』, 제30권 제1호, 2014, pp. 65~92.
김수지. "중학교 영어 교과서의 성 형평성 분석." 이화여자대학교 석사학위논
       문, 2018.
김정렬 · 김지영. "북한 영어 교과서 특성 파악을 위한 코퍼스 구축." 『영어영
       문학』, 제22권 제2호, 2017, pp. 207~232.
김혜진. "북한 교육열의 사회문화적 특성에 관한연구." 고려대학교대학원 박사
       학위논문, 2018.
엄현숙. "2000년대 이후 교육법 제정비를 통한 북한교육의 현황." 『현대북한연
       구』, 2017.
이준혁. "북한 영어교육 이야기 제1외국어." 『북한 사교육』. 민주평화통일자문
       회의, 2015.
이효선. "남북한 중학교 영어과 교육과정 및 교과서 비교분석, 중학교 1학년을
       중심으로." 연세대학교 교육대학원 석사학위 논문, 2017.

3. 북한문헌

김일성. "통일적 민주주의 독립 국가 건설을 위한 조선 인민의 투쟁, 1950년 5
　　월."『김일성 선집 2』, 평양: 조선로동당 출판사, 1864, pp. 409~431.

리은필·우건호.『제1고등중학교 4학년』, 평양: 교육도서출판사, 1999.

리용철·김원석·황철진·리무원 박철룡.『영어 3 초급중학교』, 평양: 외국문
　　도서출판사, 2015.

김일성. "공산주의 교양에 대하여."『김일성저작집 12권, 1958.1~1958.12』, 평
　　양: 조선로동당출판사, 1981.

김정일. "당사업을 근본적으로 개선강화하여 온 사회의 김일성주의화를 힘있
　　게 다그치자." 평양: 조선로동당출판사, 1987.

김정일. "사회주의는 과학이다."『김정일선집 13권 1992.2~1994.12』, 평양: 조선
　　로동당출판사, 1998.

제5장

성취에 대한 욕구*
북한의 사교육 활용 양상과 그 의미

조 현 정

1. 들어가며

최근 세계적인 사교육 현상이 증가함에 따라 이에 따른 국제 비교연구들이 꾸준히 이루어지고 있다. 그러나 북한은 폐쇄적인 체제 운영으로 인해 공식적인 데이터를 조사하기 어려운 실정에 놓여있으며, 이로 인해 국제비교 연구의 대상에서 제외되고 있다. 사교육은 학교교육이 제도화된 대부분의 나라에서 나타나고 있는 보편적인 현상이라고 볼 때,[1] 남한뿐만 아니라 북한 역시 공교육에서 사교육[2]의 활용도가 높아지고 있다.[3] 학교와 가정의 공생관계의 결

---

* 이 글은 "북한 교육에서 사교육 활용의 양상과 그 의미"『교육과학연구』53권 4호 (2022)의 원고를 수정·보완한 것임을 밝힙니다.
1) 김경년·김안나,「사교육, 교육만의 문제인가?: 복지국가의 위험 분담과 사교육 선택의 대응 원리」,『교육사회학연구』, 25-1, 한국교육사회학회, 2015, p. 30.

과로 나타나는 사교육의 현상은 북한 사회에서도 예외는 아니라는 것이다. 학업성취의 중요성은 공교육 발전의 역사를 통해 계속 강화되고 있는 현실에 발맞추어 학교 밖에서 이루어지는 개인교습과 사적 교육 서비스들을 더 많이 활용하도록 만들었다.[4] 그 변화 양상은 나라마다 차이가 있겠지만, 북한의 사교육 현상도 공교육 변화의 영향을 직접적으로 받고 있다.

북한의 공교육은 1990년대를 기점으로 경제난(고난의 행군)을 겪으면서 뚜렷한 차이를 보이고 있다. 경제난 이전에는 출신성분이 더 중요시되어 학력수준이 좀 떨어져도 성분으로 인한 출세가 가능했지만, 경제난 이후로는 학력, 경제력, 권력이 서로 맞닿아 계층이 나누어지면서 이것이 교육 기회의 차이로 이어지고 있다. 빈부격차가 심화되고 신흥부유층이 등장하면서 계층이동을 위한 발판으로 교육적 성취에 그 중요성을 부여하고 있다. 김정은 정권이 들어서면서 정보산업시대, 지식경제 시대에 걸맞은 '창조형', '실천형' 인재가 강조되면서 세계적 교육추세에 맞는 교육제도 개선을 위한 국가의 교육정책 방향도 한몫하고 있다.[5] 출신성분이 좋으면서 경제력을 갖춘 집안의 부모나 학생들이 선호하는 전공은 중앙당이나 도당

---

2) 한국 사회에서 사용되는 사교육 용어는 북한에서 개인과외로 불린다. 따라서 본 연구에서는 북한의 사교육 현상을 논의함에 있어, '개인과외'와 '사교육' 용어를 혼용하여 사용한다.

3) 조정아, 「교육에서의 실리주의와 교육의 불균등발전: 2000년대 북한 교육의 변화」, 『교육사회학연구』 17-4, 한국교육사회학회, 2007, pp. 114~116.

4) Baker & LeTendre, 『National Differences, Global Similarities: World Culture and The Future of Schooling』, Stanford University Press, 2005. 김안나 옮김, 『세계 문화와 학교 교육의 미래』, 파주: 교육과학사, 2016, p. 99.

5) 조정아, 「김정은시대 북한 교육정책 방향과 중등교육과정 개편」, 『통일정책연구』 23-2, 통일연구원, 2014, p. 181.

의 간부가 될 수 있는 정치학부나 법학부이며, 평양에 있는 중앙대학 중 김일성종합대학이 가장 인기가 있다. 좋은 대학에 진학하는 것은 졸업 후 직업을 선택하는 것과 직접적으로 연결되면서 경제적 보상과 직업적 지위 성취에서 중요하게 작용하기 때문이다.[6] 이러한 사회 분위기에 따라 출신성분(토대)이 좋고 경제력도 갖춘 부모들은 좋은 대학을 보내기 위한 전 단계인 고등중학교 선택을 제1고등중학교[7]로 지목하고 있다. 그렇다고 해서 제1고등중학교에 진학하는 학생들의 출신성분이 모두 좋은 것은 아니다. 신흥세력으로 등장한 경제적 중상위에 속하는 일부 부모들은 일단 자녀가 어릴 때부터 체계적인 교육 기회를 접할 수 있도록 교육투자를 아끼지 않고 있다.

학부모들의 열성에 따라 교사들은 저녁 시간이나 휴일을 이용해 학생들에게 개인과외를 해주며, 중국어, 영어, 수학, 손풍금, 바이올린, 피아노, 무용, 그림, 컴퓨터, 자동차 운전, 전기기계 수리 등을 가르치고 있다. 이제는 경제적 여유가 있는 가정의 자식이 공부를 잘한다는 인식이 공공연해졌고, 계층별로 자녀교육에 기대하는 바

---

6) 이승훈·홍두승, 『북한의 사회경제적 변화: 비공식부문의 대두와 계층구조의 변화』, 서울: 서울대학교출판부, 2007, pp. 142~143.

7) 북한의 특목고라고 불리는 제1고등중학교는 1983년에 평양 제1고등중학교에서 출발하여 1995년부터 각 도·시 단위에 26개의 제1고등중학교가 운영되고, 1999년 3월부터는 전국의 시·군·구역까지 1개교씩 확대하여 그 해 4월 1일 200여 개의 제1고등중학교가 일제히 개교하게 되었다. 2000년 당시 북한의 고등중학교 수가 4,840개였던 것을 감안하면 4.13%의 학교가 제1고등중학교로 전환된 것이다. 제1고등중학교는 초기에 전국의 수재만을 선발하여 가르치던 체계에서 모든 중등학생들을 능력에 따라 차별 교육을 실시하는 체계로 변화되면서, 형평성 중시에서 수월성 중심의 교육체계로 변화되었다. 김유연, 「북한 제1중학교 정책 실태 및 변화 연구」, 이화여자대학교 대학원 석사학위논문, 2014, pp. 17~19.

가 달라지고 있다. 중상위 계층의 자녀들은 개인과외를 통해 악기
(손풍금, 피아노, 바이올린 등)는 기본으로 다루는 능력을 키우고,
여기에 수학은 과외교사를 통한 집중훈련을 시켜 중학교 4학년이
되면서부터 좋은 대학을 가기 위한 준비를 철저하게 하고 있다는
것이다.[8]

　이처럼 북한의 사교육 현상은 공교육이 대중화된 사회에서 부유
한 가정의 학생이 사교육에 대한 의존도가 높다는 연구결과와 비슷
한 양상을 보이고 있다. 실제로 북한의 사교육 시장의 확대는 현재
우리가 생각하는 수준을 훨씬 넘어서는 것으로 추정되고 있지만,
북한을 연구하는 2차 문헌에서 간단히 언급하는 정도에 그치고 있
다. 북한의 공교육에서 사교육 활용의 보편적인 실제에 따른 본질
적인 의미를 밝혀낸 연구는 미흡한 실정이다. 또한 북한 사교육이
금지된 영역 안에서 암묵적으로 이루어지다 보니 공식 문헌에서 자
료를 수집하는 것은 더욱 어렵다. 현장조사를 위한 접근이 제한된
지역이다 보니 내부적으로 사교육을 활용하는 정도가 계속 증가하
고 있음에도 연구조사를 진행하기 어려운 한계가 있다.

　다행히 2000년대 이후 남한에 입국한 탈북민 수가 급속히 증가하
면서 그들의 증언으로 북한의 내부 상황에 대한 연구가 다소나마
논의되고 있는 실정이다. 북한이탈주민들의 구술자료는 증거능력
과 주관성 측면의 한계를 지니고 있음에도 북한 공교육의 이면과
일상을 연구함에 있어 유일한 통로이며, 행위 주체들의 다자적 관

---

8) 김정원, 「북한 각급 학교교육의 의미와 변화방향」, 『동향과 분석』, KDI북한경제리
　뷰, 2016년 6월호, pp. 42~43.

점을 반영하는 미시적 접근을 가능하게 한다.[9]

이에 본 연구는 북한에 거주할 당시 사교육에 참여했던 북한이 탈주민들의 구술자료를 연구의 핵심 자료로 활용할 것이다. 이 구술자료를 중심으로 본 연구는 북한의 공교육에서 활용되고 있는 사교육 활용의 실제를 다층적으로 탐색하고 그 의미를 밝히는 것을 목적으로 한다. 본 연구의 목적을 수행하기 위한 연구문제는 다음과 같다. 첫째, 북한의 공교육에서 사교육 활용의 양상은 어떠한가? 둘째, 북한의 공교육에서 사교육 활용의 본질적 의미는 무엇인가? 본 연구는 북한 사교육 이해라는 독특한 연구결과를 통해 교육 열의와 성취 욕구에 대한 남북한의 정서적 연결성을 밝힐 수 있다는 점에서 학문적 의의를 가진다. 북한의 사교육 현상을 다층적으로 조망하는 것은 북한 교육사회 측면의 문제점을 이해하고, 나아가 남북 교육교류와 교육통합에 있어 중요한 기초자료를 제공할 수 있다.

2. 북한 공교육의 변화와 사교육 동향

1) 북한 공교육의 수재교육 확대와 인재강국화의 그림자

북한의 교육은 학생들을 '혁명과 건설의 믿음직한 후비대'로 키워내기 위한 중요한 기제이다. 교육을 통해 사회주의 혁명을 완수

---

[9] 조정아, 「북한의 교육일상 연구: 접근방법과 과제」, 『현대북한연구』 11-3, 북한대학원대학교, 2008, pp. 255.

하고 학생들을 지덕체를 갖춘 주체형의 새 인간으로 키워내야 하기 때문이다. 여기에 수재교육이 교육정책으로 등장한 것은 1980년대 김정일 집권 시기였다. 그 당시 수재론과 교육의 수월성 추구는 학생 개인의 개성과 국가의 인재 육성이라는 명분을 가지고 있었다. 이에 따라 수재학교 성격의 평양 제1고등중학교는 1984년에 처음 설립되고, 그 다음 해에는 각 도 소재지에 12개의 제1고등중학교가 설립되었다. 이후 1999년에는 전국의 시·군·구역으로까지 제1중학교를 추가 신설하는 조치가 시행됨에 따라 전국에 200여 개의 수재학교가 설립되었다.[10]

2000년대에는 교육 분야에서도 실리주의를 추구하는 교육정책으로 변화가 생기면서 수재교육을 강화하고 발전시키기 위한 조치가 시행되었다. 그러나 경제난 이후 열악한 교육환경에서 제한적으로나마 제1중학교를 중심으로 교육자원이 집중되는 결과로 인해 일반중학교들과 교육수준과 대학진학 기회 등에서 차이가 발생하기 시작했다. '돈' 있는 학부모 입장에서는 어떻게든 자녀를 제1중학교에 입학시키려는 경쟁이 치열해지면서 사교육 투자가 증가하는 현상이 두드러지게 나타났다. 물론 북한에서 사교육 명목의 개인과외가 시작된 것은 1980년대부터 특별한 가정에서 암암리에 행해졌는데, 일반 주민들 속에서 사교육이 본격화된 것은 2000년 이후라고 볼 수 있다.[11]

---

10) 차승주, 「북한의 시대별 교육담론」, 『통일인문학』 79, 건국대학교 인문학연구원, 2019, pp. 264~266.
11) 조정아, 「교육에서의 실리주의의와 교육의 불균등발전: 2000년대 북한 교육의 변화」, 『교육사회학연구』 17-4, 한국교육사회학회, 2007, p. 115.

북한은 경제난의 여파로 파행된 교육환경의 정상화를 위해 일반 중학교 복구를 각 지역단위에 지시하고 지역별로 '학교꾸리기지휘부'를 조직하여 학교 후원에 동원시켰다. 이와 함께 발전교육론에 따른 과학기술인재를 양성하여 경제위기 극복과 국가 발전에 도모하려는 전략을 발표하였다. 이는 정보통신과 컴퓨터교육을 강화하는 것, 중등 및 고등교육에서 수재들을 발굴하고 양성하기 위한 교육체계 개편, 성적본위와 실력본위 교육과 경쟁원리 도입을 통한 교육의 질 향상이었다. 교육에서 실리·실용주의적 교육개혁은 과학기술 및 컴퓨터교육, 외국어교육을 강화하는 방향으로 추진되었다. 실력제일주의와 학습제일주의로 인한 교육은 효율성과 실리를 추구하는 방향으로 전개된 것이다.[12]

김정은 시기에는 학제개편과 물질기술적토대를 강화하는 동시에 '전민과학기술인재화'라는 교육목표를 제시하고 실현을 위한 교육개혁을 추진하였다.[13] 인재강국의 내일을 앞당기기 위한 '학교지원은 애국사업'이기 때문에 모든 단위에서 교육사업을 자기 일처럼 발 벗고 나서야 한다고 호소하고 있다.[14] 김정은은 2019년 신년사를 통해서도 '인재와 과학기술은 사회주의 건설에서 대비약을 일으키기 위한 우리의 주되는 전략자원이고 무기'라고 하면서 '국가적으로 인재육성과 과학기술발전사업을 목적지향성 있게 추진하며 그

---

12) 차승주, 「북한의 시대별 교육담론」, 『통일인문학』 79, 건국대학교 인문학연구원, 2019, p. 268.

13) 김병연·김지수, 「김정은 시대 북한 교육의 질 향상을 위한 교육조건과 환경 변화에 대한 연구」, 『북한연구학회보』 24-1, 북한대학원대학교 심연연구소, 2020, p. 176.

14) 『교육신문』, 「학교지원과 애국」, 2015년 3월 5일, 1면.

에 대한 투자를 늘려야 할 것을 강조하였다.[15] 그러나 교육혁명을
통해 인재강국을 만들려는 북한 정권의 노력은 국가적인 교육비 투
자를 늘리지 않고, 이를 도·시·군 지역단위에 학교 지원 및 책임
을 전가하는 과정에서 지역·계층·가정·학교별 교육격차로 나타
나고 있다.[16]

2) 북한의 경제난과 사교육 시장의 관계성

북한의 공교육은 1990년대 중반 이후 많은 변화를 겪었다. 북한
식 사회주의 계획경제 한계로 인한 내수시장의 실패와 1980년대 후
반 동구권 사회주의 나라들의 붕괴는 북한 경제에 심각한 타격을
주었다. 거기에 미국과 유엔의 경제제재와 북한 내 자연재해는 끔
찍한 식량난 위기로 이어졌고, 그리 인해 수많은 아사자가 발생하
였다. 위기로 몰린 북한의 정치적·경제적 상황은 공교육에도 악영
향을 미쳤다. 자연재해로 학교 시설이 크게 파손되었고, 식량난으
로 인한 학생들의 출석률 저하, 교사들의 학교 이탈 문제가 늘어났
다. 국가와 학부모들의 존경을 받으며 학생들의 교육에 열정에 바
치던 교사들은 국가 공급이 중단되면서 생계 문제가 심각해졌다.
끼니를 해결할 수 없어 출근을 못하는 교사들이 늘어나고, 어떤 교
사들은 체면을 무릅쓰고 장마당에 나가 장사를 하면서 하루벌이로

---

15) 『교육신문』, 「신년사」, 2019년 1월 3일 2면.
16) 조현정, 「북한의 계층구조에 따른 교육격차 요인과 실태」, pp. 183~220, 이화여대
   북한연구회 엮음, 『김정은 체제 10년, 새로운 국가 전략』, 도서출판선인, 2022, pp.
   214~216.

생계를 겨우 이어갔다.[17]

자생적으로 생계를 책임져야 하는 상황에서, 북한 주민들이 그동안 교육을 통해 하나의 진리처럼 인식해왔던 '하나는 전체를 위하여, 전체는 하나를 위하여'라는 집단주의 담론은 자연스럽게 집단에서 개인으로 그 무게중심을 옮기고 있는 것이다. 경제난 시기를 겪으며 국가가 인민을 위해서 해줄 수 있는 것이 아무것도 없다는 인식은 생존을 위해 스스로 살아남아야 한다는 믿음으로 생각이 전환되었고, 집단보다는 개인의 성공이 더 중요하다는 가치관이 공공연해졌기 때문이다.[18] 이러한 북한 사회의 현실에서 학부모들은 자녀를 국가가 바라는 목표에 부합하는 순응적인 인간으로 키우기보다는 개인의 적성과 미래를 고려하여 '돈이 될 수 있는' 직업을 갖게 하기 위한 자녀교육에 투자하는 것이 바람직하다고 생각하는 경향이 높아졌다.[19] 학부모들의 교육열은 개인과외 형식으로 진행되는 사교육으로 이어졌다. 경제난을 겪은 북한의 교사들도 같은 교사와의 관계에서 '돈의 위력'을 체감하면서 어떻게든 개인과외 학생 수를 늘려 사적인 교육을 통해 경제적 이득을 더 많이 챙기는 것이 우선시되고 있다.

북한 사교육 현상의 기저에는 북한의 시장화가 활발해지는 과정에서 교과목 교사들의 경제의존과 학부모들의 교육열이 맞닿아 있다. 경제난으로 배급제가 차단되면서 교사들도 먹고 사는 문제

---

17) 조정아, 「교육에서의 실리주의의와 교육의 불균등발전: 2000년대 북한 교육의 변화」, 『교육사회학연구』 17-4, 한국교육사회학회, 2007, p. 112.

18) 김영윤·조봉현·박현선, 『북한이 변하고 있다』, 통일연구원, 2007, pp. 117~118.

19) 허수경, 『북한출신 부모의 자녀교육 경험 연구: 남북한 교육 차이를 중심으로』, 북한대학원대학교, 석사학위논문, 2010, p. 93.

에 심각한 타격을 입었으며, 학교 업무 외에 할 수 있는 개인과외,
즉 사교육 시장으로 눈을 돌리게 되었다. 경제력을 가지고 있던
부모들은 실력과 능력을 갖추고 있는 교사를 개인교사로 지목하
여 자녀의 공부와 진로문제까지 코칭 받고 있다. 사실 교사들이
월급으로 받는 돈보다 사교육을 통해 얻는 경제적 소득은 비교할
수 없을 만큼 차이가 나기 때문에 개인과외가 가능한 교사들은 사
교육을 선호하고 있으며, 학부모들도 공교육(혁명력사, 북한체제
선전 학습의 무용성)을 통해 얻는 지식이 자녀의 장래를 결정하는
데 실질적인 지식을 배우기가 어렵다는 판단하에 사교육을 활용
하고 있다.

북한 학부모들의 자녀교육에 대한 기대 수준은 실제로 남한에서
탈북민을 대상으로 한 연구에서 "현재 북한에 거주하고 있다고 가
정하는 조건에서, 기회가 주어진다면 자녀들이 대학교 이상 공부하
기를 바란다."는 응답자가 약 66%로 나타나 높은 교육열을 나타내
고 있음을 알 수 있었다. 이것은 북한 사회도 남한 사회처럼 높은
학력이 사회적인 지위와 대우를 받을 수 있는 수단임을 암시하는
것이라고 볼 수 있다.[20] 북한은 공식적으로 사교육을 엄격히 금지
시키고 있으며, 적발될 경우에는 '노동단련대'의 처벌도 시행하고
있지만, 사교육 현상이 확대되는 이유가 대부분 당 간부와 소위 경
제력(돈주)이 있는 사람들이 주요 수요자이기 때문에 사교육 시장
의 확대를 막을 수 없다. 탈북민의 증언에 따르면, 실제로 이공계

[20] 한만길, 『북한 교육의 현실과 변화: 북한이탈주민의 증언을 통한 분석』, 한국교육개
발원, 2001, p. 53.

대학의 경우에 대학교원의 절반 정도가 교직과 개인지도를 병행하여 부유층을 중심으로 사교육을 활용한 경제적 수단을 확보하는 것으로 밝혀졌다.[21]

이상과 같이 북한 사교육에 대한 기존의 자료는 그 현상의 단면을 이해할 수 있는 정보를 제공해주었다는 측면에서 의의가 있지만, 사교육 현상의 실제를 구체적으로 드러내지 못했다는 한계를 가지고 있다. 사실 북한의 사교육 현상은 북한 교육 연구에서 일부분을 다루는 정도에 그쳤기 때문에 사교육을 연구주제로 하여 집중적으로 논의한 연구는 시초에 불과하다. 이에 본 연구는 북한의 교육에서 활용되는 사교육의 양상을 다층적으로 밝히고, 사교육 활용의 본질적 의미를 논의하는 측면에서 차별성을 갖는다.

3. 북한 공교육에서 사교육 활용의 양상

1) 공교육 일상의 사교육 실제[22)]

(1) 일반적으로 인식되는 사교육 현상

2000년 이후 북한에서 사교육을 경험했던 연구참여자들에게 사교육은 일반화된 현상으로 인식되고 있었다. 이들은 당시 상황에 대해 웬만큼 가정형편이 받쳐주는 학생들이 돈을 내고 사교육(개인

---

21) 권영길 외, 『꼭 알아야 할 통일·북한 110가지: 교사들이 묻고 전문가들이 답한 통일·북한 핸드북』, 평화문제연구소, 2011, pp. 79~83.

과외) 받는 것을 당연하게 생각하고 있다는 것이다. 단순히 교사가 개인과외로 잘 가르쳐주어서 고마움을 표시하는 정도가 아니라 과목당 정해진 교육비를 지불하고 당당하게 사교육을 제공받는 분위기가 일상화되었다고 보는 것이다. 학부모들 사이에서도 자기 자식들이 뒤쳐지는 것을 원하지 않기 때문에 '진짜 못 시킬 이유가 없다면' 어떻게든 사교육을 받을 수 있게 하고 있었다. 2000년대 초반까지만 해도 사교육을 받는 학생들이 많지 않았지만, 중반이 지나면서 점차 사교육 수요가 높아지고 일상적인 분위기로 바뀌었다는 것이다.

> 제가 중학교 때도 학급이 보통 한 40명 정도 되는데, 과외(사교육) 받는 애가 5명, 그 정도밖에는 안 됐어요. (중략) 그때까지만 해도 그렇지 않았는데, 제가 중학교 한 6학년, 또 대학교 들어가서 이때부터 좀 많아진 것 같아요. 아마 제 생각에는 2000년 후반부터는 일반화가 된 것 같아요. (참여자G)

22) 북한 사교육 현상의 실제를 탐구할 수 있게 도움을 주신 10명의 참여자 분들께 진심으로 감사의 인사를 드린다. 연구참여자의 간단한 인적 사항은 다음과 같다.

연구 참여자	남한 입국 (직행)	북한 거주 지역	탈북 전 직업	개인과외(사교육) 과목
참여자A	2016년	함경북도	학생	수학, 영어, 중국어, 피아노, 국어, 손글씨
참여자B	2016년	함경북도	학생	손풍금, 중국어
참여자C	2019년	함경북도	학생	가야금, 성악, 기타
참여자D	2019년	함경북도	학생	수학, 국어, 중국어
참여자E	2016년	양강도	학생	무용, 수학, 영어, 성악, 기타
참여자F	2016년	양강도	학생	수학, 영어
참여자G	2017년	양강도	교사	미술, 바이올린, 수학, 물리
참여자H	2014년	양강도	교사	수학, 물리
참여자J	2019년	양강도	학부모	(자녀) 수학, 물리, 영어
참여자K	2017년	함경북도	학부모	(자녀) 손풍금, 중국어, 기타

그냥 저 때도 일반화되어 있었던 거 같아요. 뭐 제가 만약 손풍금을 치면 다른 애들은 바이올린이나 기타 (배우러) 다니구. 뭐 대학 가고 싶은 애들은 수학 과외 받고 약간 이래가지구 일반화되어 있었던 거 같아요. 과외(사교육) 같은 거는⋯ (참여자B)

이렇게 얼마간의 수강료를 지불하고 필요한 입시 과목이나 악기를 배우는 것 외에도 또 다른 현상이 있었다. 2000년대 중반이 지나면서 경제적 여건을 갖춘 학부모들은 자녀를 아예 학교에 보내지 않고 소문난 개인교사를 붙여 집중적으로 공부를 시켰다. 자녀가 졸업 학년이 될 무렵이 되면 대학추천이나 졸업장을 위해 학교에 재입학시키는 일도 드물게 나타났다. 물론 이것도 학부모들이 자녀가 소속되었던 학교의 교직원들과 사적인 만남을 통해 물자나 그에 상응하는 자금을 지원한다는 명목하에 미리 뒷거래를 하면 암암리에 통용되고 있다는 것이다.

실제로 북한의 학생들이 학교생활을 하려면 꼬마계획, 물자지원, 각종 노력동원(농촌동원, 건설장 지원) 등 여러 가지 세외부담까지 감당해야 했다.[23] 그런 이유로 '돈 있는 집' 학부모들은 자녀들이 육체적으로 고생하지 않고 온전히 공부에만 전념할 수 있도록 다양한 방법을 짜내고 있었다.

오히려 학교를 안 다니구 사교육으로 그 과정을 공부하는 친구들이 있었어요. 오히려 그게 더 낫다, 학교를 다니면은 농촌동원, 뭐 학교에서 내라는 이런 지지부러한 게 너무 많구 이러니까 차라리 그냥 사교육으로 공부를 배웠다가 졸업 학년 그 년도에 입학시켰다가 그

---

23) 조현정, 『북한 중등교사들의 교직경험에 대한 질적 연구』, 이화여자대학교 대학원 박사학위논문, 2020, pp. 152~153.

냥 추천 받아 가지고 대학 보내는 식으로. 돈이면 다 되니까, 안 되는
게 없죠. (참여자E)

이처럼 학교의 정규 교육과정을 이수해야 하는 단계적 절차가
존재하고 있고, 실제로 실행되고 있기는 하지만 '돈이면 다 되는' 이
런 현상들이 공공연하게 벌어지고 있다. 학생의 자발적인 필요와
부모의 권유에 따른 사교육은 언제든 돈만 있으면 선택할 수 있는
일상이 되었기 때문이다. 일상이 된 사교육은 주변의 영향으로 인
해 자연스럽게 학교와 가정 사이에서 교육을 통한 경쟁 구도를 만
들어내면서 교육적 욕구를 해결할 수 있는 현상으로 자리 잡았다고
볼 수 있다.

(2) 입소문으로 공유되는 사교육 정보들

북한의 교육에서 사교육은 공식적으로 허용되지 않는다. 따라서
공개적인 사교육 마케팅은 찾아볼 수 없다. 하지만 학부모나 학생
들 사이에서 누가 수학을 잘 가르치는지, 손풍금을 잘 가르치는지
등 사교육에 필요한 과목들에 대한 자체 고급정보들이 입소문으로
공유되고 있다. 입소문의 주요 대상은 학생과 학부모들이다. 학부
모들은 학부모들대로, 학생은 학생대로 사교육을 잘 가르치는 정보
를 공유하고, 돈만 있으면 어떤 과목이든 선택할 수 있게 된 것이
다. 이러한 현상은 시장화로 인한 부모들의 사적 자본 축적 정도에
따라 자녀 교육열로 귀결되는 경향이 컸다.

그뿐 아니라 사회적 권력과 직책에 있는 학부모들이 자녀의 진

로에 더 많은 관심을 가지고 있기 때문에 비싼 돈을 들이더라도 자녀의 학업성취에 도움이 될 수 있는 수준 높은 개인 교사를 더 많이 찾는다는 것이다. 즉 당 간부들이 자녀의 사교육에 더 관심이 많기 때문에 결국 이런 부류에서 사교육 정보를 빨리 획득하고 그 시장의 분위기를 주도하고 있다. 비록 부모가 당 간부는 아니더라도, 사교육비를 충당할 능력이 된다면 자녀의 사교육만은 간부집 자녀들이 받는 것을 그대로 따라할 수도 있었다.

> 여유가 있는 사람들은 자식 교육에 좀 더 신경을 쓰고, 여유가 없는 사람들은 진짜 자식 교육 신경을 잘 못 써요. 이 돈 많고 직책이 높은 자녀들이 뭔가를 하는 걸 다른 직군의 이들이 본 거예요. 그러니까 주도는 이 (돈 많고 직책인 높은) 사람들이 주도는 먼저 해가고, 그거를 보고 사람들이 현재는 여건이 안 되는 사람들이 나중에 내가 나중에 만약 어떤 여건이 된다면 자식들을 (사교육) 시키는 거예요. (참여자H)

학부형 회의를 통해 서로 친해진 학부모들도 과목별로 누가 잘 가르치는지, 한 달 수강료는 얼마인지, 그 선생님의 이력까지 구체적으로 정보를 획득하여 공유하고 있다. 학부모들은 입소문으로 전달되는 사교육 정보들을 공유하면서 경쟁적으로 참여하고 있다. '돈만 있다면' 자녀교육에 돈을 투자하는 것을 아끼지 않는다는 것이다.

> 여기에 한국 보면 일타 강사 어떻구 또 스타 강사 이런 것들이 있잖아요. 이런 사람들이, 그런 것처럼 소문이 다 나있어요. 어디 사는 누구, 뭐 어디 학교, 어느 병원이 뭘 잘 가르친다, 그렇게 다 몰리는 거예요. 그런데 보통은 그 사람들한 데 자녀들을 붙이는 것도 돈 많고

빽 있는 사람들이에요. (중략) 이제 보면 내가 돈이 많고 내가 지금 어떤 직업의 간부인데 자식을 잘 키우고 싶어요. 학교에서 배운 것만으로는 부족해요. 그러면 과외를 붙이는데, 과외도 좋은 데 가고 싶잖아요. 그런 것처럼 소문이 나면 어디에 있는 누가 잘 가르친다 그러면 그쪽에 데려다 과외를 맡기는 거예요. (참여자G)

(부모들이) 우리 애는 수학 과외를 하는데 너희 애들 같이 안 하겠는가, 돈이 얼마다, 그런 걸 공유하는 거죠. 우리 그 선생은 어느 외국어 대학 나왔다, 외국어 대학에서도 완전히 손꼽히는 선생이다, 잘 배워준다 이렇게 같이 배우지 않겠나, (중략) 한 달에 돈이 얼마인가, 돈 한 달에 얼마다 하면 우리 애도 같이 그거 배워주자, 그러면 그것도 몇 시간 하고는 그것도 다 시간당 있거든요. 한 시간에 몇 명을 배워주고, 또 다음 시간에는 또 다른 애를 배워주고, 그렇게 배워주니까 그 시간에 같이 그 시간을 우리 애하고 같이 배워주자, 그리고 그 시간이 끝나게 되면 또 다음 시간에는 또 기타를 같이 배워주자, 이렇게 해서 서로 공유하는 거죠. (참여자K)

입소문으로 공유되는 정보는 대부분 누군가 먼저 사교육을 받은 후 전달되기 때문에, 사교육 정보에 대한 신뢰가 확보되고 있다. 그런 정보를 알게 된 부모나 학생들은 수강료를 지급할 수 있는 능력만 된다면 의심하지 않고 선택한다고 볼 수 있다.

(3) 암묵적으로 허용되는 사교육 시장

북한의 사교육 현상이 사회 내부적으로 일반화되었으나, 국가적으로는 사교육을 허용하지 않는다. 사교육은 불법적으로 이루어지는 교육이기 때문에, 사교육 관련된 '간판'이나 '마케팅'을 공공연히 할 수는 없다. 그러나 당 간부와 같이 권력을 가진 부모들이나 돈 있는 사람들이 사교육 시장을 주도하다 보니 국가의 통제를 받는다고 해도 이것은 어디까지나 형식에 불과하다. 단속을 책임진 간부 집 자녀부터 사교육을 받고 있는 현실[24]이다 보니 이는 암묵적으로 허용될 수밖에 없다.

> (사교육) 그걸 통제하죠. (중략) 그래도 아 그걸 사회적으로 불법이다, 저걸 닫아야 된다, 죽여야 된다, 이러지도 않고요. 그러지도 않고 그걸 법에서 알아도 그렇게 법적으로 다스리지 않아요. 이게 뭐 배워주는 게 잘못된 게 아니고 배우겠다는 사람이 잘못된 것도 아니고, 자기 손으로 자기가 배우고, 자기 지식을 자기가 파니까 그거를 이렇게 법으로 강력하게 다스릴 만한 근거가 안 되는 거예요. 이게 합법적으로는 안 되도 이게 인간이니까… (참여자D)

> 그게 통제는 하기는 하는 것 같은데, 뭔가 합법적이다 이런 느낌은 없는데, 그냥 통제를 당하나 그냥 암묵적으로 그냥 허용해주는, 그런 것 같아요. (참여자F)

> 통제는 하는 데 사회적으로는 다 알고 있는 분위기에요. (중략) 그게 불법이라는 걸 알지만 그걸 그렇게 막 내놓고 단속 강하게 하고 그렇지는 않아요. (참여자G)

2) 사교육의 수요 및 공급 형태

(1) 사교육 수요의 요구

연구참여자들의 증언에 따르면, 북한의 사교육 시장에서 수요자들의 요구는 나날이 높아가고 있다. 피아노, 바이올린, 성악, 무용, 서예, 미술 등 예능 계열의 사교육은 아주 어릴 때부터 시작해야

---

[24] 주성하, 『평양 자본주의 백과전서』, 서울: 북돋음, 2018, p. 228.

감각을 발달할 수 있다는 인식 때문에, 경제적으로 뒷받침할 수 있는 부모들은 자녀가 어릴 때부터 예능 사교육을 시작하는 사례들이 증가하고 있다는 것이다.

> 저는 늦은 케이스였구, 예·체능은 어릴 때부터 여기랑 똑같이 배워줘요. 6살부터 좀 돈 있는 집은 다 배워줬구. (중략) 피아노랑 좀 배우면 이게 그 감각이 빨라진다구 해야 되나? 그렇게 된대요. 그래서 (피아노를) 약간 배웠던 거 같애요. 피아노로 뭘 하려는 게 아니라 그 감각 키울려구. (참여자A).

> 7살, 8살 요때 어머니가 바이올린도 가르쳐주려고 하고, 또 미술을 좋아하니까 미술도 가르쳐주려고 했는데, 사실 그런 거는 그때 7살 때부터 직업하고 연관돼서 가르쳐주지는 않을 거잖아요, 엄마들이. (참여자G)

반면 악기를 잘 배워두면 나중에 써먹을 수도 있고, 자신의 기술을 이용해 사교육 시장에서 돈을 벌 수도 있다는 생각으로 사교육을 받는 경우도 있다. 학교 졸업 후 취업이나 생계와도 직결될 수 있다고 생각하기 때문이다. 특히 국가적인 명절 행사에서 예술공연은 필수로 준비해야 하기 때문에 예술적인 재능을 가지고 있으면 공연에 참가할 수 있는 자격이 주어진다. 또한 학교를 졸업 후 직장이나 군대생활을 할 때 악기를 다루거나 성악을 잘하면 육체적으로 힘든 노동을 피할 수 있기 때문에 인기가 많다는 것이다.

> 저는 원래 악기를 좋아했었구, 또 어머니가 중국 여행오셨다가 제 손풍금을 사오셔가지구, 또 제가 어릴 때부터 치고 싶던 거라서 손풍금이 생기구 그때부터 과외받았죠. (중략) 그니까 손풍금 같은 거는 그거를 진짜 잘 배워서 또 나중에 써먹을 수도 있고, 본인이 연주를 잘

하면 어디 가서 쓰기 편할 수도 있고, 본인이 개인과외를 또 다시 할려고 하는 분들도 있고, 아무튼 취업이나 생계나 그런 게 달려있지 않나 싶어요. (참여자B)

부모들이 무조건 예·체능 하나는 애들한데 배워줄려고 하는 거는 이제 그런 게 하나만 있으면 자식들이 어디에 가든 타지에 가두, 군대에 가두 그걸로 군사복무가 쉬워지고 그런 게 있으니까 예체능도 엄청 인기 있었어요. 피아노는 필수이고 타악기(드럼), 손풍금, 기타, 손풍금이 엄청 인기 있었어요. (참여자A)

예체능 쪽은 그 북한은 대학에 가면 그 예술소조 있잖아요. 쉽게 살게 할려구, 동원 안 가구, 뭐 충성의 노래모임 해도 되고, 애들을, 말하자면 품을 들이죠. 좀 이렇게 띄어지게, 그 항상 노래모임이랑 북한은, 그때마다 애들이 농촌동원도 안가고 그런데 (노래모임에) 동원되고 하면 멋있잖아요. (참여자H)

　　다음으로 대학진학을 목표로 사교육을 받는 경우는 필수 과정처럼 인식되고 있다. 수학, 물리, 영어, 컴퓨터 등 '대학에 가려는 애들 거의 다 과외를 받는'일이 자연스러워졌다. 학부모들은 담임교사와 자녀에게 맞는 대학과 전공까지 사전에 상담하고 실력이 부족한 과목들은 사교육을 통해 보충시키고 있다. 부모들은 일차적으로 지역에 있는 제1중학교를 보내는 것이 일반학교 보다 대학진학률이 높다는 것을 알고, 앞다투어 자녀들의 사교육에 돈을 쏟았다.[25] 실제로 제1중학교의 교육 수준은 일반학교 수준보다 월등히 높았다. 이는 1999년부터 시·군·구역으로 제1중학교가 확대되면서 중학생들 중에서 학습실력을 세분화하여 선발하는 조치를 계기로, 능

---

[25] 김연정, 『수재교육 경험 북한이탈주민에 대한 내러티브 탐구』, 연세대학교 대학원 석사학위논문, 2021, pp. 50~51.

력에 따라 차별화된 수준의 교육체계가 실시되었기 때문이다.[26] 제1중학교와 일반학교는 교육의 질적 수준에서 교사, 교구재, 시설 등 교육환경의 격차가 심했다.[27] 이렇게 수재교육기관이 전국적으로 확대되면서 일반학교에서는 대학진학 확률이 매우 낮아, 돈 있는 부모들은 자녀를 제1중학교를 보내기 위해 '승벽 내기'로 투자를 아끼지 않았다.

> 제1중학교라고 수재학교 비슷한 그런 학교가 있잖아요. 거기 가려구 배우는 학생들도 있었고, 아마 초등학교부터 전문적으로 돈 내구 이렇게 계약하는 것처럼 해가지구 했던 거 같아요. (참여자F)

> 제 동생은 원래 어릴 때부터 꿈이 교사였거든요. 그래서 제 동생은 학교 다닐 때부터 개인과외를 엄청 많이 받았어요. 대학교 갈 준비를 하느라고. (참여자B)

> 영어, 수학은 거의 필수로 다 하는 거 같아요. (중략) 이제는 이 시대에 2000년대에 태어났으면 대학은 그냥 가야된다라는 인식이 있나봐요. 학교처럼 그냥 필수처럼 그런 인식이. (중략) 배운 사람이랑 안 배운 사람이 다르다고, 그게 쌍놈이랑 그게 다르다고, 그런 말이 계속 나오니까 엄마들도 다 배워줄려고 해요. 자식들이 떨어지는 게 싫으니까 엄마들은. (참여자C)

> 저는 사대(사범대학) 물리학과는 교사 쪽으로 발전 가능성이 있겠다 싶어서, 중학교 1학년 올라가서 (어머니가) 제게 과외를 붙이신 거예요. 저의 동네에도 사대 수학과에 계시던 교수님이 계셨거든요. 그래서 그쪽에 한 100위안(중국화폐) 정도씩 주고 그때부터 꾸준하

---

26) 차승주, 「북한의 시대별 교육담론」, 『통일인문학』 79, 건국대학교 인문학연구원, 2019, pp. 266~267.
27) 김연정, 『수재교육 경험 북한이탈주민에 대한 내러티브 탐구』, 연세대학교 대학원 석사학위논문, 2021, pp. 46~47.

154 새로운 한반도를 그리다

게 중학교 졸업할 때까지 수학 과외랑 물리 두 개를 받았었어요. (참여자G)

이제는 사회적인 분위기가 '배운 사람과 안 배운 사람'을 구별하는 인식이 만연해지면서, 대학에 갈 수 있는 조건을 만들어가고 있다. 적어도 중앙대학 수준의 좋은 대학에 진학하고, 졸업만 하게 되면 신분 상승(계층성분, 경제력, 인맥의 영향도 있겠지만)의 길이 열린다는 것을 대부분 알고 있는 사실이기 때문이다. 지금도 북한은 대학을 졸업할 경우 국가가 직업을 배정하고 있어 어느 대학을 가느냐는 곧 취업을 보장받을 수 있고 나아가 공권력을 가질 수 있다.[28] 특히 수재교육기관에서 선발된 학생들은 과학기술인재로 양성하려는 국가의 의도에 따라 실력만 갖춘다면 진로에 대한 걱정이 없고, 엘리트로서의 자부심을 가질 수 있다.

(2) 사교육 공급자 형태

북한 사교육 현상의 확산은 사교육 수요자들과 공급자의 요구가 맞닿아 있다. 북한 주민들 속에서 사교육을 공급하는 사람은 대부분 교사들이다. 수학, 물리, 영어 등 대학입시 과목과 성악이나 악기를 배울 수 있는 예체능 전공 교사들이 학교 일정이 끝난 후 저녁 시간을 이용해 학생들에게 개인과외를 해주는 과정에서, 사교육이 시작된 초기에는 부모들이 고마움의 표시로 식량과 부식물 같은

---

[28] 김연정, 『수재교육 경험 북한이탈주민에 대한 내러티브 탐구』, 연세대학교 대학원 석사학위논문, 2021, p. 55.

생계품을 지급했었다.

1990년대 경제난이 시작되면서 교사들도 일반주민들처럼 배급이 단절되었다. 학부모들은 시장에 나가 장사라도 할 수 있었지만, 교사들은 학생들을 가르치는 중요한 책임으로 인해 시장에 나갈 수 없었다. 장사를 위해 학교를 떠나는 교사들이 생겨나고, 결석하는 학생들이 늘어나고, 교육시설이 파괴되면서 수업을 제대로 운영하는 것도 어려웠다.[29] 그런 와중에 시장에서 돈을 벌게 된 부모들이 자녀교육에 관심을 돌리면서, 자녀를 개인교사에게 맡겨 부족한 공부를 배울 수 있는 방법들이 생겨난 것이다.

처음에는 사교육을 받는 대신 식량으로 보상하다가, 사교육을 받고자 하는 학생들이 늘어나면서 과목당 중국 돈 얼마씩 지불하는 형식으로 사교육 시장이 자체적으로 체계를 갖추게 되었다. 이제는 지역별로 사교육을 받으려면 한 과목당 가격이 정해져 있기 때문에, 돈만 있으면 원하는 과목을 다 배울 수 있다는 것이다.

> 교사들이 많이 하죠. 그니까 학교 다니면서 다른 오후 시간이나 저녁 시간 보면은 돈 벌 기회가 없잖아요. 그렇다고 해서 교사가 월급이 높은 것도 아니구, 학급이나 반을 맡은 담임선생님들은 괜찮지만은 아닌 교사들도 많단 말이에요. 그분들 같은 경우에 많이 좀 하시는 거 같애요. (참여자E)

> 이전에 선생님들은 학교에서 (일)해두 국가에서 강냉이 몇 키로밖에 안 되는 돈에서 자신의 그 집안을 운영을 할려면 어느 정도 돈이 있어야 하는데, 그러면 그 돈이 어디서 나겠어요? 애들한데서 돈

29) 조정아, 교육에서의 실리주의의와 교육의 불균등발전: 2000년대 북한 교육의 변화」, 『교육사회학연구』 17-4, 한국교육사회학회, 2007, p. 110.

을 뽑아야 되잖아요. 근데 그거를 너무 티 나게 하면 국가에 걸려요. 차라리 그만두고 애들한데 그냥 대놓고 돈 받으면서 내가 지식을 제공하자 이런 생각이 든 거예요. (중략) 학교에서 깨끗하게 나와가지구 애들한데 그 공부를 가르침으로써 내가 당당하게 돈을 벌어야겠다, 어런 생각이란 말이에요. 당당하게 버는 게 한 달에 (중국돈) 50원씩 벌면 몇 명이면 내가 잘 살건데 뭐하러 눈치를 보면서 국가 눈치 봐, 학생들 눈치를 봐, 그러면서 그렇게 목매어서 살겠어요? 차라리 그게 더 좋구 당당할 거 같아요. (참여자C)

어차피 학교에 출근해서 교사 생활만 해봤자 먹고 사는 문제가 넉넉지 못하니, 전공 실력과 '사람을 끌 수 있는 능력'을 가진 교사들은 아예 학교를 그만두고 사교육에만 전념하면서 돈을 버는 일들을 흔히 볼 수 있다. 사교육을 잘 한다고 소문이 나면 그런 개인교사들에 대한 수요가 높기 때문에 과외비를 비싸게 받기도 한다.[30] 대부분의 주민들은 교사직에 대한 신뢰를 가지고 있기 때문에 사교육에 전념하는 전직 교사를 개별교사로 선택하는 경우가 많았다. 현직 교사들도 학교 일이 끝난 후 재량껏 사교육으로 돈을 버는 일들이 비일비재하고 일어나고 있다.

북한은 교원하면 돈을 못 벌잖아요. 그니까 선생님들이 다 나오지, 개별교사 해야겠다고 생각하는 분들이 나오죠. 예를 들어 혁명, 국어 이런 교원들은 나오면 안 되니까, 개별교사 안 받으니까. 그 다음에 또 자기 자신이 내가 사람을 끌 수 있다고 생각해야 나오는 거죠. (참여자H).

내 동생도 사대 졸업하구, 과외(사교육) 다닌다고 하더라구요. 그 교

---

30) 김연정, 『수재교육 경험 북한이탈주민에 대한 내러티브 탐구』, 연세대학교 대학원 석사학위논문, 2021, p. 51.

사도 하면서 학생들 과외두 하면서 용돈두 번다고 하더라구요. 요즘은 초등학생들 수학을 가르친다는 이야기 들었어요. (참여자B)

이게 보면 보통 과외를 하는 사람들은 다 교사 출신이나 현직 교사들이에요. 일반인이 그렇게 하는 게 진짜 있으면 한둘 그렇거든요. (참여자G)

반면 성악이나 무용, 악기를 가르치는 사람들은 교사들도 있지만, 이름 있는 유명한 예술단에서 예술인으로 활동하다가 지방으로 내려온 사람들에게 배우는 경우도 있었다. 국가 예술단에서 활동한 예술인들을 학교의 음악 교사 못지않게 그 분야의 전문가로 신뢰하고 있는 것이다.

평양예술단에서 무슨 군악대에서 뭐 하시다가 내여 오신 분이거든요. 손풍금으로 유명한 분이셔가지구 개인교사를 엄청 많이 했었어요. 그래서 시간대별로 나누어 가지구 애들을 가르치구 있었어요. (참여자B)

(3) 사교육이 이루어지는 공간

북한의 사교육은 국가의 통제를 받기 때문에 공공연하게 학원과 같은 사교육 공간을 만들기 어렵다. 그러다 보니 주로 '가정집'에서 이루어진다. 과목별로 사교육을 가르치는 선생님의 집에서 하는 경우가 대부분이다. 각 지역에서 사교육으로 소문난 개인교사들은 가정집 공간이 협소하여 시간대별로 몇 명씩 시간표를 짜서 운영하는데, 빨리 등록을 안 하면 그마저도 받기 어렵다고 한다.

(사교육 받는)사람이 너무 막 많아서, 다들 모든 과외는 다 자기 집에
서 하거든요. 선생네 집에서. 근데 막 방안에 다 차면 부엌까지 앉혀
놓고 다 해요. 그래서 막 빨리 등록 안 하면 자리도 없구 막 그럴 때
도 있어요. (참여자A)

수학 선생은 수학을 전문 배워주거든요. 무용 선생은 무용을 전문
배워주거든요. 컴퓨터는 또 나는 컴퓨터를 배우고 싶으면 컴퓨터를
배우고, 영어를 배우겠으면 영어를 배우고, 그걸 다 개인들이 집에서
다 배워주거든요. (참여자K)

혹시 개인교사의 가정집이 시내에서 많이 떨어진 곳에 있을 경
우, 그 과목을 듣는 학생의 부모들이 돈을 모아 사교육을 받을 수
있는 공간(집)을 장만하는 일도 있다. 요즘은 돈 있는 집 자녀들이
여러 과목의 사교육을 받기 때문에 늦은 시간까지 이동해야 하는
일들이 많아졌다. 중상류층 부모들은 자녀를 어려서부터 체계적으
로 사교육을 시키고, 대학입시 관련 공부 외에 피아노와 성악, 운동
등 배워야 할 것이 많아 부모들보다 더 힘들게 공부한다는 것이
다.[31] 그러니 개인교사가 잘 가르친다고 소문이 나면, 자녀들의 이
동 거리를 생각해 가까운 곳에서 사교육을 받을 수 있는 환경까지
만들어가며 교육열에 동참하고 있는 것이다.

(가정)집에서 하죠. 집에서 상 펴놓고 와서 앉아서, 집이 좀 컷으니
까. 근데 선생님 집이 너무 멀어서. 선생은 정말 수재인데, 그러면 그
렇게 (학부모들이 집 장만) 하는 거 봤어요. 근데 싼(저렴한) 집을 사
주지. (참여자H).

31) 조현정, 「북한의 계층구조에 따른 교육격차 요인과 실태」, pp. 183~220, 이화여대
   북한연구회 엮음, 『김정은 체제 10년, 새로운 국가 전략』, 도서출판선인, 2022, pp.
   203~204.

사교육 수요자가 늘어남에 따라, 어느 정도 자본을 축적한 개인 교사들은 좀 더 넓은 가정집을 장만하여 가르칠 수 있는 공간을 확장하기도 하였다. 이처럼 국가에서 아무리 통제를 해도 사교육 수요자와 공급자의 필요가 맞닿아 있기 때문에 사교육 시장은 지속적으로 확대될 가능성이 높아 보인다.

3) 사교육에 투입되는 부모의 영향력

(1) 내 자식은 무조건 내세우기

북한의 교육에서 강조하는 집단주의는 그동안 개인들의 사적 욕망을 통제하고 억압해왔다. 북한 학부모들 역시 자신들이 하고 싶은 것보다는 국가가 맡겨주는 '해야 할 일'에 충실하게 살아왔다. 그러나 경제난이라는 전 국가적 재난에 맞닥뜨리면서 국가의 도움이 없이 각자가 생존을 책임지는 상황을 이겨낼 수 있었던 힘은 자발적 의지였다. 이를 통해 개인들이 자본을 축적하게 되고 그동안 억눌렸던 내면의 욕구는 사적 욕망의 분출로 나타났다.[32] 자녀가 좋은 대학에 진학하고, 직업을 통한 권력을 가지고 잘 살기를 바라는 학부모들의 욕망은 인간의 본능에서 비롯된 아주 직관적이며 자연스러운 모습이다.[33] '내 자식은 무조건 내세우고' 싶은 부모의 욕

---

[32] 조현정, 「북한의 계층구조에 따른 교육격차 요인과 실태」, pp. 183~220, 이화여대 북한연구회 엮음, 『김정은 체제 10년, 새로운 국가 전략』, 도서출판선인, 2022, pp. 196~198.

[33] 김혜진, 「고난의 행군 시기 이후 북한학부모의 자녀교육지원에 관한 연구」, 『Journal of North Korea Studies』 5-2, 고려대학교세종캠퍼스 공공정책연구소, 2019, p. 162.

160 새로운 한반도를 그리다

망은 사교육에 대한 투자로 이어지면서 높은 교육열로 나타났다.

> 자식은 무조건 내세워요. 돈이 우선이기는 한데, 그보다 자식을 내세우려고 해요. 옛날에는 남자면 군대에 보내야 된다 이런 마인드가 있다면, 이제는 군대나가도 다 (돈) 주고 나오구 하니까 대학 그냥 다 대학보내려구 해요. (참여자C)

> 부모들은 솔직히 우리 자식은 재목이 못 돼서, 안 시키는 사람들은 물론 한둘이 있겠지만, 사실 다 (사교육) 시키고 싶어 해요. (참여자G)

> (부모들이) 어릴 때 못했던 그런 욕구라든가 그런 거를 자식한테 그래서 해소했던 것 같아요. (참여자J)

학부모들은 비공식 경제활동을 통해 벌이들인 돈을 자녀교육에 투자하는 것만큼은 아끼지 않았다. 자녀가 공부를 하고 싶다거나, 예술적 재능을 배우고 싶다고 하면 웬만큼 사는 부모들이라면 대부분 적극적으로 응원한다는 것이다. 부모들도 시장활동을 하면서 자본의 논리를 알게 되고, '돈이 있으면 많이 깨게 되고, 보는 게 많고 느끼는 게 많으니까' 인식 수준에 변화가 생겼다. 그러니 자녀가 '재목이 되든, 안 되든' 하고 싶은 것을 할 수 있도록 뒷받침해준다는 것이다. 자녀를 위한 일이라면 '돈 쓰는 일'에 무조건 열성적으로 관여하고 있다.

> 저희 부모님은 제가 하려는 걸 막고 이렇게 이런 분이 아니시고 제가 하겠다고 하면 다 밀어주시고 그랬으니까, 그냥 항상 응원해주시는 분이니까. 그리고 나중에는 좀 생활이 잘 살게 되면서 막 이런 경제적 부담 이런 것도 좀 괜찮아졌고. (참여자F)

> 저희 어머니는 그냥 시간표를 짜놓고 그냥 학교가라 이거보다두 그

냥 네가 하고싶은 거 해보라구 그랬었어요. 네가 배울 수 있는 거, 볼 수 있는 거 다 보라구, 엄마는 좀 그런 거를 많이 좀 교육했거든요. (중략) 엄마 덕분에 제가 하고 싶은 거를 했구, 정말 평양에 가고, 그거 공연 치르고 하는 것도 엄청 돈이 들거든요. (참여자C)

(2) 자녀 진로의 설계자

사회주의 교육학 측면에서 가정과 부모는 학교교육과 사회교육을 연계하여 자녀의 가정교양을 담당하는 중요한 세포조직이다. 따라서 북한의 학부모들은 경제난 이전만 해도 가정교육을 통해 자녀의 본보기가 되면서, 학교 교사와 연계하여 자녀교육의 효과적인 교육방법을 찾기도 했다.[34] 학교교육과 담임교사를 무조건 신뢰하고 자녀의 진로를 맡겼기 때문에, 학부모들은 자녀의 진로에 크게 개입하지도 않았다. 부모들은 가정교육을 잘하고 자녀교육에서 보조자 역할을 잘하면 그만이었다.

그러나 경제난 이후 학교 교육시스템의 파행적 운영으로 인해 더 이상 자녀교육의 보조자 역할만 할 수 없었다. 더군다나 학교를 운영하고 유지하는 데 학부모의 도움이 없이는 할 수 없었기 때문에 학부모들은 새로운 교육 주체로 부상한 것이다.[35] 학교 운영의 경제적 지원을 도맡고, 심지어 담임교사의 생계까지 책임져야 하는 상황에서 학부모들은 상당한 영향력을 행사하게 되었다.[36]

[34] 조현정, 「북한의 계층구조에 따른 교육격차 요인과 실태」, pp. 183~220, 이화여대 북한연구회 엮음, 『김정은 체제 10년, 새로운 국가 전략』, 도서출판선인, 2022, p. 202.
[35] 김혜진, 고난의 행군 시기 이후 북한학부모의 자녀교육지원에 관한 연구」, 『Journal of North Korea Studies』 5-2, 고려대학교세종캠퍼스 공공정책연구소, 2019, p. 175.
[36] 조현정, 『북한 중등교사들의 교직경험에 대한 질적 연구』, 이화여자대학교 대학원 박사학위논문, 2020, pp. 160~162.

한편 이렇게 경제력을 갖춘 부모들은 학교 교육의 부족한 부분을 사교육을 통해 보충하면서 사교육 시장을 주도하게 되었다. 그리고 집안의 출신성분에 따라 자녀의 진로를 구체적으로 계획하고, 어릴 때부터 체계적으로 자녀교육을 설계하고 있다. '돈이 있으면 권력을 지고 싶어'하는 사회적 분위기에 따라, 부모들은 어떻게든 좋은 대학에 보내려고 사력을 다하는 것이다. 이제는 자녀들도 '부모가 이끌어주는 대로' 가는 것이 빠르게 성공할 수 있다는 인식이 보편화되었다.

북한에서는 애들이 보통 부모들이 그렇게 이끌어주면 거의 그 방향까지 가요. 왜냐하면 북한은 이제 보면은 약간 돈에 의해서 모든 게 좌우지되니까 돈이든 뭐 권력이든 부모들이 이끌어주면 그쪽으로 가는 게 좋아요, 사실은. 그리고 북한은 내가 혼자서 그렇게 하고 싶은 일이 크게 없어요. 보고 듣고 하는 게 제한적이다 보니까. 그러니까 보통 부모들이 내 자식의 진로를 찾는 것도 담임선생님한데 물어봐요. 쟤가 뭘 잘하는지 이런 것들을, 성적표를 받아보고 수학 잘 하는지, 물리를 잘 하는지, 뭐 국어를 잘 하는지, 학부형 총회 때도 우리 애가 뭘 잘하는지 이런 것도 되게 많이 물어보고, 그래서 담임선생님이 보통 아 얘는 이거 잘하니까 저런 걸 시켰으면 좋겠다, 이런 것들을 제안해주죠. (참여자G)

북한은 요즘 (부모들이) 돈을 버니까 이제는 권력을 지고 싶어한단말이에요. 그러면 대학 나와야 될 거 아니에요. 대학두 다 좋은데 나와야 된다구요. 종합대학이라든지, 김책공대랑 보내자니까 그러지. 그담에 북한두 이제는 대학시험이 거의 실력전이니까, 그니까 사교육을 시켜 공부시키는 거죠. (참여자H)

빽 있는 집 친구는 엄마 아빠 엄청 그렇게 막 열성내고 이 한국처럼 있잖아요. 우리 친척 중에도 그런 애가 한 명 있어가지구, 그래서 학교도 제일 좋은 학교, 계속 그냥 과외를 받으면서 졸업시키고, 그 다음부터 부모가 탄탄대로를 만드는 거예요. 걔 기반을. 그러면서 학교 때부터 돈을 투자해가지구 군대 보내서, 군대 가서 몇 년 있다 와서 대학교 보내서, 대학교에서 대학교 졸업시키고, 그 다음에 당 학교라 든가 그런데 보내서 당 간부를 시키는 거예요. (참여자D)

학부모들은 지역에서 수재학교로 지정된 제1중학교에 자녀를 입학시킨 후에도 지속적으로 사교육을 제공하면서 교육수준을 끌어올리고 있다. 이후 군입대와 대학추천 경로를 설계하고, 대학 졸업 후 당 학교로 보내 최종적으로 당 간부로 키우는 것이다. 한마디로 '부모가 탄탄대로를 만들어' 놓으면, 자녀는 그 길을 따라가기만 하면 된다. 이는 학부모들이 공교육 제도권 안에서 미래에 좋은 대학 진학과 향후 직업시장의 기회 획득을 위한 경쟁우위를 점하기 위해 사교육을 더 많이 제공한다는 외국의 사례와 맥을 같이 한다.[37]

(3) 부모 능력에 따른 교육격차

북한의 사교육 시장을 주도하는 학부모들은 주로 권력과 경제능력을 갖춘 사람들이다. 자녀를 어려서부터 공들여 잘 키워야 좋은 대학에 보낼 수 있고, 권력도 갖출 수 있고, 또 수준에 맞는 배우자를 선택할 수 있기 때문이다. 부모의 사회자본이 그대로 자녀에게 대물림되는 과정에서 격차가 발생한다. 부모들의 인식수준과 생활수준에 따라 자녀교육에 투자하는 것은 차이 날 수밖에 없는 것이다.

---

[37] 오욱환, 「교육격차의 원인에 대한 직시: 학교를 넘어서 가족과 사회로」, 『교육사회학연구』 18-3, 한국교육사회학회, 2008, p. 115.

그러니까 여자들은 대학졸업증이라고 저야 또 시집을 잘 가니까, 그 끼리끼리 만나잖아요. 대학졸업한 사람이 대학 안 졸업한 여자를 만나는 건 좀 힘드니까 그 상층들끼리 만나게 할려고 하니까 그러는 거죠. (참여자H)

부모마다 생각이 틀리고 부모의 어떤 인식 수준마다 틀리잖아요. 제가 봤을 때 저희 어머니는 하고 싶은 거 하라고, 그냥 그렇게 했어요. (참여자G)

한편 북한의 시장화가 활성화되면서, 시장활동에 참여하는 여성들이 결혼을 늦추거나, 결혼을 하더라고 출산율이 현저히 낮아졌다. 이런 사회적 흐름 속에서 여성들은 자녀를 낳더라도 '하나만 낳아서 잘 키우자'는 인식이 보편화되었다. 그러다 보니 부모들의 경제수준과 자녀의 교육수준이 비례하면서, '잘 사는 집 애들이 공부도 잘하고, 예·체능도 잘'할 수밖에 없는 구조가 자연스럽게 발현되었다. 잘 사는 집 부모들은 학교의 방과 후 각종 동원에서 자녀들을 빼내어 공부에만 전념할 수 있도록 공교육제도를 전략적으로, 적절하게 이용하면서 사교육 투자를 통해 자녀의 출세를 꾀하고 있기 때문이다.

예전 부모들이야 그런 걸 모르고 살았죠. 그런데 지금은 점점 세월이 발전함에 따라서 그런데 대해서 엄청 신경을 많이 쓰고, 그리고 지금은 또 애들 많이 안 기르는 세월이니까 그 애들 도대(겨우) 한두 명인데 그 애들한테 돈을 집중하는 거죠. (참여자J)

사교육이 지금 학교에서도 북한에서 학교에서 말하는 게 잘 사는 집 애들이 공부도 잘하고, 체육도 잘하고, 모든 걸 다 잘한다, 잘 살수록 그런 걸 과외를 많이 시키니까 잘할 수밖에 없죠. (참여자K)

사교육 받는 애들은 부모들이 교육 열정이 많으니까, 일단 제가 고등학교 졸업할 때까지 오전에만 수업하고 오후에는 맨날 동원시켰거든요, 뭐 아파트 건설, 농장동원 이런 거, 맨날 그런 동원하는 데 걔네들은 안 해요. 우리 학급이 한 50명에서 특별히 엄청 잘 살구, 또 부모들이 열성두 있구 막 그런 애들 공부도 잘하는 애들 5명 정도가 있었어요. 그런 애들은 약간 특별반처럼 빠져가지구 공부를 하구 다들 정말 좋은 데를 갔어요. (참여자A)

학부모들의 경제 자본에 따른 사교육 격차는 입시과목이나 예능 과목처럼 과목별로 편차가 있지만, 지역에 따른 차이가 더 크게 나타났다.[38] 대도시와 소도시 그리고 농촌, 또는 간부집들이 밀집된 구역과 노동자, 농민, 상인이 사는 구역에 따라 사교육 활용 정도가 엄연히 다르기 때문이다.

4. 북한 공교육에서 사교육 활용의 의미

1) '인공 수재' 양성하는 '부모주의' 부각

사교육 시장을 주도하는 북한 학부모들의 교육열은 '부모주의(parentocracy)'[39] 현상과 맥락을 같이 하고 있다. 부모의 정치·경제·문화·사회적 자본이 자녀의 학업성취와 학벌로 전환되고 사회구

---

[38] 조정아, 「교육에서의 실리주의의와 교육의 불균등발전: 2000년대 북한 교육의 변화」, 『교육사회학연구』 17-4, 한국교육사회학회, 2007, pp. 115~116.

[39] 오욱환(2008)에 따르면, 부모주의는 경제적, 문화적, 사회적 자본에서 우위에 있는 부모들의 집요한 소원(所願)과 효율적 전략(戰略)으로 자녀의 성적, 학력, 학벌에 결정적인 영향을 행사하는 성향을 말한다. 한마디로 부모주의는 자녀의 교육에 미치는 부모의 영향력이 막대함을 의미한다.

조의 계급화를 진전시키고 있는 한국이나 외국의 사례와 같이,[40] 북한 학부모들의 교육열에도 '부모주의' 형태가 반영된다고 볼 수 있다. 특목고 형태의 북한의 수재학교에 진학하려면 학생의 개인적인 노력만으로는 한계가 있으며, 부모의 절대적인 지원이 없으면 불가능하다. 실제로 사교육 경험이 있는 연구참여자들이 대부분 이 부분을 공감하고 있어서 북한의 부모주의가 교육열에 반영되고 있는 현실을 보여주고 있다.

> 1중학교 가서는 뭔가 학생들 자체가 학구열이 높고 부모님들도 돈이 많아야 보내고 막 이런, 학생의 노력이 50%라고 하면 부모님 노력도 50% 필요한 그런 상태였으니까. 학교 자체두 학구열이 높아서 부모님들이 오히려 더 공부해라 공부해라 이랬던 거 같애요. (참여자F)

이는 2000년 이후 수재교육을 강조하는 북한의 교육정책과 시장화로 인한 개인들의 사적 자본 축적이 맞닿아 있다. 사실상 북한이 주장해왔던 무상의무 평등교육은 1990년대 중반 이후 경제난으로 인해 무너졌다고 해도 과언이 아니다. 경제난에 따라 국가의 모든 공급이 중단되면서 교육분야 역시 지역사회와 학부모에게 의존하는 형태로 운영된 것이다. 시장활동을 통해 축적된 자본이 자녀교육에 투입되면서 교육의 보조자 역할을 했던 부모들이 교육의 주체로 부상하게 되었기 때문이다. 이 과정에서 부모들의 자녀교육에 대한 성취 욕구가 자본을 통해 분출되기 시작했다.

기존의 배급제도에서 제한된 삶을 살았던 부모들이 사적 자본을

---

40) 오욱환, 「교육격차의 원인에 대한 직시: 학교를 넘어서 가족과 사회로」, 『교육사회학연구』 18-3, 한국교육사회학회, 2008, p. 112.

축적하면서 억눌렸던 욕망은 자녀교육을 통해 분출된 것이다. 그러나 경제난 이후 낙후된 일반 학교의 교육환경은 부모들의 욕구를 충족시키지 못했다. 반면 국가적으로 교육의 실리주의에 따른 과학기술인재 양성에 목적을 둔 수재학교 명목의 제1중학교에 부모들의 관심이 집중되었다. 어린 나이부터 체계적으로 가르친다면 수재학교에 보낼 수 있다고 믿고, 사교육 투자에 열정을 쏟기 시작한 것이다. 이제는 타고난 인재보다 부모들의 자본으로 만들어낸 '인공 수재'가 양성되고 있는 것이다.[41]

> 부모들이 욕구가 많아서 이제처럼 자식들은 별로 관심이 없는데 막내 자식은 명문대 보내고 싶구 하니까 무조건 (사교육 하는) 거기 들여놓으면 선생님들이 또 다가서구 하면 중타는 넘게 치니까. (참여자A)

> 일단은 이젠 북한두 약간 그런 게 삶 그런 질이 높아졌다고 해야 되나? 많이 급격하게 빠른 시간동안 확 달라진 거 같아요. 제가 보기에는 빈부격차도 심해지구 일 년에 한 번씩 바뀌는 거 같애요. 그런 게 급격히 높아지면서 여기서 말하면 여가생활이 많아졌다 이런 얘기를 막 하잖아요. 그런 것처럼 거기서두 질이 높아질수록 하구 싶은 것두 많아지구. 뭐 어쨌든 그 사교육이 궁극적으로 하고 싶은 거 많아지니까 자기만의 (삶의) 질이 높아지면 다 하고 싶지 않아요? 사람이 나라를 떠나서 인간의 본성 아닌가요? (참여자E)

이렇게 자녀의 학업성취를 위한 사교육에 투입되는 학부모의 지원은 삶의 질이 향상됨에 따라 더 많은 교육을 받고 싶은 인간의

---

41) 조현정, 「북한의 계층구조에 따른 교육격차 요인과 실태」, pp. 183~220, 이화여대 북한연구회 엮음, 『김정은 체제 10년, 새로운 국가 전략』, 도서출판선인, 2022, p. 203.

168 새로운 한반도를 그리다

본능에 따른 결과라는 것이다. 수재학교에 꼭 진학하지 않더라도, 예체능과 같은 재능을 배워서라도 좀 더 편안한 삶을 살기를 바라는 부모들의 자녀에 대한 애정과 욕망은 사회문화적으로 높은 교육열로 나타났다.

반면 업적주의(meritocracy)[42]로 포장된 부모주의는 사교육에 참여하지 못하는 집단에 대한 사회적 배제를 정당화하면서 사회문화적으로 교육불평등을 재생산하고 있다.[43] 이는 현재 북한이 주장하고 있는 사회주의 이념과 상반되는 구조적인 불평등 위기를 초래할 수 있다.

2) 교육열의 사회문화적 이중성

북한의 교육열은 그 사회를 유지하는 데 필요한 인재를 양성하고 또 국가 발전에 기여한다는 측면에서 긍정적 요인으로 작용한다. 특히 북한과 같이 사회주의라는 명목 아래 학생들에게 국가를 위해 충성과 헌신을 요구하는 교육제도에서는 과학기술인재가 더욱 필요하다. 이들은 국가경쟁과 경제성장을 위한 역동적인 원천이기 때문이다. '나라의 문명은 교육수준에 의하여 담보되며 우리 국가의 미래는 교육사업'에 달려 있다는 김정은의 지시[44]를 봐도 북

---

[42] 업적주의는 '사회적 자리는 보편적 준거에 의해 평가되는 개인적 성취결과에 의해서만 결정될 뿐이며 상속되거나 유전된 속성에 좌우되어서는 안 된다는 이념'으로 정의된다. 오욱환, 「교육격차의 원인에 대한 직시: 학교를 넘어서 가족과 사회로」, 『교육사회학연구』 18-3, 한국교육사회학회, 2008, p. 112.

[43] 오욱환, 「교육격차의 원인에 대한 직시: 학교를 넘어서 가족과 사회로」, 『교육사회학연구』 18-3, 한국교육사회학회, 2008, p. 113.

[44] 『로동신문』, 「교원대학건설 적극 추진」, 2022년 6월 8일 3면.

한의 교육중시 사상을 쉽게 파악할 수 있다. '사회주의 조선의 희망이고 미래'인 학생들을 훌륭한 과학자, 기술자로 키우는 것 자체가 국가 발전의 원동력을 강화하는 것이라고 보기 때문이다.

그러나 국가의 인적자본 축적에 공헌하고 있는 실리주의 교육정책에 따른 교육열은 전개 양상에 따라 사회문화적 측면에서 교육격차와 계층분화라는 부정적 요인으로 작용하기도 한다. 북한 학부모들의 교육열은 현행 교육제도를 적절히 활용하는 동시에 자녀의 학업성취와 학력을 높이기 위한 가족 간 경쟁으로 나타나고 있다. 북한의 인재강국화를 위한 교육정책이 결국 사교육 수요를 부추기고 있는 것이다. 사교육은 자녀교육을 목적으로 하는 가족 간의 경쟁으로 이어지면서 가족이기주의에 따른 사회불평등을 양산해내고 계급화를 부추기는 한국 사회 현상과[45] 비슷한 맥락을 보여주고 있다. 교육열의 부정적 측면에서 사회문화적 변화에 동참하는 것은 학생과 학부모 외 사교육에 참여하는 교사(그 외 예능인들)도 포함된다.

> 그니까 공교육으로는 부족하니까 아직까지는 북한의 교육시스템이 부족하니까. 그리고 공교육으로 배워주는 것보다 교사들두 돈을 벌 수 있는 루트가 그런 사교육을 하는 게 더 이득이 되니까 공교육에서 굳이 많은 걸 가르칠 필요가 없잖아요. 잘 가르쳐줄 필요도 없고. (참여자E).

> 그러니까 1중학교 올려구 ○○에서 많이 올라왔는데, 그런 친구들두 또 잘사는 친구들, 그니까 사교육도 받고 그냥 학교에 와서도 또 다

---

45) 오욱환, 「교육격차의 원인에 대한 직시: 학교를 넘어서 가족과 사회로」, 『교육사회학연구』 18-3, 한국교육사회학회, 2008, p. 112.

른 과목 선생님한데 돈 주면서 이렇게 받기도 하고, 그리고 뭔가 되려면 공부보다 돈이 있어야 된다, 이런 관념이 있었던 것 같아요. (참여자F).

한편 북한의 사교육에서 나타나는 교육열은 학업성취와 학력을 높이기 위한 수요자와 제공자의 목적에 따라 '돈'을 매개로 치열한 경쟁을 통해 교육격차의 원인을 제공하고 있다. '당 간부는 못 시켜도, 행정 간부라도 시키자'는 연구참여자의 증언처럼, 일단 학력을 높이면 무슨 권력이든 쟁취할 수 있다는 부모의 기대가 경쟁 요인으로 작용하고 있기 때문이다. 정치적으로 출신성분이 좋으면 부모가 설계한 진로 계획에 따라 탄탄대로에 편승할 수 있고, 또 출신성분이 좋지 않더라고 '인공 수재'를 만들어 학력을 높이면 권력을 잡을 수 있는 직업 기회를 얻는다고 믿는 것이다.

이처럼 북한 사회에서 사교육을 많이 활용하는 학부모들은 그 보상을 제도권의 학교교육을 통해 받고자 하기 때문에 공교육 체계에도 깊이 관여할 수밖에 없다.[46] 이러한 결과는 학부모들이 담임교사에게 비싼 선물(컴퓨터, 가전제품 등)과 돈과 같은 뇌물을 주고 자녀를 학급의 간부로 내세우거나 성적을 조정하고, 농촌동원 같은 힘든 노동에서 빼내는 등 불법적인 행위로 나타나고 있다. 그 시간에 자녀에게 개인교사를 붙여 사교육 시간을 늘리고 있는 것이다. 경제력을 갖춘 학부모들은 자녀의 사교육 투자를 통해 개인의 욕망을 어느 정도 충족하는 것과 함께, 자녀에 대한 자신의 지배를 정

---

46) 오욱환, 「교육격차의 원인에 대한 직시: 학교를 넘어서 가족과 사회로」, 『교육사회학연구』 18-3, 한국교육사회학회, 2008, p. 114.

당화하고 공적·사적 교육을 좋은 직업을 획득하기 위한 보편적 전략으로 활용하고 있기 때문이다. 북한 사회에서 자녀의 사교육을 통한 교육적 성취와 요구는 개인의 욕망을 실현하는 중요한 수단이 된 것이다.

5. 나오며

북한의 교육 연구에서 사교육 현상을 탐구하는 것은 그 사회의 이면 세계에 대한 탐험과도 같다. 그 이면 세계에 대한 문제의식은 이 연구를 시작하는 촉매제가 되었다. 이에 본 연구는 북한의 교육에서 활용되고 있는 사교육 활용의 실제를 다층적으로 탐색하고 그 의미를 밝히는 것을 목적으로 하였다. 연구결과, 북한의 사교육 활용의 실제는 다음과 같다. 첫째, 북한 교육 일상에서의 사교육 실제는 '사교육 현상의 일반화', '입소문으로 전해지는 사교육 정보들', '암묵적으로 허용되는 사교육 시장'으로 세분화되었다. 둘째, 사교육 수요 및 공급 형태는 '사교육 수요의 요구', '사교육 공급자 형태', '사교육이 이루어지는 공간'으로 분류되었다. 셋째. 사교육에 투입되는 부모의 영향력은 '자식은 무조건 내세우기', '자녀 진로의 설계자', '부모 능력에 따른 교육격차'로 나타났다.

다음으로 북한 사교육 활용의 의미는 다음과 같다. 첫째, '인공수재'를 양성하는 '부모주의'가 부각되고 있다. 자녀의 학업성취를 위한 사교육에 투입되는 학부모의 지원은 삶의 질이 향상됨에 따라 더 많은 교육을 받고 싶은 인간의 본능에 따른 결과이지만, 업적주의로 포장된 부모주의는 사교육에 참여하지 못하는 집단에 대한 사회적 배제를 정당화하면서 사회문화적으로 교육불평등을 재생산하고 있다. 둘째, 북한의 교육열은 사회문화적 이중성을 띄고 있다. 교육열은 과학기술인재 양성을 통한 국가 발전에 기여하는 긍정적 측면과 부모들의 자녀에 대한 애정과 욕망에 따라 사회문화적 측면에서 교육격차와 계층분화라는 부정적 측면을 가지고 있다. 북한 학부모들의 교육열은 현행 교육제도를 적절히 활용하는 동시에 사교육을 통한 자녀의 학업성취, 좋은 직업 획득을 위한 전략을 경쟁적으로 발휘하고 있다.

본 연구는 북한 교육에서 활용되는 사교육 현상에 대한 다층적인 고찰을 통해 북한 학부모들의 교육열의 본질을 밝혔다는 점에서 의의가 있다. 시장화를 통해 북한 학부모들이 획득한 사회경제적 자본은 사교육과 공교육 사이를 조율하면서 자녀의 학업성취에 강력한 영향력을 미치고 있다. 이 사회경제적 자본은 지속성이 있고 관계적 네트워크를 소유하면서 얻게 되는 실제적·잠재적 자원이기 때문에[47] 자녀교육에 중요한 도움이 된다. 그러나 부모가 시장활동을 통해 획득한 자본의 크기에 따라 자녀교육에 투입되는 정도에 차이가 발생하고 있으며, 이는 교육불평등이라는 사회구조적 문제를 야기하고 있는 것이다.

김정은 정권의 인재강국화 실현을 위한 교육정책과 그에 따른 개혁 조치를 취할수록 사교육을 활용하는 수요자의 요구는 계속 증

---

47) 김경근, 「가족 내 사회적 자본과 아동의 학업성취」, 『교육사회학연구』 10-1, 한국교육사회학회, 2000, pp. 23~24.

가할 것으로 예측된다. 북한의 사회문화적 측면에서 교육열에 영향을 미치는 또 하나의 변수는 중국을 통해 유입되는 외부정보를 접하는 과정에서 다른 나라의 교육열과 학력주의 흐름에 따라서는 것이다. 2000년대 중반까지만 해도 생존을 위해 탈북을 선택했던 사람들이 이제는 자녀의 미래(더 좋은 교육과 직업 등)를 위해 탈북을 선택하는 현상이 그것이라고 볼 수 있다. 따라서 북한 사회가 국가적 차원에서 사교육을 금지하는 시도를 지속한다 해도 사교육 현상이 줄어들기는 불가능해 보인다. 북한의 공교육에 반하여 실제 사회문화적인 측면에서의 사교육 현상은 세계적인 행보에 발을 맞추면서 내부적으로 정착해가고 있기 때문이다.

1. 국문단행본

권영걸 외. 『꼭 알아야 할 통일 · 북한 110가지』, 평화문제연구소, 2011.

김영윤 · 조봉현 · 박현선. 『북한이 변화고 있다』, 통일연구원, 2007.

이승훈 · 홍두승. 『북한의 사회경제적 변화: 비공식부문의 대두와 계층구조의
　　　변화』. 서울: 서울대학교출판부, 2007.

조현정. 「북한의 계층구조에 따른 교육격차 요인과 실태」, 이화여대 북한연구
　　　회 엮음, 『김정은 체제 10년, 새로운 국가 전략』, 서울: 도서출판선인,
　　　pp. 183~220, 2022.

주성하. 『평양 자본주의 백과전서』, 서울: 북돋음, 2018.

한만길. 『북한교육의 현실과 변화: 북한이탈주민의 증언을 통한 분석(RR2001-09)』.
　　　한국교육개발원, 2001.

2. 영문단행본

Baker, D. P. & LeTendre, G. K. 저(2005), 김안나 옮김. 『세계 문화와 학교교육
　　　의 미래 – 교육의 유사성과 차이에 대한 제도주의 관점과 해석』, 파주:
　　　교육과학사, 2016.

Creswell, J. W. 저(2013), 조홍식 · 정선옥 · 김진숙 · 권지성 옮김. 『질적연구방
　　　법론: 다섯 가지 접근』, 서울: 학지사, 2018.

3. 국문논문

김경근. 「가족 내 사회적 자본과 아동의 학업성취」, 『교육사회학연구』 제10권
　　　1호, 2000.

김경년·김안나. 「사교육, 교육만의 문제인가?: 복지국가의 위험 분담과 사교육 선택의 대응 원리」, 『교육사회학연구』 제25권 1호, 2015.

김병연·김지수. 「김정은 시대 북한 교육의 질 향상을 위한 교육조건과 환경 변화에 대한 연구」, 『북한연구학회보』 제24호 1호, 2020.

김정원. 「북한 각급 학교교육의 의미와 변화방향」, 『동향과 분석』 2016년 6월 호, 2016.

김연정. 『수재교육 경험 북한이탈주민에 대한 내러티브 탐구』, 연세대학교대학원 석사학위논문, 2021.

김유연. 「북한 제1중학교 정책 실태 및 변화 연구」, 이화여자대학교 대학원 석사학위논문, 2014.

오욱환. 「교육격차의 원인에 대한 직시: 학교를 넘어서 가족과 사회로」, 『교육사회학연구』 제18권 3호, 2008.

조정아. 「교육에서의 실리주의와 교육의 불균등발전: 2000년대 북한 교육의 변화」, 『교육사회학연구』 제17권 4호, 2007.

_____. 「북한의 교육일상 연구: 접근방법과 과제」, 『현대북한연구』 제11권 3호, 2008.

_____. 「김정은시대 북한 교육정책 방향과 중등교육과정 개편」, 『통일정책연구』 제23권 2호, 2014.

조현정. 「북한 중등교사들의 교직경험에 대한 질적 연구」, 이화여자대학교 대학원 박사학위논문, 2020.

차승주. 「북한의 시대별 교육담론」, 『통일인문학』 제79집, 2019.

허수경. 『북한출신 부모의 자녀교육 경험 연구: 남북한 교육 차이를 중심으로』, 북한대학원대학교, 석사학위논문, 2010.

4. 북한문헌

『교육신문』 각 호.

『로동신문』 각 호.

제6장

김정은 시기 북한이탈주민의 재북 시 결핵관리 경험*

전 정 희

1. 들어가며

북한은 국가주도의 결핵관리체계를 갖추고 있다. 노동당 내 보건성은 결핵관리체계의 최상위 기관으로 결핵의 예방과 관리 통제를 위한 정책 수립과 시행에 관한 모든 관리와 감독을 담당하고 있으며, 당의 주도하에 결핵관리프로그램을 운영하고 있다. 중앙의약품관리소와 중앙결핵예방원 등 결핵관리프로그램의 하위조직은 결핵예방, 검사, 치료서비스의 외부평가와 임상실험, 모니터링 등 결핵관련 기술을 지원한다. 북한의 전반적인 결핵예방 관리 업무는 중앙당, 도, 군 단위별로 수행하며, 결핵균 검사는 군병원 209개, 결핵

---

* 본 논문은 질적연구 제23권 제1호(2022), "North Korean Defectors' Experience of Tuberculosis Management in North Korea during the Kim Jong-un Era" pp. 55~69 논문 일부를 수정·보완한 것임을 밝힙니다.

요양소 101개, 동 진료소 39개 등 총 349개 현미경 검사실을 통해 시행한다(World Health Organization, 2015). 도 단위 결핵예방원은 관할 도 내 결핵예방, 치료, 실험실 관리, 모니터링을 담당하며, 결핵환자 관리통계와 치료결과를 중앙결핵예방원에 정기적으로 보고하고, 중앙결핵예방원은 이를 취합하여 보건성에 보고한다(Shin, Lee, An, & Jeon, 2016). 이처럼 북한당국이 주도하는 국가결핵관리체계가 갖추어져 있고 결핵관리프로그램이 운영되고 있으나 북한의 결핵 발병율과 유병률은 계속 증가하고 있다.

세계보건기구(World Health Organization, 이하 WHO)가 발표한「국가별 결핵현황 보고서 2021」에 따르면, 북한의 결핵 발생률은 인구 10만 명당 523명이며 전년도 대비 3천 명이 증가하였고 2020년 기준 북한의 총 결핵환자는 13만 5천 명으로 조사되었다(WHO, 2021). WHO는 매년 보고서에서 결핵 발병률이 높은 30개 국가를 고부담 국가로 분류하고 있는데 북한은 지난해에 이어 결핵과 다제내성 결핵 모두 고부담 국가에 들어갔다. 고부담 국가 중에서도 10만 명당 결핵 발생률이 500명 이상인 국가는 북한을 비롯해 레소토(650명), 남아프리카공화국(554명), 중앙아프리카공화국(540명), 필리핀(539명) 뿐이라고 보고하였다. 즉 북한은 결핵 고부담 국가 중 5번째 높은 결핵 발병국이다. 북한의 전년도 대비 결핵환자 비율이 증가하는 원인은 영양실조로 북한주민의 약 48%가 이에 해당되며, 높은 흡연율, 당뇨, 알코올중독이 그 다음 순으로 보고되었다(WHO, 2021). 해당국가의 식량사정이 결핵의 치료와 회복에 많은 영향을 미치는데, 북한의 경우 오랜 기간 식량사정이 개선되지 않고 있어서 상당 기간 결핵환자 치료에 많은 어려움이 지속될 것으로 예측된다.

증가하는 결핵 발생률과 함께 북한의 결핵을 퇴치하기 위해 소요되는 예산이 약 556억 원으로 산출되었으나 북한의 자체 예산은 이 중 약 30%만 충당할 수 있는 상황이었다. 이에 Global Fund to AIDS Tuberculosis and Malaria(GFATM)는 2010년부터 본격적으로 지원을 시작하였고 2017년까지 약 86백만 불을 북한의 결핵관리사업에 지원하였다. Global Drug Facility(GDF), United Nations International Children's Emergency(UNICEF), 유진벨 재단 등 여러 단체가 항결핵제, 검사실 강화, 환자 모니터링과 지원, 인력 개발, 홍보 등 결핵관리에 필요한 지원을 북한에 지원해왔다(Tuberculosis Research Institute of the Korean National Tuberculosis Association, 2018). 그럼에도 북한의 결핵환자 관리 상황은 개선되기보다는 내성, 다제내성 결핵이 새롭게 나타나는 문제가 발생하는 등 북한의 보건재정의 취약성으로 보건수요와 국제협조 사이 불일치 현상을 보이고 있다(Ministry of Unification, 2014). 게다가 GFATM는 북한당국의 분배 모니터링 등의 문제로 2018년부터 지원을 중단하다가 2019년 지원 재개를 결정하여 2020년 1월 들어서 북한당국으로부터 승인을 받았다(WHO, 2020). 이처럼 북한의 감염병 관리는 국제기구 재원에 의존하고 있으며, 결핵환자 발생률 등 보건의료관련 전반적 상황을 자체적으로 통제 관리할 수 없는 상황에서도 북한당국의 폐쇄적인 보건정책은 바뀌지 않고 있어서 북한의 결핵관리는 점점 악화일로에 놓여 있다고 볼 수 있다.

실제로 2000년부터 2019년까지 북한은 결핵 유병률을 인구 10만 명당 513명으로 일관되게 발표하고 있어(WHO, 2020) 북한당국이 WHO와 협력하여 제시하는 결핵관련 통계지표는 실제 자료에 기반하였다기 보다는 북한당국의 의도가 다분히 내포되어 있음을 예측하게 한다. 관련 자료에 대한 북한의 폐쇄성으로 유병률은 물론 북한 내 결핵관리의 실태를 확인하기 어렵게 한다. 북한 결핵관리에서 다양한 요인들이 복합적으로 작용하는지에 대한 문제점을 파악하기 위해서는 북한의 내부사정을 어느 정도 잘 알고 있으면서도 직접 결핵치료를 받은 경험이 있는 북한이탈주민 대상 연구를 통해 북한의 결핵관리에 대해 간접적으로 확인할 수 있다. 북한이탈주민에 따르면, 재북 당시 결핵을 치료할 때 공적 결핵관리체계 내에서 적절한 진단과 충분한 치료를 받지 못한 것으로 나타났다(Lee, 2017). 고난의 행군 이후 국가 주도의 무상치료가 불가능해진 북한에서 결핵환자들은 장마당에서 결핵약을 별도로 구입하여 복용하다가 증상이 사라지면 스스로 복약을 중단하거나 경제적 어려움이 있는 경우에는 민간요법에 의존하고 있었다. 증상 여부에 따라 결핵약 복용 또는 민간요법을 적용하거나 중단하는 것을 반복하는 가운데 결핵의 재발에 따른 재치료 경우가 점점 증가하는 것으로 확인되었다(Jeon, 2020).

북한에서 결핵환자의 재치료 비율이 증가하고 있는 문제점은 WHO의 북한 결핵 전수조사에서도 확인되었다. WHO는 Cough to Cure Pathway 모형(CCP 모형)을 이용하여 결핵의 치료과정을 단계별로 진단하고 결핵환자의 치료관련 장애요인을 파악함으로써 결핵관리의 치료성공 여부를 판단한다. CCP 모형은 1단계 증상인지, 2단계 병원방문, 3단계 진단과정, 4단계 치료시작, 5단계 치료유지, 6단계 치료완치 확인 검진의 여섯 단계로 구성되어 있다(WHO, 2010). WHO는 2015년부터 2016년도에 재정적, 기술적 지원을 통해 북한 전역의 결핵환자 전수 조사를 실시하였고 북한의 결핵환자 재발 사례에서 치료 성공은 감소하였다고 공식 발표하였다(WHO, 2016).

이처럼 북한이탈주민의 결핵치료 결과와 WHO의 공식적 발표가 일치하고 있는 점은 북한 내부 사정을 예측하는데 있어서 간과할 수 없는 요인이다. 게다가 북한에서 결핵치료를 받은 경험자들이 토로하는 북한의 결핵관리의 문제점은 2010년대 이후 오히려 공적 의료시스템의 역할은 퇴보하는 추세라는 것이다. 최근 10년 이내 결핵치료 경험이 있는 북한이탈주민들의 의견을 반영해보면, 북한에서 결핵을 진단하는 초기 단계부터 의료진의 전문성이 부족하고, 결핵균 배양을 통한 결핵약 선택이 담보되지 않았으며, 국가 주도의 결핵약 무상공급이 없다는 문제점이 확인되었다. 결핵균을 집중적으로 배출하는 활동기 환자는 결핵예방 관리를 위해 격리치료가 반드시 필요한 상황임에도 환자를 치료, 관리할 의료시설은 낙후되어 있고, 입원 시 식사와 부식품까지 환자가 조달해야 하는 현실적 어려움으로 격리의 필요성에도 불구하고 결핵환자는 입원치료를 기피하는 것으로 나타났다(Jeon, 2020; Lee, 2016; Min, Jeong, & Kim, 2015). 결핵은 공기전파로 불특정 다수를 감염시키는 질병의 특성상 감염원 차단과 예방관리 등 치료관리 체계가 붕괴되었을 경우에 결핵의 만연이라는 심각한 결과를 초래할 수 있다. 2020년 발생하여 2년 이상 장기화되고 있는 코로나바이러스감염증(코로나19) 상황 속에서도 북한은 세계적으로 유래를 찾아볼 수 없는 국경폐쇄라는 방역조치를 지속하고 있는 바 북한당국의 감염병 관리에 많은 의문점을 낳게 한다.

북한 내 사정에 대해 간접적으로나마 정보를 제공하는 북한이탈주민의 국내 입국인원은 2006년 이후 매년 2,000명 이상으로 꾸준한 증가세를 보였으나 2011년 김정일 사망으로 2012년 김정은이 집권한 이후 국경수비 강화 등 북한당국의 강력한 통제로 약 1,000여명 수준으로 감소하였다. 급기야 코로나19 감염병 발생에 따른 국가 간 이동이 제한적인 상황으로 변화하고, 코로나19에 대한 방역방법으로 국경폐쇄를 택한 북한의 상황으로 국내에 들어오는 북한이탈주민은 2020년 437명, 2021년 63명, 2022년 55명으로 급감하였다(Unification Education Center of the Ministry of Unification, 2022).

북한은 세계적으로 유래를 찾아보기가 힘든 3대에 걸쳐 세습 독재정권을 유지하면서 폐쇄적으로 외부 접근을 철저하게 차단하고 있는 상황이므로 북한 내부를 세밀하게 살펴볼 수가 없다. 다만 공식적으로 알려진 북한의 김정은 집권기 이후 보건의료분야에서도 평양을 중심으로 대형병원 설립과 의학연구소를 설립하는 등 일련의 변화를 보였으나(Kim, 2018, Shin, Lee, An, & Kim, 2016) 결핵과 같은 감염병 관리에 대한 획기적 변화는 감지되지 않고 있다. 그러므로 김정은 집권기 이후 북한에서 삶을 영위했었던 북한이탈주민의 결핵치료 경험을 살펴본다면, 최근 북한사회 보건의료관리체계가 정상적으로 작동되고 있는지 혹은 작동되지 않은 상황이라면 어떤 요인 때문에 보건의료상황의 문제가 발생되고 있는지를 파악할 수 있을 것이다.

이에 본 연구는 2012년 김정은 집권 이후 북한에서 결핵진단과 치료를 받은 북한이탈주민을 대상으로 CCP 모형에 근거하여 결핵 치료단계 이행 정도를 중심으로 그들이 경험한 북한의 결핵관리를 확인함으로써 북한 대상 결핵관리 지원과 한반도의 감염병 예방 및 대응을 위한 중재 개발을 위한 기초자료를 제공하고자 하였다.

2. 김정은 시기 북한 의료동향

북한은 2011년 12월 김정일 사망 후 3대 세습을 통한 김정은 정권[1]이 탄생하였고, 김정은은 북한의 최고지도자로서 과학기술을 중시하는 정책을 표방하면서 보건의료분야에서 평양을 중심으로 류경치과병원, 옥류아동병원, 류경안과종합병원과 같은 대형병원과 의학연구소가 건립되었다. 또한 의료기술적인 측면에서 한국의 원격의료와 유사한 '먼거리 봉사체계' 제도가 도입되어 의료서비스의 전산화 및 원격의료를 추진하는 등 획기적인 변화로 지방과 평양 중앙의 의료서비스 평준화를 시도하였다(Shin et al., 2016).

김정은은 집권 초기 2012년 7월 평양산원 유선종양연구소 현지지도를 시작으로 대형병원 건설에 수차례 현지지도를 나가는 관심을 보여주었고 약품공장과 주사기 공장, 보건산소공장에도 현지지도를 하였다. 이처럼 현지지도를 통한 대형병원 건설 추진은 과시적인 성과로 평가를 받는 분야이지만 김정은 집권 초창기에 적극적인 태도를 보인 것과는 달리 2020년 7월 평양종합병원 건설현장 방문 이후 보건의료분야 현지지도 동향은 더 이상 진행되지 않고 있다.

---

[1] 김정은은 2011년 12월 30일 조선인민국 최고사령관으로, 2012년 4월 11일 조선노동당 제1비서, 2012년 4월 13일 국방위원회 제1위원장으로 추대되어 북한 최고 지도자 자리에 올랐다.

<표 1> 김정은 집권기 보건의료분야 현지지도 현황

방문일자	방문장소	비고
2012.07.01	평양산원 유선종양연구소 현지지도	
2013.09.23	구강병원 건설장 현지지도	
2014.03.22	류경구강병원, 옥류아동병원 현지지도	
2014.11.08	정성제약종합공장 현지지도	
2015.10.01	정성제약종합공장 현지지도	
2016.05.27	류경안과종합병원 건설장 현지지도	
2016.05.30	새로건설하고 있는 보건산소공장 현지지도	
2016.09.24	대동강 주사기공장 현지지도	
2018.01.25	평양제약공장 현지지도	
2018.08.21	묘향산의료기구공장 현지지도	
2019.10.27	묘향산의료기구공장 현지지도	
2020.07.20	평양종합병원 건설현장 현지지도	

자료: 통일부 북한 정보포털 김정은 현지지도 동향 분석 자료 재구성.[2]

김정은 집권기 이후 건설된 병원의 특성을 살펴보면 구강병원, 안과병원, 아동병원 등 의료수요가 어느 정도 갖추어진 대상들에게 의료서비스가 제공되었을 가능성을 추측해 볼 수 있다. 이는 북한 당국이 정권유지에 필요한 핵심 지지층인 특권층을 대상으로 보다 발전된 의료서비스를 제공하려는 의도로 해석된다.

그럼에도 김정은 집권기 이후 '인민대중제일주의'를 강조하면서 보건의료분야에서 친 서민적인 행보의 사례를 찾아볼 수 있다. 2016년 제7차 당대회 중앙위원회 사업총화보고에서 김정은은 당시 조선노동당 제1비서 직함으로 "군인민병원들을 해당지역의 의료봉사 거점답게 꾸리고 리인민병원, 진료소들에 대한 물질적 보장사업을

---

2) https://nkinfo.unikorea.go.kr/nkp/trend/publicEvent.do, 2022.4.18. 검색

잘하여 주민들을 책임적으로 돌볼 것"을 중요한 과업으로 제시하였다. 이와 같은 보건정책이 주민들의 삶에 스며들고 있는지는 파악해 볼 필요가 있다. 실제로 김정은 집권기 북한에서 호담당의사 경험이 있는 북한이탈주민의 증언에 의하면, 김정은 집권 이후 인민들에게 수준 높은 의료서비스 제공을 위해 실력이 높은 의사를 호담당의사로 배치하도록 하였고 리·동 진료소와 군병원 단위별로 책임경영을 하도록 상부에서 지시가 내려왔다고 하였다. 그러한 시책으로 북한의 일부 병원 환경은 개선되었고 중앙에서부터 하부단위까지 '병원 진료소 꾸리기' 활동을 독려하여 국가 시책을 따르지 않은 지역의 진료소를 사진 촬영하여 공지하면서 행정적인 통제를 하였다고 하였다.[3] 게다가 2017년 이후 북한당국은 한국의 대학체제와 동일하게 하라는 지침을 하달한 후 의학전문학교 3년제는 의학대학으로 흡수하고 의학대학을 졸업하면 즉시 의사자격증을 주던 과거와는 달리 의학대학 졸업 후 지방에서 3년 간 현실체험 근무를 하도록 한 후 의사자격증을 수여하는 상황으로 변화하였다(통일부, 2020).[4]

한편, 북한은 1997년 고난의 행군기를 겪은 이후 지속된 경제적 어려움으로 북한의 의료전달 체계는 붕괴되었고, 특히, 일반 주민들이 이용하는 진료소와 인민병원 의료시스템이 상대적으로 많이 붕괴되었다. 그러나 간부들이 주로 이용하는 진료과는 상대적으로 양호하게 작동하고 있어 인민병원의 경우에는 간부와 일반주민 사

---

[3] 면담자: 북한이탈주민 여, 46세, 직업: 함북온성 종합진료소 호담당의사, 탈북일: 2016.9.
[4] 『2020 북한이탈주민을 통해 본 남북한 질병언어 소통 사례집』, p 74.

이 접근성에 차이가 나타나고 있다. 게다가 중상층과 간부급의 접근 기회가 높은 3·4차 의료체계는 1·2차 의료전달체계에 비해 상대적으로 양호한 상황이며, 평양과 대도시 및 지방 사이의 의료에 대한 물리적·경제적 접근권의 양극화가 심화되고 있는 가운데 평양 아동병원, 평양 구정병원 건립 등 특권층 중심의 의료시설은 확대되고 있는 상황이다.

이처럼 김정은 집권기 북한의 보건의료상황은 평양을 중심으로 대형병원 건설이 되면서 주민들에게 발전된 의료서비스를 제공하려는 의지를 드러냈으나 경제적 어려움이 지속되는 상황에서 지방에 있는 의료시설까지 개선이 되기까지는 여력이 닿지 않고 있는 실정이다.

북한의 의료실태의 근본적인 문제들은 전력, 상·하수도망, 식량 공급 등 기본적 사회적 인프라 마비로 인한 문제가 더 심각한 수준이다Min, Jeong, & Kim, 2015). 또한 무상치료제는 유명무실 해졌고, 각종 의약품 및 의료서비스가 거래되는 장마당이 주된 의료공급 시장이 되어 있으며, 주민들은 병이 생기면 병원보다 장마당을 먼저 찾게 되면서 가짜약의 사용과 약물 오남용, 마약중독 등 부작용을 겪기도 한다(Jeon, 2020; Lee, 2016; Min, Jeong, & Kim, 2015).

이와 같은 상황은 김정은 집권기 이전부터 북한의 보건의료상황이 개선되지 못하고 점점 나빠지는 구조적 현상을 초래하고 있으며, 과학기술을 접목한 보건의료의 발전을 추구하였으나 경제적 어려움으로 한계성을 드러내고 있다.

3. 김정은 시기 북한이탈주민의 결핵치료 경험

1) 결핵치료 경험자 특성

김정은 집권 시기에 북한에서 거주하는 동안 결핵을 진단받고 치료 및 관리를 경험한 북한이탈주민 10명으로, 남자 3명, 여자 7명이었으며, 10대 4명, 20대 2명, 30대 3명, 50대 1명이었고, 7명이 미혼이었다. 교육정도는 초급중학교 1명, 고등중학교 7명, 전문학교 1명, 대학 1명으로 총 9명이 고등중학교 이상 졸업한 고학력자였다. 북한 당국이 지정한 직업분포 상 가정주부 2명, 간호원(간호사의 북한식 표기)은 2명, 군인 1명, 근로자 3명, 사무직 2명으로 나타났다. 거주 지역 분포는 함경북도 4명, 양강도 4명, 평안북도 1명, 함경남도 1명으로 국경지역 거주 분포가 높았다. 참여자 모두 2016년 이후 탈북하였으며, 국내 입국은 2020년 4명, 2019년 4명, 2018년 1명, 2016년 1명으로 나타나 비교적 최근 입국자 비율이 높았다. 이들의 제3국 체류 경험은 중국과 태국, 캄보디아, 미얀마 등 1~2개 국가를 거쳐서 남한으로 입국한 것으로 나타났다. 참여자의 재북 시 결핵 발병 연령은 평균 27.8세로, 젊은 연령층의 성인기에 결핵이 발생하고 있음을 알 수 있으며, 이들은 탈북 이후 모두 결핵재발을 경험하였다.

〈표 2〉 인터뷰 참여자

구분	성별	발병 연령대	출신지	진단병원	진단명
참여자1	여	50대	함북	철도병원, 결핵예방원	폐결핵
참여자2	여	30대	양강도	인민병원	폐결핵
참여자3	남	30대	양강도	결핵예방원	폐결핵

구분	성별	발병 연령대	출신지	진단병원	진단명
참여자4	여	30대	양강도	인민병원	림프결핵
참여자5	여	20대	함남	시병원	폐결핵
참여자6	여	20대	함북	광산병원	림프결핵
참여자7	여	10대	함북	시병원	림프결핵
참여자8	남	10대	양강도	군대병원	폐결핵
참여자9	남	10대	평북	결핵병원	결핵성 늑막염
참여자10	여	10대	함북	구역병원	결핵성 늑막염

2) 결핵치료 단계별 파생되는 문제점

북한이탈주민이 재북 당시 경험한 결핵관리 경험을 'Cough-to-Cure Pathway 모형'[5]에 기반하여 분석한 결과, 단계별로 결핵치료 문제점이 나타났다.

(1) 1단계: 결핵증상 인지

CCP 모형 1단계는 결핵증상을 인지하는 것이다. 북한의 보건의료체계 내에서 북한이탈주민은 결핵 증상에 대한 지식이 매우 부족하였고, 결핵치료 후 재발의 가능성 또한 알지 못하였다.

① 결핵증상에 대한 지식부족

연구 참여자 전원은 결핵을 증상, 특히 초기증상에 대해서 정확하게 인지하기 못했다. 대다수는 감기 정도로 생각했으나 기침, 미열, 호흡곤란 증상이 진행되어 병원을 방문하는 중에도 결핵을 의

---

[5] 'Cough-to-Cure Pathway 모형'은 2008년도 세계보건기구에서 제시한 치료모형이다.

심하지 않았다. 일부 참여자는 군 복무 중에 증상을 인지하지 못하는 상황에 건강검진으로 결핵을 진단 받은 사례도 나타났다. 또한 참여자들은 결핵은 못 먹는 사람이 걸리는 병이며 부자는 결핵에 걸리지 않는다는 믿음을 표현하였다.

> 이제 2월에 감기 왔어요. 일 보러 왔다 갔다 하다가. 감기 온 걸 어쨌다 하니까 거기 왔다 갔다 하면서 치료 못하고 그냥 지속했어요. 그러면서 폐농양이 왔단 말이에요. (중략) 그냥 결핵인 거는 몰랐어요. (참여자1)

> 그래가지고 몹시 열나고 갈비 통증이, 통증이 있어가지고 이렇게 자리 눕기도 힘들고 앉기도 힘들고 기침하기도 힘들고 몹시 아팠거든요. 그때까지는 결핵으로 생각 못했어요. (참여자2)

> 기침하는데 가래에 피가 나와서 처음에는 결핵을 생각 못하고 놀라서 (중략) 가래 생기고 사람이 여의고 마르고 하는 병으로 알고 있었습니다. 결핵은 다 개방성 아닌가요? 폐에 결핵이니까. (참여자5)

② 결핵재발에 대한 지식부족

연구 참여자는 결핵은 한번 걸려서 치료를 받고 완치되면 재발하지 않는 병이라고 알고 있었다.

> 이제 나았다가도 또 결핵 올 수 있어요? (중략) 제가 알고 있는 결핵 상식은 석회화되면 그 결핵 부위가 땅땅하게 굳어지잖아요. 그러면 여느 좋은 폐보다 더 좋다고 들었거든요. 북한에서는 의사들이 폐가 석회화되면 어느 폐보다도… 결핵 병원에서도 그렇게 이야기하더라고요. 석회화되면 어느 폐결핵 안 걸린 사람보다도 폐가 더 좋아서 절대 결핵이 두 번 다시는 안 온다고 면역력이 강해서 결핵균이 다 소멸되고 없다고 그렇게 이야기하더라고요. (참여자1)

저는 그렇게 치료를 열심히 했는데 또 재발하니까 나중에… 다시는 선생님들이 안 한다고 그러던데. 갑자기 재발 하니까… 전 너무 놀라워가지고. 아니 약을 10개월 먹었는데 어떻게 재발할 수 있는지…
(참여자3)

(2) 2단계: 의료기관 방문

CCP 모형 2단계는 결핵증상을 인지하고 의료기관을 방문하는 것이다. 결핵증상을 인지하지 못했지만 건강에 이상이 발생하였다고 생각한 참여자는 보건의료체계 내 의료서비스를 탐색하였다. 평소와 동일하게 거주지 내 1차 병원을 찾기도 했으나 지속적인 결핵관리에 필요한 추가검진 등 치료를 위해 2단계, 3단계 단계를 밟아 병원진료를 받기보다는 원활한 진료를 위해서 인맥을 동원해야 했다.

① 결핵전문 진료체계의 미작동

북한의 국가주도 결핵관리체계는 보건성의 결핵관리프로그램을 중심으로 보건성 산하 중앙의약품관리소와 중앙결핵예방원 및 군병원, 도 병원 등으로 구성되어 운영된다고 알려져 있으나 보건재정의 취약성과 국제지원의 중단으로 제대로 운영되고 있지 못하다. 참여자들은 그런 사실 조차 알지 못하였다. 다만 북한이 주장하는 무상진료체제 하에서 결핵이라는 건강문제가 발생한 참여자들은 결핵전문 진료체계가 아닌 일상적인 진료과정을 거쳤다. 리, 동, 군, 도 단위의 순서대로 병원을 방문하고 거주지 인근 병원에서 결핵 진단을 받았으나 결핵전문 치료를 위한 2차, 3차 의료기관으로 방문은 이행되지 않았다.

북한은 동마다 담당 의사. (종합)진료소 담당 의사들이 있어요. 그런데 그게 그 시스템은 그게 운영이 안 되거든요. (중략) 그런 체계가 있지만 주민들 자체가 그게 너무 운영이 되질 않다보니까 그런 체계가 있는 줄도 잘 모르고. (참여자3)

제가 이렇게 앓고 보니까 병원에 가니까 아 병원에 이런 절차(결핵전문치료절차)가 있었네 이렇게 알게 되지요. 저 뿐만 아니라 북한사람들 보면 이러한 절차를 모르는 사람들이 좀 많거든요. (참여자2)

거기 갈 생각은 전혀 안 들어서 안 갔습니다. (결핵치료전문병원이) 제3예방원인가 제2예방원인가 그랬습니다. 다른 사람들도 별로 가고 싶지는 않지만 사는 게 힘든 사람들은 거기 가야만 약을 주니까 거기 입원하고 좀 사는 게 괜찮은 사람들은 거기 안가고 자체로 다 약을 사서 먹습니다. (참여자5)

② 인맥에 의존한 치료

연구 참여자 중 일부는 건강에 이상이 생겼다고 생각하여 거주지 인근 의료기관을 방문하였고, 병원에서 결핵을 처음 진단받고 난 이후에는 종합진료소라는 1차 의료기관부터 2, 3차 의료기관 등 단계별로 진료를 받기보다 주변에 잘 아는 의사를 찾아 인맥에 의존하여 결핵을 관리하였다고 하였다. 북한은 모든 보건의료시설을 국가가 소유하고 관리·운영하며 중앙집권적인 통제방식으로 북한 주민 모두에게 보건의료서비스를 무료로 제공하는 형식이다. 하지만 공식적인 진료체계에 따라 병원 진료를 받기 위해서는 까다로운 절차를 밟아야 하고 무상으로 제공되는 결핵약은 부재하였으며 인사 비리로 칭하는 뇌물을 사용하지 않고서는 다음 단계의 진료로 넘어가기 어려웠다. 따라서 쉽게 진료를 받기 위해 병원 내 인맥을 찾게 되었고 나아가 병원이 아닌 가정 등의 사적 영역에서 인맥에 의존한 진료를 받게 되었다.

> 북한은 국가에서 다 치료해주는 것으로 법은 되어있지만 약을 주는 거는 처음에는 문건 같은 거를 만들어 오라고… 도츠약을 먹어야 된 다고 해서 저는 약을 사먹었습니다. (중략) 어떤 다른 병으로 치료하 자 해도 수술을 해도 모든 거를 병원에 있는 약국에서 몽땅 다 사야 합니다. 병원비는 안 드는데 뢴트겐 찍을 때 3,000원, 5,000원 정도 줬 습니다. 전기가 잘 들어오지 않아서 뢴트겐 발동 발전기를 돌려야 해주니까 그 기름값으로 3,000원을 더 냈습니다. (참여자10)

> 그냥 의사한테 되게 잘 보이면 되는 거예요. 그냥 주는 경우도 있고 아니면 자기대로… 대체로 사람들이 다 자기들로… 좀 높은 데 있는 의사를 알거나 그러면 병원에도 약 가지고 있거든요. (유니세프라고 써있는) 국가약이나 이런 거. (참여자5)

> 그때는 내가 의사한테다가 여비까지 다 인사하는 인사비까지 구매했 던 것도 이백 원으로 다 그 정도 들었어요. (참여자7)

> 저거 뭐 또 사람이 필요하면 의사를 부르거든요. 하루 이렇게 집에 와서 약 투입해주고 이렇게. 북한 돈 5천 원이면 되거든요. 5천 원 주 면 (의사)선생이 집에까지 와서 이렇게 해주고 가거든. (참여자6)

(3) 3단계: 진단과정

CCP 모형 3단계는 결핵과 관련된 진단검사를 시행하는 것이다. 결핵증상과 함께 의료기관을 찾은 참여자는 진단을 위한 검사를 받고자 하였으나 낙후된 결핵검진 시스템, 검진과 진단이 가능한 요인의 존재, 예방을 위한 검진은 상당히 미흡하다는 것을 알게 되 었다.

① 낙후한 결핵 검진체계

북한에서 결핵을 진단할 수 있는 병원인 구역병원, 시병원, 결핵예방원에서 결핵을 진단 받기 위해서는 장시간 기다리는 것은 당연한 수순이었다. 이들 병원에서는 X선 투시도(뢴트겐) 검사만으로 대부분 결핵을 진단했다. 하지만 북한의 전기사정으로 전기가 공급이 되어야만 방사선 촬영을 할 수 있고, 전기 공급을 위한 발전기를 돌리기 위해서는 결핵을 진단받고자 하는 환자가 비용을 지불해야 했다. 참여자 중 1명만이 객담검사를 통해 결핵을 진단받았고, 나머지는 뢴트겐 검사를 통해 결핵을 확진 받았다. 더욱이 진단과정에서 의사의 잦은 오진단과 부정적인 결과를 경험했던 참여자들은 의사의 진단결과를 신뢰하지 않은 것으로 나타났다.

그 병원이 정해준 절차대로 기다려서 그 사진을 찍고 이렇게 하면 어쨌든 시간이 많이 소비되고. 사람 육체적으로 좀 고달프거든요. (참여자3)

○○시 병원이나 그런데는 들어보면 엑스레이 한번 찍으려고 해도 이렇게 휘발유 없어 발동기가 필요하면 발동기가 필요하고 (중략) 며칠씩 기다려서 엑스레이 찍고 그래요. 전기가 없어서. (참여자8)

뢴트겐 했는데… 혼자 방 썼죠. 뢴트겐했는데 공동이다. 이렇게 하는데 대개 북한사람들이 보통 보면 의사들을 잘 믿지 않거든요. 그니까 막말로 말해서 의사보고 수의사라 하거든요. 너무 이렇게 의사들이 무능한 경우가 많고 진단 잘못 내려서 사람들이 피해 보는 게 많고 그러다보니까 저도 그걸 믿지 않았거든요. 그 의사가 이렇게 촬영을 해가지고 공동이 나왔다. 그걸 안 믿었거든요. (참여자2)

② 검진과 진단이 가능한 요인: 연줄과 뇌물

북한에서 결핵을 진단받으려면 검진과 진단이 가능한 요인이 있어야 했다. 무상진료와 호담당의사제를 중심으로 보건의료체계가 구성·운영되고 있으나 진료를 받고, 진단을 받기 위해서는 병원에 아는 사람이 있어야 하고 그마저도 어려우면 뇌물을 사용해야 하는 상황 속에 놓여있었다. 참여자들은 이를 북한에서는 연줄이 있으면 어떤 병도 치료 받을 수 있는 구조라고 표현하였다.

> 거기 가서 그런 이렇게 한번 뢴트겐 촬영해 봤어요. 그런데 거기서 뢴트겐 촬영하면서 제가 그냥 그때는 좀 직위가 있으니까 의뢰서 그런 거 없이 그냥 원래는 단계별로 들어갔다 구역 병원에서부터 다 이렇게 다 진료기록을 가지고 가야 하는데 그냥 가서 뇌물 보이고 그냥 봤어요. 그 선생은 또 이렇게 줄 놔가지고 알아서. 가서 이렇게 뢴트겐하고 이상 소견이 있다고 해서 피 검사를 다 하라 해서 피 검사, 가래 검사 이렇게 했어요. (참여자1)

> 그리고 진료도 보려면 내가 좀 빨리 보고 싶으면 의사한테 이렇게 뇌물 좀 고여야 하고… 돈만 있으면 그냥 되죠. (참여자8)

> 공짜라긴 하는데 그래도 양심껏 뭐 하나 줘야지 그래도 잘해주지. 아무것도 안 주면 좀 눈총 받고 그러면은 기분이 더러워서 아무래도 치료를 잘 받겠는지 모르겠네요. (참여자8)

③ 예방을 위한 검진의 미흡

연구 참여자는 북한에서는 정기적인 건강검진 체계가 없으므로 많은 사람들이 결핵을 사전에 찾아내지 못하고 결핵에 걸린 줄도 모르고 사람들이 이곳저곳을 다니면서 병을 전파해서 결핵환자가 많아지는 것 같다고 하였다.

결핵이 있는지 없는지도 잘 모르는 사람이 가득해요. 완전히. 그러니까 그 결핵이 계속 확산되고 그러니까 그거 어떻게 다루지를 못하는 거죠. 아무리 소독을 잘 한다 해도 부모님이 내가 결핵환자인 거 뭐 본인 자체도 모르고 어느 공동 장소에 가서 이야기하고 같은 장소에 앉아서 밥을 먹고 이르면 그 옆에 사람이, 그 사람이 개방성 결핵이면 여러 번 앉아서 먹게 되면 옮게 됐죠. 그 옆에 사람도 결핵을⋯ (참여자10)

그런데 저희 엄마 언니가 제가 앓고 나서 결핵이 걸렸다고 하더라고요. 그런데 저희는 그 큰엄마랑 잘 연락이 없으니까⋯ 북한에 있을 때 저한테서 옮지 않았냐고. 그걸로 이 주변에서 그러고 말하는데 저는 이렇게 옮기는 게 아닌데. 큰어머니가 결핵이 걸렸다고. (참여자3)

(4) 4단계: 결핵치료 시작

CCP 모형 4단계는 결핵치료를 시작하는 것이다. 결핵증상과 함께 병원을 방문하여 여러 환경적 어려움 속에서도 결핵을 진단받아 치료를 시작하게 되었지만 결핵 치료를 위한 격리의 필요성에 공감하지 못하였고, 무상치료가 부재한 상태에서 병원 이외의 장소에서 약물을 구입, 복용해야 하는 상황 속에 자가치료를 하는 것이 대부분이었다.

① 통제하지 않는 격리치료

군대병원에서 결핵을 진단받고 격리치료를 받은 참여자를 제외하고 대부분의 연구 참여자는 활동성 폐결핵을 진단 받고 격리치료가 필요하다는 의사의 설명을 들었으나 입원 치료를 기피하였다. 격리병동은 거주지에서 상당히 떨어져 있는 지역에 위치할 뿐만 아니라 다른 결핵환자와 함께 지내야 하며, 필요한 약은 사비로 구입해서 복용해야 하는 상황 속에서 폐결핵을 진단받은 참여자들은 결핵약(북한에서는 결핵약을 '도쯔약' 또는 '도쯔'로 칭함. 도쯔약은 Directly Observed Treatment System의 약어인 DOTS를 그대로 발음한 표현임)만 복용하는 치료를 선택하였고 그 마저도 증상이 사라지면 복용을 중단하였다.

> 침윤성 폐결핵. 그렇게 나오더라고요. 잠깐 이렇게 폐에 이렇게 병조(병변)가 있다고 하더라고요. 그 정도 알고 와서 집에서 그냥 약을 먹었거든요. (중략) 근데 그, 솔직히 병원에서 주는 약이 아니고 개인들한테서 이렇게 장마당에 나가서 구입해서 이렇게, 그 도쯔. 결핵약. 북한에서는 도쯔라고 하거든요. 결핵약을. 그거를 3일을 먹었거든요. (참여자3)

> 인민반마다 그 담당의사가 있다고 하지 않았어요? 그런데 결핵이다 이렇게 하면 결핵병동에 가서 격리시키고 이렇게 하게 돼 있어요. 그런데 그게 지금 안돼요. (참여자2)

> 입원치료? 전혀 안했습니다. 병원 상황도 안좋고, 결핵 같은 전염병 환자는 농촌 같은 곳에 따로 격리를 하는 곳에 가야하니까 거기 갈 생각은 전혀 안 들어서 안 갔습니다 (중략) 좀 사는 게 괜찮은 사람들은 거기 안가고 자체로 다 약을 사서 먹습니다. 북한은 국가에서 다 치료해주는 것으로 법은 되어있지만 약을 주는 거는 처음에는 문건 같은 거를 만들어 오라고 하지만 잘 안해가고 도쯔약을 먹어야 된다고 해서 저는 약을 사먹었습니다. (참여자5)

② 공적 보건의료체계의 미작동

북한은 공적 보건의료체계에 의한 무상치료를 표방하고 있으나 결핵 치료를 시작한 연구 참여자 중 병원에서 약을 받은 경우는 2

명에 불과하였다. 군대병원에서 결핵을 진단받은 참여자는 병원 입원기간인 4개월 간 무상으로 치료를 받았으나 퇴원 후 통원 치료 시 개인적으로 약을 사서 복용했다. 활용할 수 있는 인맥이 있는 참여자는 복용해야 하는 약의 일부는 무상으로 지급받았으나 나머지 결핵약은 자비로 구입하여 복용해야 했다. 다른 참여자들은 병원에서 결핵약을 무상으로 지급하지 않아서 자비로 약을 구입하여 복용하였으나 증상이 호전되면 복용을 중단하여 완전한 결핵 치료를 기대하기 어려웠다.

> 그거를 하루도 빠짐없이 (중략) 그 다음에 병원에 가서 검사 한 번 받았었고. 그 다음에 한 번 받고. 약을 한 달 치를 더 줬어요. 저한테 (중략) 반 년, 한 다섯 달 먹은 것 같아요. (참여자4)

> 폐에 상처가 그대로 있다고 해서 다시 4가지 약 먹자고 해서 다시 먹었습니다. 그 약을 3달 동안 먹었고, 다시 두 가지 약을 쭉 먹어서 탈북 할 때까지니까 10월까지 먹었습니다. 총 1년 3개월 먹은 거 같습니다. (참여자5)

> 저는 병원에 아는 지인이 있어서 병원에서 약을 줬어요. 무료로 주기도 하고 안주기도 하는데 저는 치료기간 동안 병원에서 주는 약을 받아서 먹었어요. 병원 사정이 별로 안좋아서 병원에 약 재고가 많지 않다고 했어요. (중략) 병원에서 주는 약으로 5개월 먹었고, 주사도 4개월 정도 엉덩이 주사를 맞았어요, 이름은 미찐이라는 주사에요. 그리고는 괜찮다고 다른 약 먹어도 된다고 해서 2개월은 밖에서 사먹으라고 해서 2개월 사먹고 7개월 치료했어요. (참여자9)

(5) 5단계: 결핵치료 유지

CCP 모형 5단계는 결핵치료를 유지하는 것이다. 결핵의 완치를 위해서는 진단 이후 처방에 따른 꾸준한 치료가 필수불가결하다. 특히 증상의 완화가 아니라 결핵균이 모두 사멸할 때까지 항결핵제를 복용하는 것이 무엇보다 중요하나 참여자들은 북한에서 결핵약 복용을 관리 받지 못하였다. 무상치료가 이루어지지 못하는 상황 속에서 결핵약에 소요되는 비용을 감당하기 어려웠고, 결핵약에 대한 잘못된 인식으로 증상이 있을 때만 약을 복용하는 상황이 반복되었다.

① 결핵치료 관리체계의 부재

연구 참여자들은 결핵 진단 후 결핵약 복용과 추후검사 등에 대해 관리를 받지 못하였다고 하였다. 참여자 중 4명만이 6개월 이상 결핵약을 복용하였고, 나머지 6명의 결핵약 복용기간은 2개월에서 4개월 미만으로 나타났다. 결핵 치료과정에서 한 두 달마다 병원을 방문한 참여자는 1명에 불과하였으며 이마저도 병원에 있는 지인으로부터 결핵약을 수령하기 위함이었다. 결핵 치료과정에서 결핵 증상의 호전여부를 확인하기 위한 진단 후 4개월 만에 검진을 받은 참여자도 1명에 불과하였다. 한 참여자는 결핵 진단 시 처방 받은 결핵약을 6개월 동안 복용한 후 병원을 방문하여 뢴트겐 검사를 받고, 증상이 악화되었다는 의사 소견이 있었으나 참여자 자신의 판단 하에 결핵약을 4개월 더 복용하였다.

> 이소(isoniazid)는 그냥 좀 자주 먹었고 그리고 그 에탐부톨(ethambutol)
> 하고 뚜보는 좀 심할 때 봄하고 가을 그때 저 먹고 봄하고 가을에.
> 그리고 이따금씩 시간 되면 가서 뢴트겐 보면 또 괜찮다면 또 괜찮

은 거 하고. 또 재발하면 또 먹고. (참여자6)

북한의 몸 검진 절차들은 다 서 있어요. 결핵 감염에 대한 주민 검진, 건강검진 이게 다 서 있거든요. 서 있는데. 거기 제가 있어도 말씀을 올렸듯이 그 시스템들이 운영이 되지 않거든요. 그니까 주기적으로 사람이 제가 아프면 가서 검진을 받아야 받고 이렇게 해야 되겠는데 거기에 대한 검진을 못 받고 어쨌든 이 의료 이게 잘 다 시행이 되지 않고 있거든요. 그러니까 그게 좀 시행이 되면 결핵 치료나 모든 비용, 예방 관리에서 좋죠. (참여자2)

얼마나 호전되는지 보려고 보름 만에 한 번씩은 갔던 거 같아요. 그 때마다 뢴트겐 촬영만 하고 왔어요. 처음에는 호전이 엄청 빠르게 돼서 4개월 만에 공동이 다 메워졌다고 한 거 같아요. (참여자9)

② 경제적 어려움이 가중되는 결핵치료

공적 보건의료체계의 미 작동으로 연구 참여자들은 결핵 진단 후 결핵약을 자비로 구입하여 복용하게 되었다. 하지만 장마당 등에서 구입하는 결핵약은 고가였고, 자비로 구입하는 경우 매우 큰 부담으로 작용하였다. 결국 돈이 없어서 결핵약 복용을 중단했었다고 표현하였다.

비싸죠. 솔직히 하루에 1만 8천 원이면 좀… 부담스럽죠. 한 달에 300위안을 받았는데, 인데 100위안당 15만 원 수준입니다. 어, 그러니까 이렇게 30~40만 원을 벌어서 하루에 약값을 1만 8천 원을 내는 건 엄청난 부담이었어요. 근데 버는 게 너무 힘들다보니까 (참여자7)

사실 UN에서 들어온 약이 병원에 있지만 돈을 내야합니다. 결핵약을 3일분, 10일분씩 돈이 준비되는 대로 사서 복용하고 주사도 맞았어요. 40대 전직 간호원 출신 약장사에게 3개월 약과 주사치료를 했는데 몇일씩 약을 중단하기도 했지요. (참여자6)

힘들죠 뭐. 지원하는 게. 돈이 치료를 못하는 사람도 많고 그렇죠 뭐.

북한에서 본인이 돈만 있으면 결핵약을 언제든지 사먹을 수 있죠.
(참여자10)

③ 결핵약에 대한 불신과 약물 오남용

대부분의 연구 참여자는 결핵약 복용에 대한 정확한 정보를 제공받지 못했고 북한에서 규격화된 결핵약으로 통하는 도쯔약은 무조건 몸을 망친다는 불신감을 드러냈다. 뿐만 아니라 결핵약을 다른 용도로 사용하고 있다고 하였다.

북한 사람들이 대개 보면 도쯔가 몸에 맞지 않거든요. 그러니까 UN 기구에서 이게 들어오는 약이지만 (중략) 그런데 도쯔를 먹고 회복한 사람들이 오늘을 넘기지 못하고 다 죽거든요. 그 원인을 보면 북한 사람들이 먹지 못하고 그러니까 체질상 조금 약하거든요. 그러니까 저기 결핵약, 도쯔가 저기 간을 패… 친다고 하더라구요. 간이 나빠진다고. 그러니까 사람이 약하지, 허약한 상태에서 그 약을 복용하니까 어쨌든 결핵은 나아지지만 한쪽의 간이 타격 받아서 어쨌든 연결로 많이… 지장을 받는 것 같아요. (참여자5)

이소니아지드(isoniazid) 약은 임신중절을 위해서 쓰이기도 하고 개한테 물리면 항생제로 쓰이는 약입니다. (참여자6)

④ 결핵치료에 민간요법 및 마약 사용

북한에서의 결핵 진단 및 치료는 공적 보건의료체계 내에서 관리되지 못하고 있었기 때문에 참여자 대부분은 민간요법 등 다른 방법을 흔히 고려한다고 하였다. 북한에서 결핵을 주변에서 흔히 볼 수 있는 '대중화된 병'으로 인식하고 있고, 잘 먹으면 낫는 병이라고 여기기 때문에 결핵약보다는 민간요법이나 영양을 보충하는

것이 중요한 일로 받아들인다고 하였다. 이에 참여자는 결핵치료를
위해 한의학의 약침을 병행하여 늑막염을 감소시키는 치료를 받기
도 하고, 효과가 있다고 알려져 있는 여러 다양한 민간요법을 시도
하기도 하였다. 의료진이 민간요법의 사용을 권유하기도 하고 잘못
된 정보로 마약류를 결핵치료를 위해 사용한다고 하였다.

> 언니가 외과 의사였는데 산부인과에 부탁해서 페니(penicillin)를 맞
> 으면서 출산 후에 나오는 태반을 12개 구해서 먹었지요. 그래서 결핵
> 치료를 받으면서 영양을 공급하기도 했어요. (중략) 도병원 3연구실
> 이라는 게 있는데 그 약제사 선생을 내가 소개받았어요. 그러니까
> 민간으로 명태 기름, 명태 애로 낸 간유 기름으로 하면 더 효과가 좋
> 다 이러더라고요. (참여자1)

> 친한 친구가 결핵으로 이뚜를 복용하면서 친구어머니가 빙두(아편)
> 를 하도록 권유해서 빙두까지 하는 것을 목격했어요(참여자6)

(6) 6단계: 결핵완치 판정

CCP 모형 6단계는 결핵완치 여부를 판정하는 것이다. 결핵 진단
에 이은 약물복용 등의 치료와 정기적인 검진 등의 관리를 통해 결
핵이 치료되었는지를 확인하는 것이나 진단시기를 놓치거나 불완
전한 약물복용, 미흡한 추후검진 등으로 일단 진단된 결핵은 완치
되지 못한 채 계속적으로 전염되어 결핵환자 수를 기하급수적으로
늘리고 있었다.

① 불완전한 결핵 치료

참여자 전원은 북한에서 거주하는 동안 결핵을 진단받고 치료를

받았으나 결핵완치를 판정받지 못했다. 결핵 진단 후에 결핵약만 복용하는 것으로 치료를 하였고 임의로 약물복용을 중단하였으며, 관련된 추후검진 등은 부재하였다. 참여자 중 탈북 후 남한에서 검진을 받아 결핵이 재발한 경우도 6명이 있었다. 특히 1997년 결핵을 처음 진단받고 간헐적으로 결핵약을 장복하였으며, 결핵은 한번 진단 받게 되면 면역이 되는 병으로 알고 있는 등 결핵에 대한 지식부족과 약제 내성 문제 등 총체적으로 결핵관리의 문제점을 드러냈다.

> 예. 한두 달 조금 더 치료받고 결국… 완치됐다. 그저 이소(isoniazid) 조금 씩 먹으면 되겠다. 이소를. 하루에 정상적으로 먹으면 되겠다는 걸 솔직히 먹지 않은 것 같아요. (참여자2)

> 결핵은 잘 먹고 결핵병원 선생들 자체가 한 번 이소(isoniazid), 뚜보, 에탐부톨(ethambutol) 이렇게 해서 아예 강력 한 두어 달 동안 그때도 내가 그걸 나았다고 생각한 거가 한 석 달 동안 본격적으로 먹자 해서 한 달 먹고 또 촬영해보고 그다음에 또 두 달 먹고 촬영해보고 근데 석 달 째는 아예 다 없어졌다고, 피검사도 결핵균이 없다고 했거든요. 그때 그랬다가 또 다시 감기 걸리니까 생겼단 말이에요. (참여자6)

> 약을 자주 나눠주면서 자주 검사를 해야 되는데 그런 게 없어요. 북한에는. 본인이 가야만이 아니 결핵이다, 아니 치료해야 된다 하는 거 알려주니까. 그게 방점이 되서 결핵 치료나 관리가 안 되죠. (참여자7)

② 치료결과인 결핵재발

재북 당시 결핵을 진단 받고 치료를 받아 완치가 되었다고 믿었던 북한이탈주민은 탈북 이후 남한에서 결핵재발을 경험하였다. 이러한 자신들의 결핵 치료결과는 북한에서 흔하게 볼 수 있는 것이고 결핵에 대한 예방적 진단 및 치료가 제대로 이루어지지 않는 상황에서 알게 모르게 결핵환자가 점점 많아져 결핵이 일상이 되고 있다고 하였다.

> 네 많습니다. 동네마다 한 10명에 한명 정도는 결핵 같습니다. 어떤 사람들은 치료해서 낫지만 어떤 사람들은 장기적으로 만성으로 10년 이상 계속 앓는 사람들이 많습니다. (참여자5)

> 우리 북한은. 건강검진이다 이런 거 몰라요. 북한에는. 그니까 내가 결핵이 있는지 없는지도 내가 본인이 몸이 아파야만이 가서 알 수 있으니까. 그러니까 계속 결핵이, 결핵환자가 퍼질 수밖에 없어요. (참여자7)

> 결핵이 있는지 없는지도 잘 모르는 사람이 가득해요. 완전히. 그러니까 그 결핵이 계속 확산되고 그러니까 그거 어떻게 다루지를 못하는 거죠. 아무리 소독을 잘 한다 해도 부모님이 내가 결핵환자인 거 뭐 본인 자체도 모르고 어느 공동 장소에 가서 이야기하고 같은 장소에 앉아서 밥을 먹고 이르면 그 옆에 사람이, 그 사람이 개방성 결핵이면 여러 번 앉아서 먹게 되면 옮게 됐죠. 그 옆에 사람도 결핵을… (참여자10)

4. 나오며

김정은 시기 북한에서 거주할 당시에 결핵 진단과 치료를 경험한 북한이탈주민을 대상으로 CCP 모형에 기반한 결핵 치료단계 이행 정도를 내용 분석한 결과 다음의 상황을 확인할 수 있었다. 결핵치료 6단계 이행과정에 총 15개 하위주제로 결핵치료 관리 문제점이 도출되었고, 연구 참여자 10명 모두 불완전 결핵치료라는 결과는 물론 탈북 후 검진에서도 다수가 결핵재발을 경험한 것으로 나타났다.

남한에 거주하는 북한이탈주민의 결핵 유병률은 3.0%로 수준으로 남한주민의 30배에 이르러(Korean National Tuberculosis Association, 2018) 탈북과정에서의 여러 사정을 고려하더라도 북한주민의 높은 결핵유병률을 짐작하게 한다. 더욱이 1990년대 중반 고난의 행군 이후 북한의 공적 보건의료체제는 붕괴된 것으로 보고되고 있어(Seo et al., 2015) 북한의 결핵관리체계에 대한 확인이 필요한 시점이다. 특히 김정은은 집권 이후 과학화 등을 주창하면서 대형병원 등을 건립, 보건의료부분의 재건을 중요한 보건정책으로 내세웠으나 코로나19의 발생 및 폭증에 따른 국경봉쇄로 대표되는 폐쇄적인 방역으로 북한의 보건의료의 질 저하는 명약관화 하다. 북한의 경우, UN, WHO 등 여러 공식적인 보고 자료와 같이 높은 결핵 발병률과 재발률 등으로 어려움을 겪어왔고, 객관적 지표에 대한 부정확성의 논란으로 인해 북한에서의 결핵 및 결핵관리에 대한 내부자의 경험을 확인할 필요가 있었다. 이에 본 연구는 2012년 이후 김정은 집권기 북한의 결핵관리에 대한 실질적인 이해를 위해 북한 거주 당시 결핵을 진단 받고 북한의 공적, 사적 보건의료체계 내에서 결핵을 치료, 관리한 경험이 있는 북한이탈주민 10명을 대상으로 WHO에서 제시한 CCP 모형에 기반하여(WHO, 2010) 6단계인 결핵증상 인지, 의료기관 방문, 진단과정, 치료시작, 치료유지, 완치판정의 이행 과정을 살펴보았다.

연구결과, 북한이탈주민 10명은 재북 당시 종합진료소, 리 병원, 군 병원, 군대병원 등 다양한 의료기관에서 결핵을 진단받고 치료를 진행하였으나 의료기관에 의한 완치 판정 없이 자의적으로 치료를 중단하여 결핵을 완치하지 못했음을 확인할 수 있었다. 참여자들은 결핵증상 인지 단계부터 병원방문과 완치를 위한 첫 걸음인 진단에서부터 치료시작, 치료 유지, 완치판정 등 CCP 모형의 모든 단계에서 어려움을 겪고 있어 적절한 결핵관리를 받지 못함을 확인할 수 있었다. 참여자들은 결핵의 증상 및 재발 가능성에 대해 잘 알지 못하였고, 증상을 인지한 후 찾게 된 병원에서는 진료를 받기 위해 접수단계부터 뇌물을 주어야만 의사의 진료를 받을 수 있었다. 게다가 결핵약은 무상으로 지급되지 않아서 의사가 안내해 준 약국에서 약을 구입하는 것으로 나타났다. 더욱이 연구 참여자들이 방문한 병원에서는 인맥이나 뇌물 등의 진단과 진료가 가능한 요건을 갖추어야만 치료를 받을 수 있었다. 결핵을 확진하기 위해 필수적인 객담도말검사는 시행되지 않았고, 단순 X선 투시검사를 통해 진단과 치료결과를 판단할 뿐이었다. 이마저도 환자가 준비한 사비로 전기를 공급할 수 있을 때 검사가 가능하였다. 불완전한 진단하에 격리나 약물복용이 처방되었으나 결핵이라는 질병에 대한 부정적인 인식과 거주지와 상당히 떨어져 있고 결핵환자들만 모여있는 격리시설로의 입소는 제대로 이루어지지 않았다. 항결핵제 또한 병원에서 보유하고 있는 약품의 부족과 일부 종류의 경우 장마당 등 사적인 장소에서만 구입할 수 있는 상황으로 인해 국제 표준 약물복용 지침에 따른 6개월 이상의 복약은 일부 참여자에게만 제한되어 있었다. 더욱이 항결핵제의 복용에 대한 의료인의 복약관리는 물론 치료 후 추후검진을 위한 결핵치료 관리체계는 부재하였다. 병원 이외의 사적 기관에서의 항결핵제의 구입은 어려운 경제상황

속에 놓인 참여자들에게 경제적인 어려움을 가중시켰고, 결핵균의 완전사멸이 아닌 증상완화 시 약물복용을 중단시키는 결과를 초래하였다. 더욱이 북한 내 규격 항결핵제로 인식되어 있는 '도쯔'의 경우 위장장애 등 부작용이 심하고 그 효과에 대한 의구심이 제기되고 있어 병원에서 준 약을 임의로 중단하고 별도로 구입한 약을 복용하거나 병용하는 경우가 상당하였다. 일차 항결핵제로 고려되는 이소니아지드 등은 임신중절이나 항생제로 그 사용이 변형되어 있어 항결핵제의 오남용이 상당함을 알 수 있다. 특히 결핵이라는 질병이 결핵균에 의한 감염성 질병이라는 인식이 부족한 가운데 영양부족 등에 의한 질병으로 인식되어 육류 음식의 보충이나 간유 등의 보조식품 복용, 나아가 마약성 약물류까지 결핵치료에 사용하고 있었다. 따라서 북한 내에서의 결핵관리는 결핵완치라는 성과를 이끌어내기 어렵고 북한 내 결핵 유병률은 급속히 증가하고 있으나 그 현황조차 정확히 파악하기 어려운 상황임을 확인되었다.

연구 참여자들은 1단계(결핵증상 인지)부터 지식부족으로 인해 결핵을 정확히 알지 못했다. 북한이탈주민이 생각하는 결핵환자는 못 먹고 못 사는 사람이고 부자는 결핵에 걸리지 않으며 결핵에 걸렸다가 나으면 재발하지 않는다고 확신하였다. 북한은 예방의학을 국가차원의 중요한 보건정책으로 추진하면서 주민의 생활근거지에 호담당의사를 배치하고 위생선전과 같은 보건교육을 진행하는 것으로 알려져 있으나 참여자들의 결핵인식은 낮은 수준으로 호담당의사의 위생관리 부재가 결핵관리의 주요한 장벽임을 보고한 선행연구 결과(Lee, 2017)를 지지한다. CCP 모형의 2단계(의료기관 방문)에서 건강에 이상이 발생하였다고 생각한 참여자는 평소와 동일하게 거주지 내 1차 의료기관인 진료소, 리 또는 동 병원을 찾기도 했으나 결핵관리에 필요한 추가검진 등 결핵치료를 위한 전문적인 의료서비스를 받을 수 없었고 원활한 진료를 위해서 인맥과 사비를 동원해야 했다.

3단계(진단과정)에서 재북 시 결핵치료를 경험한 본 연구의 참여자들은 X선 투시 검사를 통해 결핵을 진단 받았으나 전기공급의 제한으로 결핵균을 배양하여 진단하는 의료환경이 갖추어지지 않았던 문제점을 거론하였다. 이는 전력, 상하수도망, 식량공급 등 기본적 사회 인프라 마비로 인한 문제가 더 심각한 수준이라고 밝힌 선행연구결과(Min et al., 2015)를 뒷받침하고 있으며, 보건의료서비스 자체 보다는 제반시설의 제한성이라는 북한 보건의료의 근본적인 문제의 해결이 시급함을 시사한다.

4단계(치료시작)와 5단계(치료유지)에서 예방적 검진, 결핵 진단 후 관리체계의 부재라는 연구결과는, 북한당국이 김정은 집권 이후에도 대외적으로 무상치료를 실시하는 사회주의 보건제도의 우월성을 선전하고 있으나 북한의 공적 보건의료체계가 제대로 작동하고 있지 않다는 선행연구결과(Jeon, 2020)를 뒷받침한다. 북한에서 결핵환자 진단을 위해 실시한 검사는 X선 투시 수준이었고 대다수는 객담검사를 받지 못했다. 결핵치료를 위해 세계 보건의료계는 복합약물요법을 정해진 기간까지 유지하도록 하고 있으나 북한의 경우 이를 엄격하게 관리하고 있지 않았다. 결핵 진단 후 북한의 결핵환자는 초기부터 이소니아지드를 단독으로 복용하여 미열과 기침 등의 증상을 없애는 수준으로 치료하는 것을 선호하였다. 뿐만 아니라 참여자 개인이 장마당이나 인맥을 활용하여 항결핵제를 구하게 되면서 결핵약은 염증을 치료하는 항생제로 활용되기도 하고 대장염 치료제로도 사용되고 있었다. 이러한 항결핵제 오남용과 관련된 연구결과는 북한 전역에 내성결핵, 다제내성 혹은 광범위 다제내성 환자가 점차 증가할 수밖에 없는 구조적 문제를 지적하고 있는 선행연구결과(Ministry of Unification, 2014; Seung & Linton, 2013)의 연장선상에 있다 하겠다.

　이러한 연구결과를 통해 북한당국과 WHO가 북한의 결핵퇴치를 위해 전개한 직접복약치료(Directly Observed Treatment System, DOTS) 도입이 북한 결핵치료에 어떤 영향을 주고 있는지를 평가할 수 있는 계기가 될 수 있다. 1996년부터 8년간 WHO는 미국 스텐포드대학과 협력 하에 북한 전역에 직접복약치료(DOTS, 북한명 '도쯔')를 도입하였고, 그 결과 북한의 결핵환자 관리에서 일부 성과가 확인되었다고 보고하였다. 그러나 북한에서는 직접복약치료인 도쯔요법이 규격화된 약품명으로 지칭되는 현실적 모순이 나타났다. 연구 참여자들은 병합요법으로 결핵을 치료하면 무조건 몸을 망친다고 인식하여 환자 스스로 항결핵제를 조절하여 복용하였다. 한 종류의 약물만 복용하거나 약물 복용기간을 스스로 결정하기도 하였다. 이처럼 결핵약의 오용은 항결핵제의 특성에 기인한 내성 혹은 다제내성 문제로 발전되어 북한의 결핵환자 재발율과 치료성공률 성과를 감소시키는 원인이 되고 있다(WHO, 2017; 2018; 2019). 물론 WHO에서 공식적으로 제시하는 북한의 결핵환자 증가 원인은 식량사정이 최우선 순위로 알려져 있지만 실제로 결핵약을 엄격하게 관리하지 못해서 발생되는 복합적인 문제는 간과할 수 없는 심각한 수준의 문제점으로 대두되는 상황이다.

본 연구결과, 북한에서 거주할 당시 참여자들은 개방성 결핵(활동성 결핵)을 진단받고 격리치료가 필요한 상황에서도 결핵환자에 대한 주변의 부정적인 시각과 격리시설이 거주지와 상당히 떨어져 있어 의사의 처방에도 불구하고 집에서 치료를 하는 것으로 확인되었다. 이는 북한이 결핵환자 치료관리를 위해 국제기구에 결핵요양소 운영에 필요한 지원비를 요청하고 있고 북한 내 결핵퇴치 사업을 전개하고 있는 여러 비영리단체의 활동에 대한 연구결과(Ha, Cho, & Kim, 2018; Eugene Bell Foundation, 2015)와 상이하다.

북한은 보건의료체계의 장점으로 무상치료와 함께 호담당의사제를 내세우고 있고, 결핵관리에 있어서도 거주지별 주민세대를 돌보는 호담당의사에게 방문을 통해 지역사회 내 결핵환자를 능동적으로 발견하도록 업무를 부여하고 있는 것으로 알려져 있다(Li & Li, 2011). 이와 상반되게 본 연구 참여자들은 북한 호담당의사의 역할을 담당하고 있는 주민들의 예방접종을 해주는 사람 정도로 인식하고 있었다. 이와 같은 변화는 북한에서 호담당의사가 경제난 이후 능동적으로 환자를 발견해서 진단 받도록 돕거나 주민들의 결핵지식과 태도에 영향을 미치는 결핵교육을 하지 않은 선행연구결과(Lee, 2017)와 맥을 같이 한다. 대외적으로 알려져 있는 것과 달리 북한의 의료현장에서는 환자에게 항결핵제를 무상으로 공급하지 않고 있었다. 환자들은 자비로 결핵약을 구입해야 하므로 경제적 어려움이 있는 대다수의 결핵환자는 끝까지 약을 먹지 못하고 치료를 중단하였다. 그리고 결핵은 반드시 항결핵제로 치료를 받아야 하는 질병에 대한 지식이 부족하여 민간요법, 동의치료 등 다양한 방법을 동원해서 결핵치료를 시도하였으며, 최근에는 마약을 결핵

치료제로 사용하는 사례까지도 확인되어 약품부족에 따라 항결핵 제뿐만 아니라 마약까지도 일반 상비약과 같이 자리매김하고 있다 는 선행연구결과(Yang, 2018)를 뒷받침하고 있다.

전 세계는 한 때 소멸되었다고 여겨졌던 결핵과의 다시 대치하 게 되었다. 그 가운데 북한이 자리 잡고 있으며 결핵퇴치를 위한 진단부터 완치 판정까지 각 단계에서 상당한 문제점이 확인되고 있 다. 본 연구결과를 토대로 결핵 증상 및 재발과 관련된 인식제고와 함께 적절한 진단과 추후관리가 이루어질 수 있도록 인도적인 지원 이 필요하겠다.

북한에 대한 다중 제제 조치에 따라 북한 내 결핵퇴치를 위한 국제기구와 비영리단체의 활동은 항결핵제 공급 및 복약순응도 확 인에 초점을 두고 있다. 결핵의 완치를 위해서는 약품의 충분한 공 급은 물론 환자의 질병에 대한 정확한 인식과 치료과정의 철저한 준수가 무엇보다 중요함을 고려할 때 북한이탈주민은 물론 북한주 민의 결핵 완치를 위해 결핵에 대한 이들의 인식제고와 함께 붕괴 된 북한 내 보건의료체계의 회복이 동반되어야 하겠다. 완치 후에 도 재발이 가능한 결핵의 질병 특성은 향후 남북교류 및 통일 한반 도에 있어 보건의료측면에 상당한 위협을 작용할 가능성이 농후하 다. 따라서 북한 내 결핵퇴치와 체계적이고 주기적인 결핵관리체계 구축이 무엇보다 시급하겠다.

참고문헌

1. 국문단행본

신희영 · 이혜원 · 안경수 외 4인. 『통일의료: 남북한 보건의료 협력과 통합』, 서울대학교출판문화원, 2017, pp. 1~251.

이철수 · 이철학. 『북한보건의료법제: 원문과 해설』, 아주남북한보건의료연구소, 2006, pp. 1~412.

통일부 · 국립암센터. 「2020 북한이탈주민을 통해 본 남북한 질병언어 소통 사례집」, pp. 1~76.

서창남 편. 『위대한 수령 김일성 동지의 보건령도사』, 평양: 과학백과사전종합출판사, 1990, pp. 1~363.

2. 영문단행본

Korean Guidelines for tuberculosis 3rd Edition, 2017, pp 23~37.

World Health Organization. International Standards for tuberculosis care, 3rd edition, 2014.

_____. *Treatment of tuberculosis guidelines, 4th Ed.* Geneva: World Health Organization, 2010.

_____. *Joint Monitoring Mission, Tuberculosis Control Programme, DPKR, World Health Organization, SEARO-TB*, 2015.

_____. *2015 Global tuberculosis report*, Geneva: World Health Organization, 2016.

_____. *Joint monitoring mission tuberculosis control programme Democratic People's Republic of Korea(DPKR)*, Geneva: World Health Organization, 2017.

_____. *2017 global tuberculosis report*, Geneva: World Health Organization, 2018.

_____. *2018 global tuberculosis report*, Geneva: World Health Organization, 2019.

_____. *2019 global tuberculosis report*, Geneva: World Health Organization, 2020.

_____. *Global tuberculosis report 2021*, Geneva: World Health Organization, 2021.

3. 국문논문

신희영·이혜원·안경수·전지은. "김정은 시대 북한 보건의료체계 동향: 전달체계와 조직체계를 중심으로,"『통일과 평화』, 제8권 2호, 2016, pp. 181~211.

오경현. "북한의 결핵 현황과 관리실태,"『KDI 북한경제리뷰』제17권 4호, 2015, pp. 23~31.

전정희·이인숙. "북한이탈주민 결핵환자의 건강통제위 성격과 자가간호행위와의 관계,"『국회 입법과 정책』, 제7권 2호, 2015, pp. 565~588.

조경숙. "우리나라 결핵 실태 및 국가 결핵관리 현황,"『보건사회연구』, 제37권 4호, 2017, pp. 179~212.

최창민·정우경·김희진 외. "북한이탈주민에서의 결핵의 임상적 고찰,"『결핵과 호흡기 질병』, 제60권 3호, 2006, pp. 285~289.

민하주·정형선·김선미. "북한의 보건의료시스템과 그 이용실태에 대한 질적 연구: 2010년대 북한이탈주민의 경험을 중심으로,"「사회보장연구」, 제31권 4호, 2015, pp 53~81.

양옥경 외. 북한주민의 마약사용 및 중독: 실태와 대책,『동아연구』제37권 1호, 2018, pp 233~270.

리봉훈·리영화 편.『담당구역의사 참고서』, 인민보건사 주체100, WHO, 2011.

4. 영문논문

Ha, S., Cho, Y., & Kim, S. "Recent trends of development assistance to North Korea: Analysis focused on aid for healthcare sector", *Unification and Peace, 10*(2), pp. 327~362, 2018.

Hsieh, H-F., & Shannon, S. E. Three approaches to qualitative content analysis. *Qualitative Health Research, 15*(9), pp. 1277~1288, 2005.

Jeon, J. H. "Study on tuberculosis treatment in North Korea based on the Cough-to-Cure Pathway Model," *Journal of Peace and Unification Studies, 10*(2), pp. 71~103, 2020.

Kim, B. K. "A plan to conclude an inter-Korean health care agreement in light of bilateral treaties in the health care sector of North Korea." *Legal Paper, 42*(3), pp. 163~208, 2018.

Kim, J. "*Analysis of North Korean nursing education system and an integration plan in accordance with unification stage.* Unpublished doctoral dissertation", Seoul National University, Seoul, 2016.

Korea Disease Control and Prevention Agency. *2021 National tuberculosis management guidelines,* Cheongju: Korea Disease Control and Prevention Agency, 2020.

Korean National Tuberculosis Association. *A study on the status of tuberculosis management in North Korea.* Seoul: Korean National Tuberculosis Association, 2021.

Lee, S. Y. "*Analysis of the barriers for the management of tuberculosis in North Korea through interviews with patients, caregivers, and physicians among the North Korean defectors,*" Unpublished master's thesis, Yonsei University, Seoul, 2017.

Li, B. H., & Li, F. *Reference to the doctor of the district in charge(People's Health Officer 100,* Geneva: World Health Organization, 2011.

Ministry of Unification. "*Step-by-step expansion plan for humanitarian aid in the health and medical field in North Korea,* Seoul" Ministry of Unification, 2014.

Sadelowski, M. "The problem of rigor in qualitative research." *Advanced in Nursing Science, 8*(3), pp. 22~37, 1986.

5. 인터넷

"김정은 현지지도 동향 분석" 2022.7.3(북한정보포털: https://nkinfo.unikorea.go.kr/nkp/trend/publicEvent.do).

6. 기타

북한이탈주민 심층면담, 2021년 7월~12월.

제7장

'인재양성 – 과학기술 – 경제자립'의 정책논리와 현실*
"전민과학기술인재화"와 "강원도 정신"

박 민 주

1. 들어가며

김정은 집권 이후 북한당국은 과학기술 중시기조를 한층 심화시켜 "과학기술만이 자체로 살아나가는 유일하게 옳은 길"[1]이라고 힘주어 말해왔다. 덧붙여 "높은 과학기술로 당을 받들자, 이것이 전체 인민의 사업과 생활의 확고한 신조로 되어야 한다."[2] 그렇다면 김정은 시대의 과학기술 중시전략은 일상을 사는 보통의 주민("전민")과 어떻게 연계될까?

2015년 면적이 10만 ㎡가 넘는다고 알려진 원자 모양의 과학기술

---

* 이 글의 2절은 다음 논문의 일부를 수정, 보완하여 포함하고 있음을 밝힙니다. 박민주, "김정은 집권 이후 북한 대학과 "전민과학기술인재화" 정책의 조응,"『대학연구』, 제1권 2호, 2022, pp. 1~16.

[1] "과학기술중시사상을 틀어 쥐고 강성대국을 건설하자,"「로동신문」, 2000년 7월 4일.

[2] "전민과학기술인재화를 힘있게 다그쳐나가자,"「로동신문」, 2014년 10월 20일.

전당이 개관하였다. 그 중심에는 2012년 당시 북한이 발사 성공을 크게 자축한 '은하3호' 로켓의 거대 모형이 설치되어 있다. 이 로켓은 최소 20m 이상 높이인 듯 보이며 대형 유리돔 천장과 가깝게 맞닿아 있다.[3] 마치 '언제라도 하늘로 쏘아올릴 수 있다'는 통치의 자신감을 시각적으로 재현·전시하는 듯한 인상을 준다. 로켓 모형과 그를 둘러싼 도서관 프레임은 위압적 스펙타클을 형성하고, 저층에 있을수록 관람자들은 고개를 힘껏 위로 꺾어야만 그 로켓 모형의 끝 어딘가로 추정되는 곳을 겨우 볼 수 있을 뿐이다. 어쩌면 평양과학기술전당에 전사(轉寫)된 이 '핵(원자모양) - 국방과학기술(로켓 모형)'의 환영이, 앞선 질문에 대해 이미 답을 알려주고 있는지도 모른다.

이 연구는 2014년부터 노동신문 지면에 본격적으로 이름을 드러낸 "전민과학기술인재화" 정책에서 '전민'이 실질적으로는 '전체 인민'을 상정하고 있지 않다는 강한 의구심에서 출발하였다. 북한당국에 따르면 이 정책은 "사회의 모든 성원들을 대학졸업정도의 지식을 소유한 지식형 근로자로" 거듭나게 하라는 주문이다. 36년 만에 개최된 2016년 제7차 당대회에서 김정은은 과학기술을 "국가의 가장 중요한 전략적 자원"으로 규정하면서 "인재가 모든 것을 결정"하기에 "인재를 중시하며 전민과학기술인재화를 실현"함으로써 "과학기술강국"을 건설할 것을 주문하였다.[4]

그런데 해당 정책이 출현한 지 10여 년 이상의 기간이 흘러갔지

---

3) DPRK 360; 〈https://dprk360.com/360/sci_tech_complex/〉.
4) "조선로동당 제7차 당대회에서 한 당중앙위원회 사업총화보고," 「로동신문」, 2016년 5월 8일.

만, 북한 공간문헌 속에서 여전히 '전민'은 간부, 전문 과학기술인, 그 외의 진짜 '전민'들로 구분되어 각각의 다른 책임을 부여받고 있기 때문이다. 특히 일반 주민들은 과학기술의 물적, 인적 조건을 재화, 노동력, 목숨으로 지원하는 존재들로 그려질 뿐, 기술과 지식을 활용하는 인재로 상정되지 않는다. 물론 북한당국이 가끔 "전민과학기술인재화"의 성과라며 평양 일부 공장 사례를 홍보하긴 하지만 그런 언설은 북한의 공적 담론에서 매우 일상적이고 일회적이며 지면에서도 소략하게 다루어진다. 핵심은 반복적으로 이야기되며 이상으로 제시되는, 거대하게 제시되는 '모델'이다.

이 연구는 2016년 12월부터 신문 지면을 크게 장식하기 시작한 "강원도 정신" 모델이 다양한 주민 대상을 어떻게 상정하고 누구에게 무엇을 요구하고 있는지 분석한다. "강원도 정신"이란 "현대적인 과학기술에 기초한 자력갱생"[5]을 이룬 모범으로 평가받는데, 북한 당국은 각 지역이 강원도처럼 중앙의 도움을 받지 않고 자력으로 인재를 양성하여 과학기술을 발전시키고 그 기술력에 기반하여 자립을 이루라고 주문한다. 이 연구는 강원도 모델이 당 및 지역인민위원회, 과학기술인, 그 외의 '전민' 각각에 무엇을 요구하는지 분석함으로써 '전민과학기술인재화' 정책의 핵심이 성역화된 과학기술로부터 '전민'을 구별하고 본래 당이 책임졌어야 할 각각의 영역들을 주민에게 전가하고 있음을 주장하고자 한다.

기존 연구들은 주로 전민과학기술인재화 정책을 군사/정치의 하

---

[5] "당에 대한 불타는 충정과 자력자강으로 만리마시대의 본보기정신을 창조한 강원도 인민들의 영웅적 위훈," 「로동신문」, 2017년 2월 6일.

위항목,[6) 지식경제로의 전환 작업,[7) 대학교육 및 원격교육[8) 차원에서 분석하였다. 이 글은 '전민과학기술인재화'를 '강원도 정신'과 연계시킴으로써 '전민'을 소환한 과학기술 중시기조가 기층에게 진짜 요구하는 것이 무엇인지 살펴본다는 점에서 기존 연구와는 다른 지점을 지닌다. 과학기술을 등에 업은 '전민' 판타지아가 현실, 각 지역 단위, 기층 주민의 일상에서는 결국 '북한적'으로 변주 혹은 환원되고 있다는 문제의식이 이 연구의 출발점이다.

2. 전민과학기술인재화: '인재양성 – 과학기술 – 경제자립'의 판타지아

1) 정책의 목적: 인재양성 – 과학기술 – 경제자립의 논리

"전민과학기술인재화" 정책은 "제기되는 과학기술적 문제들을 원만히 풀어나갈 수 있는 인재"를 양성하고, 그러한 "지식형 근로자"가 생산현장에서 기술혁신을 통해 증산, 효율성 강화 등의 경제적 성과를 창출하면 "사회주의 강국건설"이 가능해진다는 논리를 지니고 있다.[9)

---

6) 현지지도정치의 일환으로 일부 지면을 할애하여 다루거나(정유석·곽은경. "김정은 현지지도에 나타난 북한의 상징정치."『현대북한연구』, 18권 3호, 2015, pp. 156~224), 과학기술 엘리트의 충성을 통한 정권 안정화로서 의미를 갖는다고 해석하기도 한다(이미경. "김정은 시기 과학기술교육정책의 특징과 정치적 함의."『사회과학연구』, 58권 1호, 2019, pp. 339~367).

7) 이춘근·김종선, "북한 김정은 시대의 과학기술정책 변화와 시사점,"『STEPI Insight』, 제173호, 2015, pp. 6~19.

8) 대학교육 정책의 변화(이인정. "김정은 시기 북한 고등교육 변화와 남북 대학 협력의 과제."『도덕윤리과교육』, 70호(2021), pp. 239~260), 원격교육(김경미. "의미연결망 분석을 활용한 북한의 원격교육체제 탐색:「고등교육」기사 중심으로."『현대북한연구』, 제25권 2호, 2022, pp. 278~326) 등이 연구되었다.

북한에서 의무교육은 고급중학교(우리의 고등학교)까지이며, 2003년부터 시작된 '전민군사복무제'에 따라, 고등학교 졸업 직후 대학에 진학하지 않을 경우 남성은 총 10년을 복무해야 한다. 여성의 경우 입대를 선택하면 7년을 복무한다. 장기간의 군사복무를 요구하는 '전민군사복무제'는 제대 후 직장에 배치받게 될 제대군인들의 재교육 필요를 증가시켰다. 김일성, 김정일 집권기에도 노동자 대상 재교육 기관으로 공장대학, 농장대학, 어장대학 등이 있었으나 학업수준을 김정은 집권기처럼 대졸자에 준할 것까지 요구하지는 않았다. 그런데 김정은 집권 이후 과학기술 중시기조를 한 단계 심화하면서 노동 현장에서의 '기술혁신'에 대한 요구 역시 한층 심화되었다. 원료의 국산화 등 김일성 시대부터 존재했던 목표에 더하여 각 단위 스스로 기술혁신을 추구하라는 것이다.

> 일부 건설자들은 기술혁신을 별개의 사업으로 여기며 대중적기술혁신운동에 적극 뛰여들지 못하고 있었다. (중략) 우리 건설자들이라고 왜 과학기술룡마를 탈수 없겠는가. 결심하고 달라붙으니 어려운 기술적문제들도 풀리지 않는가 (중략) 우리당의 과학기술중시, 전민과학기술인재화사상의 정당성과 생활력을 그때처럼 깊이 절감해본적은 없었습니다. 과학기술의 주인이 되어야 직장의 진짜 주인이 될수 있다는 것을 깊이 절감한 일군들과 건설자들은 기술혁신, 창의고안의 명수가 되기 위해 더욱 분발해[10]

> 대중적기술혁신운동을 강화하여야 전민과학기술인재화가 대중자신의 사업으로 더욱더 심화될수 있다. (중략) 생산자대중이 대중적 기

---

9) 리광삼, 『경애하는 최고령도자 김정은동지께서 밝히신 전민과학기술인재화에 관한 주체의 리론』, 평양: 사회과학출판사, 2017, pp. 50~51.
10) "과학기술을 중시해야 지름길이 열린다," 「로동신문」, 2014년 3월 2일.

술혁신운동의 열풍속에서 새 기술의 창조자, 창의고안명수, 발명가
가 되어 과학기술인재대렬에 당당히 들어서도록 하여야 한다.[11]

그간 북한당국은 과학원 등에 근무하는 과학기술인을 "과학자 기
술자 돌격대, 현지연구사업"으로 현장에 파견하여 기술혁신을 돕도
록 지시했다. 현장 노동자가 낸 개선의견에 전문 지식을 제공해주
면서 힘을 보탰던 것이다. 그러나 김정은 이후 북한당국은 노동자
재교육을 통해 자체적 "대중적 기술혁신"을 이루라고 강조함으로써
지역 단위로 기술적 측면에서도 자립할 것을 강조하고 있다. 전민
과학기술인재화가 본격적으로 전개되고 2010년대 후반 즈음부터는
북한당국이 모범적 사례들을 내세우기 시작한다. 그 내용을 살펴보
면 원격교육을 받은 노동자들이 외부의 도움 없이 스스로 기술혁신
에 성공했다는 것이다.

> 원격교육학부를 졸업한 김정숙 평양제사공장의 종업원들은 자동조
> 사기의 PLC 프로그람을 개발하는 사업에 참가하였으며 배운 지식으
> 로 설비부속품들과 기료품들을 자체로 만들어씀으로써 외부의 도움
> 이 없이도 공장 자체로 자기 실정에 맞게 생산공정들을 현대화하는
> 데 이바지하였다.[12]

> 지난해 문천시 식료공장의 38명의 종업원들이 조군실원산공업대학
> 졸업증을 받았다. (중략) 문천시 식료공장에는 다른 나라의 설비가
> 단 한 대도 없다. 백수십건의 창의고안 및 새 기술 혁신안들을 도입
> 하여 공장의 모든 설비들을 자체로 만들거나 현대적으로 개조하였
> 다. (중략) 공장에서는 과학기술보급실 운영도 활발히 벌어지고 있
> 다. 하루일을 마친 종업원들이 과학기술 보급실에서 더 많은 지식을

---

11) "전민과학기술인재화를 힘있게 다그쳐나가자," 「로동신문」, 2014년 10월 20일.
12) 정순녀, 『과학기술로 발전하는 조선』, 평양: 외국문출판사, 2019, p. 75.

습득하고 착상을 무르익히며 열띤 론쟁을 벌이는 모습은 또 얼마나 미더운가.[13]

현장 속 기술혁신은 김일성 집권기부터 오랜기간 북한당국이 요구해왔던 것이나 당시에는 "과학자·기술자 돌격대"를 통해 과학기술인을 생산현장에 파견하여 노동자들이 겪고 있는 기술적 문제를 협력하여 해결하도록 하였다. 그러나 김정은 집권 이후 과학기술중시 기조를 한층 더 강화하면서 자연스럽게 중앙 및 기관에서 과학기술인 수요가 급증한 측면도 존재한다. 게다가 IT 기반을 나름대로 조성한 만큼, 북한당국 나름대로 '현장—노동자, 연구개발—과학기술인'의 투트랙 구조가 가능할 것이라고 판단했을 가능성도 높다. 과학기술인 일부가 노동자에게 원격교육을 시행한다면 노동자들이 기술혁신에 필요한 지식을 얻음으로써 전문인의 도움 없이도 그들 스스로 현장에 적용하여 기술을 혁신하거나 성과를 향상시킬 수 있을 것이라는 청사진을 그렸던 것이다.

정리해보면, 전민과학기술인재화의 기저에 인재를 양성함으로써 그들의 과학기술력에 기반하여 각 단위가 혁신과 자립을 이루라는 논리가 주축을 이루고 있음을 알 수 있다. 궁극적 목표는 자립과 증산이지 노동자의 행복이나 지적 성취가 아니라는 뜻이다.

2) 정책의 내용

이 정책의 내용은 두 가지로 구성된다. 첫째, 고등학교를 졸업한

---

[13] "종업원의 다수가 대학졸업생: 문천시 식료공장에서," 「로동신문」, 2018년 10월 25일.

노동자가 원격대학에 입학하여 자기 직장 업무와 관련된 원격학업 과정을 수료하고 일정 조건을 만족시키면 대학졸업장을 받을 수 있다. 둘째, 시도급 지역, 공장 및 기업소, 학교 등의 단위마다 과학기술보급실(열람실)이나 전자도서관을 두고 중앙 허브(과학기술통보사업 기관, 대학 도서관, 인민대학습당 등)와 연결하여 학술 및 기술 정보를 공급한다.

(1) 원격대학교육

원격대학교육은 김정일 집권 말기인 2010년 10월 김책공업종합대학(이하 김책공대)에서 시작되었고[14] 지속적 운영 역시 김책공대를 중심으로 전개되고 있다. 다만 북한 공간문헌에서는 원격교육의 시작을 2010년 2월로 소급한다.[15] 중요한 것은, 국방부문에서 이미 "전민과학기술인재화"의 원형격인 노동자 원격교육을 시행해왔다는 점이다. 다시 말해, 군수부문의 성과를 민수부문에 이식한 것으로도 볼 수 있다.

> 우리나라의 국방공업부문 공장들에서는 이미 과학기술보급기지들이 꾸려져 국방공업부문 로동자들은 누구나 다 원격망을 통하여 대학교육을 받으며 (중략) 로동자들은 주간대학졸업생들과 꼭같은 수준의 높은 지식을 소유하고 있으며 그것을 생산실천에 적극 구현하여 군수생산을 과학기술적으로 확고히 담보하고 있다. 사회의 공장, 기업소들에서도 국방공업부문 공장들에서처럼 과학기술보급실을 수많이 꾸려놓고(후략)[16]

14) 정순녀, 『과학기술로 발전하는 조선』, p. 74.
15) 위의 책. p. 74.

정리해보면, 원격교육은 약 3년간 시범사업을 거쳤고, 전민군사 복무제의 첫 세대들이 제대하기 시작한 2013년부터 "전민과학기술 인재화"라는 명칭으로 본격화되었다. 이후 2014년부터 교육기관과 교육생의 수가 급속하게 증가하였다.

<표 1> 북한의 원격대학교육 시행 내역

연도	내용
2010	김책공업종합대학 원격교육대학 개교, 황해제철연합기업소 40여 명 학생 대상(노동신문, 2014년 12월 8일)
2011	(김책) 13개 공장/기업소 180여 명 학생(노동신문, 2014년 12월 8일)
2012	(김책) 52개 공장/기업소 880명 학생(노동신문, 2014년 12월 8일)
2013	(김책) 152개 공장/기업소 1,000여 명 학생(노동신문, 2014년 12월 8일)
2014	(김책) 503개 공장/기업소 5,000여 명 학생(노동신문, 2014년 12월 8일) - 원격교육대학 설치(김일성종합대학, 평양건축종합대학, 평양의학대학, 평양기계대학, 원산농업종합대학, 한덕수평양경공업대학) - 원격교육학부 설치(김형직사범대학, 함흥화학공업대학, 함흥수리동력대학, 희천공업대학)(이춘근 · 김종선, 2015, p. 16)
2015	(김책) 1,280여 개 단위, 8,000여 명 학생(노동신문, 2015년 4월 27일) 1,700여 개 단위 10,000여 명 이상 재학, 20여개 단위 110여 명 원격교육대학 제1기 졸업(노동신문, 2015년 10월 29일)
2018	한덕수평양경공업종합대학 원격교육대학 1기 졸업(노동신문, 2018년 8월 31일)
2019	(김책) 4월 기준 누적5기 690명 졸업(정순녀, 2019, p. 75) 정준택원산경제대학 제1기 97명 졸업(노동신문, 2019년 9월 2일)
2020	(김책) 5,000여 개 단위, 30,000여 명 대상(안윤석, 2020년 9월 16일)
2021	함흥화학공업대학 제1기 40여 명 졸업(노동신문, 2021년 11월 11일)

주: 박민주(2022: 7)에서 재인용.
원자료: 각 자료마다 내주에 표시.

김책공대 외에도 위의 <표 1>에 기재된 주요 종합 · 중앙대학이 각 공장 및 기업소, 기관 단위들과 연계하여 원격대학교육을 시행하고

16) "종업원의 다수가 대학졸업생: 문천시 식료공장에서," 「로동신문」, 2018년 10월 25일.

있는 것으로 나타난다. 이는 수재교육과 일반교육의 연계라는 차원에서도 해석될 수 있다. 중앙 대학의 교원들은 사실상 "수재"이므로 수재교육의 성과를 노동자 재교육과 연결시키는 것이다. 원격교육에 참여한 노동자 학생은 일정조건을 만족할 경우 대학 졸업장을 받는다.

(2) 온라인 지식습득을 위한 오프라인 공간

북한에서는 예외적 경우를 제외하고 인터넷 접속이 불가하다. 대신 북한당국은 인트라넷을 활용하도록 조치하고 있으며, 외부의 학술 정보는 모두 "통보사업" 기관이 입수, 검토하여 인트라넷을 통해 제공한다. 주요 허브로는 각 대학 전자도서관과 함께 인민대학습당, 과학기술전당, 중앙과학기술통보사 등이 역할을 분담하고 있으며 이러한 허브에 각 단위가 연계하여 정보를 얻는다. 2018년 7월 9일 기준, 평양 쑥섬 과학기술전당의 네트워크에 연결된 공장 및 기업소, 기관은 총 14,000여 단위로 추정된다.[17] 예전에는 필요한 정보를 찾기 위해 이동 증명서를 받아 인민대학습당 등 평양의 기관까지 다녀와야 했다면, 전민과학기술인재화 이후에는 근거리의 과학기술보급실(오프라인 공간)을 찾음으로써 시간적, 물질적 비용을 아낄 수 있게 된 것이다.

이 오프라인 공간은 대학 강의실이자 도서관의 기능을 수행한다. 규모가 크고 중요도가 높은 공장과 기업소는 직장 내부에 과학기술보급실을 설치한다. 다만 이 보급실은 자체적으로 재원을 마련하여

---

17) "북한 1만4000곳 과학기술네트워크 구성," 「NK경제」(온라인), 2018년 7월 9일; 〈http://www.nkeconomy.com/news/articleView.html?idxno=130〉.

야 하기 때문에 설치가 불가능하거나 공간이 부족한 단위에서는 평양 과학기술전당, 각 지역 전자도서관인 미래원을 찾아가 원격강의실과 데이터베이스를 이용한다.[18]

지역 전자도서관인 '미래원'의 경우 노동자, 연구자, 학생, 청소년 등이 함께 이용할 수 있다. 이 정책에 따라 각 시도급 도서관은 원격강의실을 마련하여 이용자들에게 데이터베이스를 제공하도록 대대적 개선사업을 시행하였다.[19] 2000년대 후반 자강도, 함경남북도, 양강도, 평안북도 도서관 및 일부 대학에서 일반도서관을 전자도서관으로 변경하거나 관련 시설을 증설하였다. 2010년대 들어서는 황해남북도, 강원도, 평안남도 등에서 전자도서관 사업이 시작되었다.[20] 함경북도에서 단위별로 과학기술보급실 및 미래원을 설치한 사례를[21] 다음 표에 정리하였다.

〈표 2〉 함경북도 과학기술보급실(전자도서관) 설치 현황 일부

분류	미래원(전자도서관), 과학기술보급실 설치 현황
시/도/구역	송평구역 미래원, 무산군 미래원, 회령시 미래원, 김책시 미래원, 온성군 미래원, 청암구역 미래원, 라남구역 미래원
대규모(중앙급) 공장/기업소	무산광산연합기업소, 김책제철연합기업소, 청진금속건설연합기업소, 청진제강소, 청진화학섬유공장, 고무산세멘트공장
지방공업공장	회령기초식품공장, 명천피복공장
협동농장	온성군 왕재산 협동농장, 길주군 봉암협동농장(농업과학기술보급실)

주: 박민주(2022: 8)에서 재인용.
자료: 노동신문 2015년 11월 3호.

---

[18] "노동자도 지배인도 모두가 학생,"「로동신문」, 2015년 2월 26일.
[19] "누구나 즐겨찾는 배움의 집, 황해북도 도서관에서,"「로동신문」, 2015년 12월 20일.
[20] 송승섭, "북한의 전자도서관 현황과 발전 가능성,"『디지틀 도서관』, 제72호, 2013, pp. 12~13.
[21] "미래원과 과학기술보급실 운영활발,"「로동신문」, 2015년 11월 3일.

3) 정책 실현의 수단: 지역의 책임 강화와 주민 부담 증가

북한당국의 과학기술 인재양성 교육은 사실상 투트랙인데, 과학기술인(수재) 교육과 달리 "로동계급"을 위한 교육은 지역인민위원회, 기업소, 공장, 농장 등 각 단위에서 책임지는 구조이다. 노동자 재교육에 대한 경제적(양적) 책임은 단위가 지되 교육의 내용(질적) 부분만 중앙에서 전문 과학기술인을 통해 제공하는 방식이다. 이러한 책임 분화가 의미하는 것은, 수재교육과 전민과학기술인재화가 상보관계라는 점이다.

> 전민과학기술인재화는 우월한 교육제도와 수재양성체계를 떠나서 그 성과적 실현을 기대하기 힘들다 (중략) 우리나라에는 또한 가장 우월한 수재교육체계가 세워져 있다 … 뛰여난 소질과 재능을 가진 학생들을 선발하여 체계적으로 교육하는 것은 전문분야의 특출한 인재를 양성하며 과학기술교육의 전반적 수준을 높이는 데서 중요한 의의를 가진다.[22]

그렇다면, 노동자를 위한 원격교육과 전자도서관을 누가 설립하고 운영할 것인가? 전민과학기술인재화 정책은 어떤 수단에 의해 실현되는가? 북한당국은 그 답을 지역, 기업소, 공장, 협동농장 등의 개별 단위에서 찾도록 강조한다. "자기 단위에 필요한 과학기술인재를 자체로 육성하는 것이 전민과학기술인재화를 성과적으로 실현하는데서 견지하여야 할 중요원칙"이라는 것이다.[23] 미래원 및 과

---

[22] 리광삼, 『경애하는 최고령도자 김정은동지께서 밝히신 전민과학기술인재화에 관한 주체의 리론』, 평양: 사회과학출판사, 2017, pp. 120~126.
[23] 위의 책, pp. 139~158.

학기술보급실 건설 및 운영, 종사자 선발 및 배급, 이를 위한 주민동원에 이르는 모든 행정적, 경제적 의무는 각 단위별 당 위원회의 지도에 따라 "자체적으로" 수행되어야 한다. 특히 미래원 설치는 2015년 당 창건 70주년 행사에 맞춰 준공할 것이 요구되기도 하였다.

도당위원회에서는 당의 과학기술중시로선을 높이 받들고 시, 군, 구역들에 미래원을 짧은 기간에 훌륭하게 일떠세우도록 조직정치사업을 진공적으로 빌리였다. 도의 책임일군들은 시, 군, 구역 책임일군들과 설계부문 일군들을 발동하여 (중략) 이 사업을 당 위원회적인 사업으로 틀어쥐고 (중략) 송평구역의 책임일군들은 능력있는 일군들로 건설지휘부를 조직하고 자재보장을 앞세우면서 강력한 건설력량을 동원하여 미래원을 1년 남짓한 기간에 완공하였다. 이와 함께 컴퓨터를 비롯한 백수십대의 설비들과 책걸상들을 비롯한 비품들을 일식으로 갖추어주어 (중략) 책임일군들이 건설자재와 실내온도보장에 이르기까지 깊은 관심을 돌리면서 이 사업을 적극 밀어주었다. 하여 1년도 안되는 짧은 기간에 미래원이 훌륭히 일떠섰다. 군에서는 미래원에 현대적인 전자설비들을 갖추어주는것과 함께 종업원대렬을 능력있는 사람들로 꾸려주어 그 운영이 높은 수준에서 진행되도록 하였다.[24]

(염주군의 책임일군들은 대중을 힘있게 불러일으켜) 개건에 필요한 세멘트와 목재, 철판기와 유리 등 건설자재들을 보장하기 위한 경제조직사업을 짜고들었다. 그리고 도 도시설계연구소에 설계일군들을 파견하여 미래원 설계를 특색있게 하도록 떠밀어주었다. 개건공사가 본격적으로 진척되자 지휘부일군들은 이신작칙하면서 돌격대원들의 정신력을 적극 불러일으키는것과 함께 후방사업에 깊은 관심을 돌려 개건공사를 당창건 일흔돐전으로 끝내도록 하였다. (중략) 군에서는 13종에 100점의 전자설비와 3종에 120여점의 비품들을 일식으로 갖추어주고 미래원운영에서 제기되는 문제들도 풀어주었다.[25]

---

24) "미래원과 과학기술보급실운영 활발," 「로동신문」, 2015년 11월 3일.
25) "미래원을 훌륭히 개건," 「로동신문」, 2015년 12월 25일.

대중적기술혁신운동을 비롯하여 전민과학기술인재화를 성과적으로
다그쳐나가기 위한 모든 사업의 성과여부는 당조직들의 전투적기능
과 역할을 강화하는데 달려있다. 각급 당조직들은 과학기술사업을
중요한 정책적과업으로 틀어쥐고 당적지도를 강화하여야 하며 당선
전일군들은 전민과학기술인재화의 선풍을 일으키는데서 한몫 단단
히 하여야 한다. 하여 모든 당조직들이 전민과학기술인재화의 력사
적 위업을 가까운 앞날에 빛나는 현실로 꽃피우기 위한 투쟁에서 맡
고 있는 자기의 책임과 역할을 다해나가야 한다.[26]

그런데 시장화 이후 북한의 현실을 고려해보면, 이 정책이 얼마
나 많은 주민에게 긍정적 효과를 발휘할지 의구심이 생긴다. 특히
각 단위가 자립해서 생존해야 하는 환경에서, 물질적 부담은 결국
주민에게 전가될 수밖에 없다. 중앙에서는 각 공장/기업소 및 지역
당 위원회에 지시를 하달하고, 각 당 세포는 미래원과 과학기술보
급실을 설치 · 운영하는데 필요한 각종 자원과 노동력을 주민에게
요구하는 것이다. '정치지도사업'은 상부조직에서 하부조직으로 각
종 헌납을 유도하는 강력한 무기로 작용한다.

북한당국은 강계은하피복공장 초급당위원회를 예로 들면서, 전민
과학기술인재화의 성패 여부와 책임이 당 위원회에 있음을 강조하
였다. 특히, 초급 당위원회는 개별 주민과 직접 대면하는 일이 많으
므로 초급당 간부일수록 "종업원들의 마음과의 사업을 잘"[27] 하는
것이 중요하다고 주문한다. 각 지역 및 단위에서 이 정책과 관련하
여 헌납요구에 대한 주민 불만이 적지 않았음을 추측할 수 있다.

[26] 리광삼, 『경애하는 최고령도자 김정은동지께서 밝히신 전민과학기술인재화에 관한
주체의 리론』, p. 213.
[27] "열린 문과 닫긴 문," 「로동신문」, 2018년 12월 11일.

당조직들은 과학기술보급사업을 중시하는 당의 의도에 맞게 과학기술보급기지의 운영을 실속있게 짜고들어 진행함으로써 단위의 일군들과 당원들, 근로자들을 기술혁신의 주인으로, 자력갱생의 강자로 더욱 억세게 키워나가야 할 것이다.[28]

모든 시, 군 안의 책임일군들부터 할수 있는가 없는가를 론하기 전에 죽으나 사나 무조건 해내야 한다는 각오와 결심을 안고 현대적인 전자도서관, 미래원을 번듯하게 꾸리기 위한 사업에 앞장서 (중략) 생산이 바쁘고 설비와 비품을 구입하는데 자금이 든다고 주저하거나 훗날에 보자는 식으로 대해서는 언제가도 과학기술보급실을 보란 듯이 꾸려놓을 수 없는 것[29]

인용문에서 드러나듯, 북한당국이 요구하는 '단위별 자립'은 다수 주민의 희생과 헌납을 전제한다. 때문에, 당장의 생계유지가 가장 급한 대다수 주민들에게 원격대학교육이나 보급실 체계는 별로 반갑지 않은 또 다른 과제일 수밖에 없다.

4) 유인의 부재

지금까지 살펴본 바 북한당국이 요구하는 전민과학기술인재화의 핵심 목표, 즉 현장 기술혁신의 가능성은 높지 않아 보인다. 과학기술 보급실 이용이 무조건 생산현장에서의 기술혁신을 결과할 수 없다. 그 이유는 여러 가지가 있겠으나, 북한당국은 대체로 이용자들 혹은 단위 관리자들에게 그 책임을 전가한다. 중요한 것은 북한당국이 원하는 방식, 곧 '원격교육(정보 접근)－기술혁신－자립'의 3

---

28) "열린 문과 닫긴 문," 「로동신문」, 2018년 12월 11일.
29) 리광삼, 『경애하는 최고령도자 김정은동지께서 밝히신 전민과학기술인재화에 관한 주체의 리론』, pp. 164~167.

단 논법이 현실에서는 달성되기 어렵다는 점이다.

> 과학기술보급실리용을 누구나 똑같이 하였지만 과학기술성과를 내
> 놓는 측면에서는 차이가 있었던 것이다 (중략) 과학기보급실을 찾은
> 종업원들중에는 좋은 기술혁신성과를 내놓지 못한 사람들이 적지 않
> 았다 (중략) 과학기술보급실에로 걸음을 자주한다고 실력이 저절로
> 올라가는 것이 아니다.[30]

표면적으로는 이 정책의 대상이 "전민" 혹은 전체 '노동자'에 우선
순위를 두고 있어 보이지만, 조금 더 생각해보면 그 기회를 가질
수 있는 집단이 매우 협소한 규모라는 점을 발견할 수 있다. 가령
소속 기업소, 공장, 농장이 물적 조건을 갖추지 못한 노동자, 농민,
사무원 등에게는 비현실적인 정책일 수 있다. 또한 연로보장을 받
는 노인, 사실상 시장 활동으로 수익을 얻으며 자녀 양육과 가사노
동까지 전담하는 다수의 성인 여성에게는 전혀 해당되지 않는 사안
이라고 보아야 한다.

> 과학기술보급실은 결코 제한된 몇 명의 사람들만 리용하며 (중략) 열
> 람하는 장소로 되어서는 안된다. (중략) 과학기술보급실운영계획을
> 치밀하게 구체적으로 세워야 생산활동에 지장을 주지 않으면서도 모
> 든 종업원들이 과학기술보급실을 일상적으로 리용할 수 있다.[31]

> 사실 처음에는 가정부인으로서 대학공부를 할 엄두를 내지 못했었
> 다. 그러나 시간과 장소, 환경에 구애됨이 없이 강의를 받을수 있는
> 원격교육체계가 구축된것으로 하여 공부하기가 생각보다 별로 어렵
> 지 않았다. 정말이지 지난 5년간의 대학과정이 어떻게 흘러갔는지
> 모르겠다.[32]

30) "열린 문과 닫긴 문," 「로동신문」, 2018년 12월 11일.
31) 계광일, "과학기술보급실운영을 개선강화하기 위한 요구," p. 40.

과학기술보급실은 물적 기반을 갖추는 설치의 문제 뿐만 아니라 개설 이후 정상적으로 지속 운영 및 관리 되어야 한다. 그러나 학습자들의 학습효율을 관리하거나 촉진할만한 맞춤형 교육과정이 부실하고 규칙적 학습을 유도할 시스템도 부재하다.

> (과학기술보급실은) 구체적인 계획도 없이 이것저것 아무것이나 열람하는 장소로 되어서는 안된다. (중략) 자기 부문, 자기 직종에 맞는 과학기술지식을 습득하도록 하는데 기본을 두고 (중략) 학습과제도 명확히 주며 (중략) 실지 자기 사업에 써먹을수 있는 과학기술지식을 습득할수 있으며[33]

> 과학기술보급실운영계획도 그것을 세우는데 그칠것이 아니라 철저히 집행하도록 지도하고 통제하고 검열하여야 한다. 과학기술보급실 운영을 짜고들지 않아 과학기술보급실이 신문이나 열람하고 컴퓨터로 주패, 장기나 두는 오락 장소로 되게 하여서는 안된다.[34]

> 과학기술보급기지들이 훌륭히 꾸려지고 문이 활짝 열려져있어도 그것을 리용할 종업원들이 배우려는 열의가 없다면.[35]

인용문에서 언급하는 '학습자 관리'는 단순한 기술적 문제만을 의미하지 않는다. 사실 시장화 이후 북한 사회에서 주민의 실천과 인식은 배치된 직장에서의 성실한 복무보다 생계유지와 직결되는 화폐나 수익에 더 큰 중점을 두고 있다. 대다수 성인 여성이 배치된 직장이 아닌 시장영역에 종사하고 있음은 말할 것도 없거니와,

---

32) "전민과학기술인재화실현에 적극 이바지하겠다," 「내나라」, 2016년 3월 18일, 미상.
33) 계광일, "과학기술보급실운영을 개선강화하기 위한 요구," p. 40.
34) 한영미, "과학기술보급실 운영과 전민과학기술 인재화,"『근로자』, 2018년 8호, 2018, pp. 43~44.
35) "열린 문과 닫긴 문," 「로동신문」, 2018년 12월 11일.

남성 성인은 출근하지 않으면 처벌이 크기 때문에 어쩔 수 없는 측면이 있지만, 직장에 "적을 걸어두고" 시장을 통해 수입을 얻거나 직장에서의 직위나 직업 기술과 연계하여 돈을 벌기도 한다. 이런 상황에서 배급도 주지 못하는 직장의 "생산과 경영활동에서 제기되는 문제" 해결이 우선순위가 되기는 어렵다. 게다가 과학기술보급실과 원격대학교육은 당장의 장사활동에 이익을 주지 못하기 때문에 다수 개인에게는 별로 효과적이지 않은 유인이다.

3. 강원도 정신: 판타지아의 북한적 변주와 '전민'들

1) 인재-과학기술 기반 자립 모델로서의 강원도

북한당국은 2016년 12월 13일부터 "강원도 정신"을 부각시키기 시작했다. 원산군민발전소 완공을 기념하여 현지지도를 나간 김정은이 "강원도 정신"이라는 칭찬을 붙여주었다는 보도가 등장했던 것이다. 북한당국은 원산군민발전소와 강원도의 건설 사례가 "오늘의 자력갱생은 현대적인 과학기술에 기초한 자력갱생이라는 확고한 관점을 가지고"[36] 있다면서 "온나라가 따라배워야 할 시대정신"[37]으로 명명하였다(밑줄 필자 강조).

> 그 옛날 암하로불이라 불리운 강원도를 가리켜 물강원도, 돌강원도
> 라고도 했다. 그만큼 지역의 대부분이 산으로 되어있고 자연기후적

---

[36] "당에 대한 불타는 충정과 자력자강으로 만리마시대의 본보기정신을 창조한 강원도 인민들의 영웅적 위훈", 「로동신문」, 2017년 2월 6일.
[37] 김정남, 『강국건설의 생명선』, 평양: 평양출판사, 2018, p. 120.

으로도 불리한 지역이여서 공업토대가 미약하여 국가의 도움만 바라
보던 강원도였다. (중략) 강원도정신은 이 세상에 믿을 것은 오직 자
기 힘밖에 없으며 자체로 살아나가겠다는 강한 정신력을 지니고 떨
쳐나설 때 못해낼 일이 없다는 것을 실천으로 증명하여준 위대한 시
대정신이다. 강원도정신에서 중요한 것은 **과학기술의 힘에 의거할
때 얼마든지 무에서 유를 창조하며 자력자강의 거대한 기적을 창조
할 수 있다는 것이다.**[38]

강원도정신의 창조는 모든 부문, 모든 단위, 모든 도에서 자기 힘으
로 자기의 생활을 꾸려나가겠다는 강한 자존심과 배짱, 기존관념에
구애되지 않고 과학기술을 앞세워 (중략) 강원도정신의 위력을 총폭
발시켜 올해에 5개년전략수행의 확고한 전망을 열고 만리마속도로
(중략) 과학기술중시, 과학기술선행에 5개년전략수행의 지름길이 있
다. 우리는 자력자강의 위력은 곧 과학기술의 위력이라는 것을 명심
하고 모든 일을 과학기술적으로 실리를 따져가며 해나가야 한다.[39]

원산군민발전소는 서해바다로 흐르는 물길을 반대방향인 동해로
돌려 전력을 발전하게 하는 유역변경식 수력발전소이다. 김정일이
2009년 1월 원산청년발전소 완공식에서 새롭게 원산군민발전소 건
설을 요구했고 2009년 3월 31일 착공식에서 "필요한 설비, 자재, 공
구들을 자체의 힘으로 생산보장하며 온 도가 달라붙어 발전소 건설
을 물심량면으로 지원할" 것을 결의하기도 했다.[40] 그러나 공정이
쉽지 않고 대규모 자금, 자재, 설비, 기기를 필요로 했기 때문에 진
전이 더디었다. 2010년 7월 김정일이 방문하여 "발전소 건설을 하루
빨리 끝내"라고 강조했지만 수월하지 않았다. 그 뒤로 원산군민발

---

38) 위의 책, pp. 111~113.
39) "강원도정신으로 자력자강의 승전포성을 힘차게 울려나가자,"「로동신문」, 2017년
1월 24일.
40) "원산군민발전소 착공,"「로동신문」, 2009년 4월 1일.

전소에 대한 기사는 나타나지 않다가 2013년 3월 당 중앙위원회 전원회의에서 원산과 금강산을 관광특구로 개발한다는 결정이 등장하고 나서야 재등장했다.[41] 김정은의 원산개발 기조에 맞춰 발전소 준공을 채근하기 시작한 것이다. 결국 준공식은 착공 후 만7년이 넘은 2016년 4월 29일에서야 열렸다.

흥미로운 것은, 준공 후 8개월이나 지난 2016년 12월에서야 김정은이 원산군민발전소를 찾아가 "강원도 정신"을 이야기했다는 점이다. 여기에는 나름의 배경이 있는데, 동년 3월 2일 사상 최고 수준의 비군사적 재제조치였던 유엔 안보리 결의안 2270호가 채택되었고, 9개월도 채 지나지 않은 11월 30일 최고 수준을 또 다시 갱신한 유엔 안보리 결의안 제2321호가 통과되었다. 이후 2019년 북미 하노이 회담에서 북한당국이 2270호부터 채택 순서대로 총 5건을 해제해달라고 요구했을 정도로 강력한 재제가 시작된 것이다. 물론이 두 결의안은 아무 이유없이 채택된 것이 아니라 모두 북한의 핵실험과 미사일 발사에 대한 조치였다.[42] 일련의 결의안이 누적 효력을 막 발휘하기 시작하자마자 북한당국은 강력하게 "강원도 정신"을 강조하며 지역별로 '인재양성 – 과학기술 – 지역경제'의 자립을 이루라고 강력하게 요구하기 시작하였다.

> 령도업적단위들에서는 자력갱생의 정신과 과학기술을 틀어쥐고 가
> 치있는 기술혁신안들을 적극 받아들여 생산적 양양을 일으키고 있

---

41) "무넘이 콩크리트치기 마감단계,"「로동신문」, 2013년 4월 24일.
42) 2270호는 북한의 제4차 핵실험 및 미사일 발사, 2321호는 제5차 핵실험에 대한 결의안이다.

다. 천내리세멘트 공장의 일군들과 로동자들은 삼지연군꾸리기 건설
장을 비롯한 대고조전투장들에 더 많은 세멘트를 생산보장하기 위한
사회주의 경쟁을 힘있게 벌려 매달 맡겨진 과제들을 앞당겨 수행하
고 있다. (원산구두공장, 이천군민발전소건설장, 고성, 세포, 회양, 평
강군민발전소건설장 등에서) 전례없는 혁신 (중략) 원산청년발전소
와 원산군민발전소를 비롯한 도안의 수력발전소들에서도 기술혁신
운동 (중략) 도과학기술위원회의 일군들과 해당 단위의 일군들과 로
동자, 기술자들은 서로의 창조적 지혜와 힘을 합쳐 도에서 생산한 소
금으로 탄산소다와 가성소다, 염산을 만들어낼 수 있는 토대를 마련
해놓았다.[43]

(강원도 정신에 따라) 수입병을 뿌리뽑고 원료와 연료, 설비의 국산
화를 실현하기 위한 투쟁에 큰 힘을 넣어야한다.[44]

김일성 집권기에도 북한당국은 원료 국산화나 "주체과학" 등 외
국 과학기술과 자원으로부터의 자립을 주장한 바 있다. 그러나 김
정은 집권 이후 "자립"의 범위는 더욱 확대되었다. 대북제재라는 현
실적 제한 속에서 기존의 원료 국산화뿐만 아니라 생산/건설 현장
의 자립적 운영, 나아가 주민 의식주 생활의 자립까지 요구하기 시
작한 것이다. 발전소를 자력으로 건설하는 데 그치지 말고 지역 전
체의 각종 공장, 건설, 생산 기지와 주민생활영역 곳곳에서 자립할
것을 강조하는 언설이 등장한다.

지금 강원도인민들은 자기힘으로 안아온 전기덕, 소금덕, 샘물덕을
보고 있으며 (중략) 강원도인민들은 도의 전기문제를 완전히 풀 대담
한 작전을 세우고 여러개의 발전소 건설에 진입하였다. (중략) 도 양

---

[43] "강원도정신의 창조자들답게 계속 혁신, 계속 전진," 「로동신문」, 2018년 9월 17일
[44] "강원도정신으로 자력자강의 승전포성을 힘차게 울려나가자," 「로동신문」, 2017년
1월 24일.

묘장, 도 수산사업소, 양로원 건설과 원산시 송천남새전문협동농장
을 사동구역 장천남새전문협동농장처럼 전변시키고 도의 농업생산
토대를 다지기 위한 사업들을 비롯하여 통이 큰 목표들을 련이어 내
세우고 립체적으로 밀고나가고 있다.[45]

전기와 물, 살림집과 땔감문제해결에서 밝은 전망이 열리고 자력갱
생기지들이 은을내고 있으며 (중략) 자체의 힘으로 원산청년발전소
와 원산군민발전소, 원산제염소, 원산목장(중략) 강원도 12월 6일 소
년단 야영소를 최상의 수준에서 훌륭히 개건하였다.[46]

이러한 조치는 원래 북한당국이 맡아 책임졌어야 할 부문들을
사실상 주민에게 전가하는 것이다. 과학기술을 이용하여 주민의 일
상생활 속 식량(소금, 물), 주거(살림집), 농업 및 산림(양묘장, 농장
현대화), 에너지(발전소), 사회복지(양로원) 문제까지 자체적으로 해
결하라는 논리를 지니고 있기 때문이다. 중요한 것은, 강원도 정신
의 기저에 흐르는 '인재양성 – 과학기술 – 경제자립'의 논리가 앞서
살펴본 전민과학기술인재화에서의 그것과 쌍둥이라는 점이다. 다
만 지역으로 확대되면서 주민 의식주 자립까지 포괄하는 것으로 확
장되었을 뿐이다.

2) 당성의 강조와 당위원회 책임의 강화

북한당국은 강원도 정신을 통해 '과학기술을 통한 자립'이 당 정
책이라는 점을 더욱 강조하기 시작하였다. 또한 단위별 자립의 책임

45) "강원도정신의 본질과 기본내용,"「로동신문」, 2017년 1월 25일.
46) 위의 글.

을 각 당 위원회에 두면서 다음과 같이 역설하는 것으로 나타난다.

첫째, 당 위원회부터 태도를 정비하고 주민 대상 선전선동사업을 강화할 것을 요구한다. 과학기술을 통한 자립은 단순한 경제적 의미를 넘어 "유훈관철과 당정책 옹위"로 의미화된다. 북한에서 "유훈"이 갖는 의미를 생각할 때, 이는 연이은 대북제재 속에서 단위별 자립이 절실한 현실을 방증한다.

> 강원도당위원회에서는 발전소 건설을 단순한 물질적조건이나 경제적실리로만 계산되는 공사가 아니라 위대한 장군님앞에서 다진 충정의 맹세를 지키는가 못 지키는가 하는 사상적인 문제로 보고 대중의 정신력을 총발동하기 위한 조직정치사업을 드세게 벌리였다. 도의 책임일군들부터 전투현장으로 달려가 화선식정치사업을 첨입식으로 들이대여 온 공사장이 혁명열, 투쟁열로 부글부글 끓어번지게 하는 한편 모든 공장, 기업소의 로동계급과 근로자들을 발전소건설을 위한 투쟁에로 힘있게 불러일으켰다.[47]

> 도당위원회 책임일군들을 비롯한 모든 일군들이 돌격투사가 되고 대중의 거울이 되었기에 강원도의 전반사업에서 끊임없는 혁신이 일어나고 자랑찬성과가 이룩될 수 있었다 (중략) 모든 당조직들은 위대한 수령님들의 유훈관철과 자기부문, 자기 단위앞에 제시된 당정책, 기본혁명과업을 철저히 수행하는데 당사업의 화력을 집중하여야한다. 들끓는 전투현장에 정치사업무대를 정하고 혁명적인 사상공세로 대중의 심장을 혁명열, 투쟁열, 애국열로 세차게 들끓게 하여 그 어디서나 자력자강의 기상, 만리마속도창조의 불길이 나래치게 하여야 한다. 당조직들에서는 강원도정신을 따라배우고 철저히 구현하기 위한 조직정치사업을 짜고들어 누구나 오늘의 장엄한 전민총돌격전에서 영예로운 승리자가 되도록 하여야 한다.[48]

---

47) "당에 대한 불타는 충정과 자력자강으로 만리마시대의 본보기정신을 창조한 강원도 인민들의 영웅적 위훈", 「로동신문」, 2017년 2월 6일.
48) "강원도정신으로 자력자강의 승전포성을 힘차게 울려나가자," 「로동신문」, 2017년 1월 24일.

둘째, 당 위원회는 과학기술위원회와 과학기술인을 적극 지원하고 독려하는 한편 생산/건설 현장 노동자에게 기술혁신 성과를 내도록 추동할 책임을 맡는다. 실제로 2020년 2월 1일 노동신문에서 강원도 당위원장 박정남은 강원도 사례를 들어 많은 과학기술인재를 제대로 지원해야 자립자강을 이룰 수 있다고 강조했다.[49] "사회주의적 경쟁"을 촉발하는 대중운동 또한 당 위원회의 역할이다.

> 과학의 길은 멀고 험난하다. 성공을 기약할 수 없는 그 길에서 과학자, 기술자들이 겪어야 할 고심참단한 노력에 대해 아는 사람보다 모르는 사람이 더 많다. 이러한 과학탐구의 길은 일군들이 과학자, 기술자들과 어깨겯고 끝까지 함께 갈 때만 중도반단을 모르고 계속 힘차게 이어질수 있는 것이다 (중략) 노즐가공설비가 없는 어려운 조건에서 간난신고를 해가며 세 번네번 여러차례의 시험을 해보았으나 매번 실패를 거듭하였다. 그러니 연구집단의 심리가 얼마나 복잡하였겠는가. 허나 실패때마다 힘과 고무를 안겨주며 그들을 다시, 또 다시 일으켜 세워준 것은 바로 도의 책임일군이었다. (중략) 이런 믿음과 방조가 있었기에 다섯 번째만에는 드디어 노즐개발이 성공하게 되었으며[50]

> 당조직과 일군들은 인민군대식 선전선동의 된바람과 **경쟁열풍**을 세차게 일으켜 대중의 정신력을 총폭발시키고 립체전조직과 지휘를 탄력있게 하여 만리마 속도창조의 불바람이 세차게 휘몰아치게 하였다.[51]

> 발전소 당조직에서는 (중략) 위대한 장군님의 유훈을 생명선으로 틀어쥐고 전력생산을 늘이기 위한 대중적 기술혁신운동을 힘있게 벌려

49) "지상연단: 정면돌파전의 선두에서 달리는 강원도 정신 창조자들은 말한다," 「로동신문」, 2020년 2월 1일.
50) 김정남, 『강국건설의 생명선』, pp. 117~119.
51) "선군시대의 기념비적 창조물: 원산군민발전소 준공식," 「로동신문」, 2016년 5월 1일.

합금으로 된 발전기축메달대신 압착고무메달을 리용할 수 있게 한 것을 비롯하여 수많은 기술혁신안들을 연구도입하여 발전기들의 정상가동을 보장 (중략) 당조직의 면밀한 조직정치사업에 의하여 발전소에서는 지난해 충정의 70일전투와 200일전투기간 발전기들의 수차 날개와 안내날개를 개조하여 그 흐름을 종전보다 높이였으며 발전설비들과 수력구조물들에 대한 보수를 짜고들어[52]

이처럼 북한당국은 자금 및 노동력 지원, 과학기술인과의 협력에 이르기까지 각 단위 당 위원회를 중심으로 완수할 것을 권고한다. 그런데 북한당국 스스로 인정하듯 이러한 역할은 원래 중앙당 차원에서 수행했어야 하는 것이다.

공화국에서는 이미 전부터 중요한 정책적과제가 제시되면 국가가 그 실현을 위하여 강력한 과학기술집단을 무어 현지에 파견하고 물질기술적 수단들도 집중적으로, 책임적으로 보장하여준다. 몇몇 과학자, 기술자들의 개별적인 지혜와 재능이 아니라 집단의 위력으로, 국가의 지도와 지원 밑에 대중운동방식으로 과학기술연구활동이 진행되는 것이다.[53]

강원도의 발전소 건설은 김정일의 현지지도에도 불구하고 오랜 기간 더디게 진행되었고 당 70주년 창건행사에 맞춰 준공하기 위해 보다 적극적으로 주민의 노동력을 동원하고 헌납을 촉구할 필요가 있었다. 대북제재가 강화되면서 각 단위의 자립은 더욱 시급하고 중요한 문제로 부각되었다. 더 이상 국가와 상급기관이 하급기관과 대중을 물질-기술적으로 지원해주지 못하게 되었기 때문이다.

---

52) "수령의 유훈관철전, 당정책옹위전의 앞장에서 힘차게 전진," 「로동신문」, 2017년 3월 9일.
53) 김정남, 『강국건설의 생명선』, p. 125.

4. 기층의 입장: 과학기술인과 주민의 부담

1) 과학기술인 우대조치의 양가적 측면

강원도 인민위원회는 과학기술위원회를 확대하여 총 3동의 청사 건물에 과학기술위원회만 별도 배정하고 과학기술위원회에 힘을 실어주었다. 또한 자원과 노동력을 움직일 수 있는 지위의 노련한 당 간부, 곧 "도의 경제실태에 밝고 실무수준이 높으며 지도능력이 강한 일군"을 도 과학기술위원회 책임자로 임명하고 나름의 과학기술인 TF를 마련하였다. 필요한 설비, 자재, 원료 등을 과학기술인이 계상하면 이를 당 고위 간부가 전체 단위에 책임을 배당하는 방식으로 수급이 이루어졌을 것이다. 과학기술위원회는 간부들을 통해 "태양빛전지판과 현대적인 설비들, 수십대의 정보통신기재들, 승용차, 화물자동차"[54] 등 필요한 기기, 설비 등을 조달하였다. 앞서 언급한 것처럼 단위 소속 과학기술인에 대한 당 위원회 차원의 지원도 시행되었다.

그러나 우대하는 만큼 과학기술인의 부담도 커졌다. 기술혁신, 국산 원료 사용, 설비와 자재의 자체 공급, 주민 생활을 위한 각종 공장과 시설까지 단위별 경제적 자립의 범위가 확대되면서 과학기술인의 과업 또한 과중해졌다. 사실 원활한 자재 수급과 선진기술, 설비가 있더라도 변수가 생기는 것이 건설 현장이다. 설상가상 국산화를 실현하라거나 각종 과학기술 혁신을 도출하라는 것은 과학

---

54) 위의 책, p. 116.

기술인 입장에서 상당한 부담을 가질 수밖에 없다.

자체의 기술개발력량을 튼튼히 꾸리고 과학자, 기술자, 기능공들의
역할을 최대로 높이며 그들이 현실에서 제기되는 과학기술적 문제들
을 적극적으로 풀어나가도록 떠밀어주어야 한다. 수입병을 뿌리뽑고
원료와 연료, 설비의 국산화를 실현하기 위한 투쟁에 큰 힘을 넣어야
한다.[55]

오늘의 자력갱생은 현대적인 과학기술에 기초한 자력갱생이라는 확
고한 관점을 가지고 일군들과 건설자들은 발전소건설에서 제기되는
모든 문제를 자체의 힘과 기술로 풀어나갔다. 과학자, 기술자, 건설
자들은 창조적지혜를 합쳐 언제단면최량화공법, 가배수로에 의한 큰
물처리공법, 콩크리트타입량을 40%이상 줄인 새로운 무넘이언제공
법 등 100여건의 가치있는 기술혁신안을 연구도입하여 공사의 속도
와 질을 최상의 수준에서 보장하면서도 많은 로력과 자재를 절약하
였다. 또한 혼합물충전에 쓰이는 급결제를 자체의 힘과 기술로 만들
어내여 흐름속도가 빠른 물속에서도 전반적인 갱피복공사를 일정대
로 다그쳤으며 중앙이나 다른 도의 도움이 없이는 할 수 없다고 하
던 압력관로공사와 대형발전기설치도 도자체의 기술역량에 의거하
여 해제꼈다.[56]

발전소 건설에 참가한 과학자, 기술자들과 건설자들은 앞선 공법과
가치있는 기술혁신안들을 적극 받아들여 많은 로력과 자재, 자금을
절약하면서도 공사의 질을 높이었으며 첨단기술인 발전기조속기자
동조종기술을 연구도입하고 전력통합생산체계를 구축하는 성과를
이룩하였다.[57]

---

[55] "강원도정신으로 자력자강의 승전포성을 힘차게 울려나가자," 「로동신문」, 2017년
   1월 24일.
[56] "당에 대한 불타는 충정과 자력자강으로 만리마시대의 본보기정신을 창조한 강원
   도 인민들의 영웅적 위훈," 「로동신문」, 2017년 2월 6일.
[57] "선군시대의 기념비적 창조물: 원산군민발전소 준공식," 「로동신문」, 2016년 5월
   1일.

기계를 대상으로 하는 컴퓨터를 이용한 프로그래밍과 자연을 대상으로 하는 발전소 공사는 위험성, 비용의 측면에서 비교할 수 없을 정도로 격차를 지닌다. 수력발전소 건설비용자체가 비쌀 뿐만 아니라 컴퓨터와 달리 오류를 수정할 수도 없기 때문이다. 특히 기술혁신안은 검증 없이 현장에서 바로 도입된 것들이다. 당장의 콘크리트 절약이 부실공사로 이어진다는 점은 북한에서도 여러 사례를 통해 증명된 바 있다. 무조건 "속도와 질"을 함께 보장할 수 있는 방안도 없다. 중앙에서 파견하는 전문 '과학자, 기술자 돌격대'의 지원도 크게 받지 못하고 충분한 연구개발 비용과 환경이 갖춰지지 않은 상태에서 의미 있는 혁신은 사실상 불가능한 것이다.

특히 원산군민발전소와 같은 유역변경식 발전소는 강원도 외부인 자강도 희천발전소, 함경남도 장진강 발전소 등이며 강원도 내 다른 발전소에서는 유역변경식을 사용하지 않는다. 또한 유역변경식은 물길을 돌려야 하고 압력조절설비 등을 설치해야 하기 때문에 다른 유형의 수력발전보다 공정이 까다롭고 위험한 측면이 존재한다. 압력관로공사나 대형발전기 설치는 기존의 유역변경식 발전소 건설 경험이 있는 지역이나 발전기의 경우 생산자인 대안중기계연합기업소의 도움이 필요했을 수밖에 없다. 발전 전문성을 지닌 기관에서 맡아야 할 일을 다른 전공의 과학기술인이 책임진다는 것은 아무리 유관 부문을 전공했다 해도 쉽지 않은 일이다. 노동신문 지면에서는 열악한 환경, 다른 전공 업무에서 기술혁신을 요구받는 과학기술인의 현실이 종종 드러난다. 전문 지식, 기술, 원료, 설비 등이 필요한 사안을 비전문가 집단의 힘으로 극복할 것을 요구하는 것은 과학기술을 충분히 이해하지 못하는 시각을 보여준다.

평성석탄공업대학을 졸업하고 기계생산공학기사의 자격을 받은 그에게 있어서 (저질탄을 주민용 연료로 변환하는) 연구과정은 초행길이나 다름없었다. 아무리 찾아보아도 무연탄연소첨가제에 대한 소개는 있었지만 유연탄연소첨가제에 대한 자료는 찾을수없었다. 강미령 동무는 여러곳에서 만들었다는 첨가제를 구입하여 실험도 해보고 여러 연구단위들을 찾아가 토론도 해보았지만 실패에 실패를 거듭하였다 (중략) 다심하면서도 엄격한 아버지와 같은 지배인의 정다운 손길, 조직과 집단의 방조밑에 강미령 동무는 드디여 유연탄연소첨가제 시약을 만들어내고야 말았다.[58]

과학기술적 차원에서 북한당국이 강원도 사례에서 선전하는 "자력자강"은 과장된 측면이 크다. "중앙이나 다른 도의 도움 없이"[59] 건설했다는 주장도 사실과 어긋난다. 원산군민발전소가 2017년 전국정보화성과 전람회에서 정보화 모범단위로 선정되었지만 자동조종체계까지 강원도에서 단독 개발했을 가능성은 낮다.[60] 인용문에 등장한 자동조종기술이나 전력통합생산체계는 전자공업성 전자자동화설계연구소에서 제작하여 2016년 "제23차 전국 프로그람 경연 및 전시회"에 출품한 바 있다. 또한 태양빛 전지 유리, 정보통신기재의 경우 대다수가 북한 내부에서 충당하기 어려운 물품으로 "도의 일군들의 관심과 적극적인 방조"를[61] 통해 수입해 온 것이다. 대안중기계연합기업소에서는 준공이전은 2013년 5월에 원산군민발전소에 보낼 수력발전용 터빈을 생산하고 있었고 군부대 또한 기계

58) "버럭산을 보물산으로 만든 처녀," 「로동신문」, 2015년 11월 3일.
59) 김정남, 『강국건설의 생명선』, p. 114.
60) 건설이 끝난 직후 2016년 8월 11일, 원산군민발전소 건설자, 과학자, 기술자, 일꾼, 지원자에게 당 노력영웅칭호와 국가 표창이 수여되었다. "당 및 국가표창 수여," 「로동신문」, 2016년 8월 12일.
61) 김정남, 『강국건설의 생명선』, p. 116

를 지원하였다.[62]

> 군민발전소로 명명해주신 위대한 장군님의 숭고한 뜻을 받들고 조선
> 인민군 군부대들에서 권양기와 불도젤과 같은 중기계들과 공사에 필
> 요한 자재를 아낌없이 보내주었으며 대안중기계련합기업소와 상원
> 세멘트련합기업소의 일군들과 로동계급은 공사에 필요한 대상설비
> 와 자재들을 책임적으로 보장하여 발전소건설을 다그치는데 적극 기
> 여하였다.[63]

2020년 1월에는 강원도에 강원도농업과학연구소와 원산남새연구
분소가 준공되었다.[64] 이는 인력뿐만 아니라 단위별 전문연구역량
을 확대하여 중앙연구기관(국가과학원)으로부터 일정한 자립을 도
모하려는 시도로 평가할 수 있다. 전민과학기술인재화가 전문인력
－노동자의 투트랙을 빚어내는 역할을 했다면, 강원도 정신은 전문
인력을 다시 중앙－지방으로 재배치하는 효과를 발휘한 것이다.

2) 지역별 자립의 반대급부: 희생하는 주민들

북한당국은 전민과학기술인재화와 강원도 정신이 결국 인민경제
향상을 목표한다고 주장하지만, 그 내용을 살펴보면 이러한 자립요
구가 오히려 주민의 삶을 더 피폐하게 만드는 측면이 존재한다. 표

---

[62] "전국 수력발전소에 설치된 발전기 가공…속도·질 높아져," 「통일신문」(온라인),
2013년 5월 28일; 〈https://www.unityinfo.co.kr/sub_read.html?uid=15276&section=sc9&
section2=〉.
[63] "선군시대의 기념비적 창조물: 원산군민발전소 준공식," 「로동신문」, 2016년 5월
1일.
[64] "훌륭히 개건된 강원도농업과학연구소, 원산남새연구분소 준공," 「조선의 오늘」,
2020년 1월 6일, 미상.

면적으로는 당 위원회의 책임이라고 하지만 현실에서는 주민의 부담분으로 돌아오기 때문이다. 대북제재, 불충분한 기술 연구·개발, 검증되지 않은 기술혁신안, 부족한 설비와 자재, 국산화 및 절약에 대한 무리한 요구 등은 원래 북한당국이 해결했어야 할 물질적, 기술적, 구조적 문제이다. 그러나 과학기술을 당성과 경제적 자립으로 치환하고 빈틈을 주민의 헌납과 노동력으로 메꿈으로써 주민의 생명과 건강을 위협하는 결과를 초래하는 것이다. 강원도 정신이 과학기술과 과학기술인재의 능력을 강조하지만, 그 어디에서도 지식과 기술을 사용하는 과학기술인이 아닌 '전민'의 흔적을 찾아볼 수 없다. 간부도, 과학기술인도 아닌 보통의 수많은 일반 주민은 재화, 노동력, 그리고 목숨을 내놓은 희생과 헌납의 기록으로 남겨져 있을 뿐이다.

> 돌격대원들은 물이 가슴까지 차오르는 속에서 발파와 콩크리트타입을 하고 고무배와 나무배로 버럭과 혼합물을 나르며 사생결단의 돌격전을 벌렸다. 뜻밖의 붕락으로 굴속에 갇혀서도 작업을 중단하지 않았고 죽음을 각오해야하는 림시물막이구조물해체전투에도 서슴없이 뛰여들었다. 가슴아픈 희생도 있었지만 그들은 순간의 주저나 동요, 비판을 몰랐다. 위대한 장군님의 유훈을 관철하지 못하면 이 땅에서 살 권리가 없으며[65]

> 착암기가 멎으면 정대와 함마로 발파구멍을 뚫으며 공사속도를 보장한 돌격대원들의 무비의 헌신성에 의해 두달분의 무넘이언제깇굴착과제가 단 6일동안에 결속되는 놀라운 기적이 창조되였다 (중략) 당이 정해준 시간에 무조건 원산군민발전소를 완공하기 위하여 결사전

65) "강원도정신으로 자력자강의 승전포성을 힘차게 울려나가자," 「로동신문」, 2017년 1월 24일.

을 벌린 건설자들가운데는 뜻밖의 봉락으로 굴속에 갇혀서도 작업을 중단하지 않았으며 죽음을 각오해야하는 림시물막이구조물해체전투에도 서슴없이 뛰여든 불굴의 투사들, 갱천정에서 떨어지는 바위를 한 몸으로 막아 귀중한 혁명동지들을 구원하고 장렬하게 희생된 애젊은 청춘들도 있었다.[66]

북한 건설현장, 특히 발전소 건설장에서 동원된 주민이 사망하는 일이 빈번하긴 하지만 원산군민발전소는 물길을 바꾸는 공사였다는 점에서 더욱 위험했고 피해도 컸다. 구식 장비가 멈추고 이렇다 할 대체기술이 없는 상황에서 결국 공사를 완성시킬 수 있었던 것은 여러 주민, 특히 돌격대원들의 목숨과 맞바꾸었기 때문이다. 헌납과 노동력 동원 또한 상당한 수준으로 전개되었다.

> 기관, 기업소 근로자들은 물론 청년대학생들과 가두녀맹원들을 포함한 도안의 인민들 모두가 한마음 한뜻이 되어 세멘트와 강재, 양수기와 시추기를 비롯한 많은 설비와 자재, 부속품들을 자체의 힘으로 해결하고 발전소건설을 물심량면으로 힘있게 지원하였다.[67]

> 원산군민발전소의 언제와 물길굴, 발전소들에는 돌격대원들뿐아니라 도안의 전체 인민들의 고귀한 헌신의 땀방울이 슴배여있다. 모든 시, 군의 녀맹원들이 발전소건설장에서 돌격대원이 되어 로력적 위훈을 떨치었으며 전쟁로병들과 영예군인들까지 힘있는 경제선동으로 발전소건설자들을 고무추동하였다.[68]

---

[66] "당에 대한 불타는 충정과 자력자강으로 만리마시대의 본보기정신을 창조한 강원도 인민들의 영웅적 위훈," 「로동신문」, 2017년 2월 6일.

[67] "선군시대의 기념비적 창조물: 원산군민발전소 준공식 진행," 「로동신문」, 2016년 5월 1일,

[68] "강원도정신으로 자력자강의 승전포성을 힘차게 울려나가자," 「로동신문」, 2017년 1월 24일.

당원은 물론 각 직장, 학교, 인민반, 청년동맹, 여맹, 직맹 등 각종 조직과 단체를 아울러 헌납요구가 지속되었다. 전쟁노병과 영예군인처럼 노동력을 활용할 수 없는 경우는 돈이나 물자로 대체해야 했다. 특히 여맹은 돌격대와 물자지원에 이르기까지 갖가지 지원, 동원 대상으로 호명되었다. '과학기술에 기반한 자력갱생(강원도정신)'에서 주민은 지식과 기술을 실천하는 주체로 상정되지 않는다. 이처럼 강원도 모델은 '전민'과 '과학기술인재' 사이의 확연한 분업을 담지하고 있으며, 북한당국의 시선에서 일반 주민은 '인재화'가 되어갈지언정 '인재' 자체는 아닌 존재로 인식된다. '전민'이 모두 '과학기술인재'는 아닌 '전민과학기술인재화'와 '과학기술'로부터 구별된 다수 '전민'의 희생을 담보로 한 '강원도 정신'은 일란성 쌍둥이처럼 일치 혹은 매우 유사한 DNA를 갖고 있는 셈이다.

5. 나오며

전민과학기술인재화 정책은 전민군사복무제 첫 세대가 직장에 배치되었던 2013년~2014년 시점에 맞추어 등장한 것으로, '지식경제' 시대에 맞추어 IT 기반의 재교육을 제공함으로써 궁극적으로는 현장노동자의 '자립적' 기술혁신을 촉진하려 한다. 강원도 정신은 각지역이 자체적으로 인재를 지원하고 그들의 과학기술력을 통해 원료의 국산화 및 의식주생활 향상까지 일구어 낼 것을 지시한다.

이 두 정책은 인재양성-과학기술-경제자립이라는 일정한 3단 논리를 공유하고 있으며, 3단 논리의 실현 수단으로 개별 주민의 희생과 헌납을 강조한다는 점에서도 닮아 있다. 정책의 세부 내용 일부와 구체적 세부 사업은 다소 다를지언정 목표, 실행 수단, 가동 자원과 같은 정책의 핵심적 요소들은 서로 다른 점을 찾기가 어려울 정도이다.

북한당국의 입장에서 일련의 정책들은 나름대로 논법을 지닌 출구전략일 것이다. 핵 무기에 기반한 국방기술력 강화를 최우선으로 추진해 온 만큼, 심화하는 대북제재에 버티기 위해서는 대다수 생산현장 전반이 설비, 기술, 자본 등의 부족 문제를 '스스로' 해결해주어야 하기 때문이다.

그러나 일상을 사는 주민의 입장에서 전민과학기술인재화 정책도 강원도 정신도 크게 달가울 것이 없다. 북한당국은 '자립'이라 쓰지만 주민은 '희생'이라고 읽을 수 밖에 없는 무리한 요구를 쏟아내기 때문이다. 북한당국의 정책은 현실적이라기 보다 과학기술에 천착한 판타지아에 가깝고, 그러한 흐름 속에서 '전민'은 이렇게 분류된다. 온갖 구조적 제약을 과학기술로 헤쳐나가는 극소수의 엘리트 과학기술인, 과학기술인들이 국가 과제에 우선집중할 수 있도록 현장 문제를 '알아서' 해결하는 공장/기업소와 소속된 노동자, 과학기술에 대한 이해에 기반하여 지역 내의 물적/인적 지도를 잘 하는 간부들로 말이다.

그러나 현실에서 이들 각각의 모습은 '북한적' 양상으로 재현된다. 1) 과학기술 발전을 위한 자재/기술/자본이 부재한 상황에서 과도한 격무에 시달리는 과학기술인, 2) 이미 상당한 자원을 들여 IT 교육시설을 완비해두었을 정도로 재화와 특혜가 원활하게 유통되지만 나름대로 헌납의 규모 또한 큰 대규모 공장 및 기업소와 그

소속 노동자, 3) 주민의 눈총에도 불구하고 자원을 최대한 헌납하도록 채근 혹은 '지도'하여 중앙의 비판을 받지 않도록 노력하는 간부, 4) 재화와 노동력부터 목숨에 이르기까지 희생적 헌납을 요구받는 주민, 5) IT 교육을 통한 전민과학기술인재화의 '전민'에 포함될 수 없는 다수의 농민과 노동자와 여성들이 기층을 가득 메우고 있다.

많은 복합적 원인을 차치하고 정책 자체 혹은 정책의 표면만 읽더라도, 현실에 적합하지 못한 측면이 드러난다. 전민과학기술인재화와 강원도 정신이 요구하는 인재양성－과학기술－경제자립의 논법은 상당한 물질적, 기술적 기반을 갖춘 상태에서만 현실화 될 수 있는 것이기 때문이다. 가령, 북한당국이 일정한 성과를 이루었다고 판단하는 군수부문/강원도 사례에서는 간단한 정책 변화나 일부 노동자 재교육만으로 혁신이 가능할 수 있지만, 민수부문/지방은 설비, 기술, 원료 부족의 기초적인 물질적·구조적 문제해결이 필요하다. 군수부문은 지난 60여 년간 북한당국이 모든 자원을 우선 투자하여 양성했고 지금도 최우선 순위를 두고 있으며 강원도 역시 중앙당 차원에서 집중 관리되었기 때문에 일련의 정책 논리가 완벽하게는 아니더라도 일부나마 끼워 맞출 수 있는 것이다.

북한당국이 열망하는 현대 과학기술은 '노오력'만으로 이루어질 수 없다. 현대 과학기술은 자율성과 창의성, 법제적 환경, 기존 성과에의 자유로운 접근, 원천기술의 이용과 변용, 상당한 규모의 연구자금, 신속하고 정확한 정보 선점, 시장성 등을 전제조건으로 한다. 문제는 이런 거대과학을 북한의 현 체제가 감당하지 못한다는 점이다.

현대 과학기술은 지식, 이론, 문자/숫자만으로, 혹은 의도한대로 전개되지 않는 복잡하고도 우발적인 사회 - 기술 혼종체이다. 그런데 북한당국의 정책은 현대 과학기술에 대한 깊고 넓은 이해에 기반하고 있기보다는 일종의 불도저식 궁여지책, 곧 오랜 '북한적' 성격을 뚜렷하게 담지한다. 열악한 환경적 조건에도 불구하고, 모든 사회 - 기술적 역동을 당이 일방적으로 재가하다보니 수많은 물질적, 기술적, 구조적 빈틈이 빚어질 수밖에 없다. 그 공공이 지금까지는 개별 주민의 희생으로 아주 힘겹게 메꿔져 왔지만, 언제까지 주민의 지지력이 버텨줄지 모른다.

2022년 2월부터 촉발된 러시아 - 우크라이나 전쟁이 전 세계의 지정학적, 지경학적 흐름을 일견 바꿔놓고 있다. 북한당국이 오랜 기간 국제의 분쟁/전쟁을 나름의 '안보' 전략 수립을 위해 치밀하게 분석해온 만큼, 앞으로도 국방/군수 우선의 정책은 더욱 굳건하게 지속될 것이다. 미사일 발사 훈련과 군 행사에 김주애를 등장시킴으로써 내부와 외부의 주목을 동시에 이끌어내는 모습이 이를 방증한다. 결국 북한 주민의 삶은 지금껏 그래왔듯 '자력갱생'의 벼랑 끝으로 한 걸음 더 밀려날 가능성이 높다.

생계를 자력으로 유지해가는 도중에도 버거운 헌납을 빈번하게 요구받는 주민들은, 원자모양의 과학기술전당 안에서 하늘을 향해 재현된 은하3호 모형을 직접 혹은 사진으로 보며 무슨 생각을 할까?

1. 국문논문

김경미. "의미연결망 분석을 활용한 북한의 원격교육체제 탐색:「고등교육」 기사 중심으로."『현대북한연구』, 제25권 2호, 2022, pp. 278~326.

박민주. "김정은 집권 이후 북한 대학과 "전민과학기술인재화" 정책의 조응."『대학연구』, 제1권 2호, 2022, pp. 1~16.

송승섭. "북한의 전자도서관 현황과 발전 가능성."『디지틀 도서관』, 제72호, 2013, pp. 3~18.

이미경. "김정은 시기 과학기술교육정책의 특징과 정치적 함의."『사회과학연구』, 58권 1호, 2019, pp. 339~367.

이인정. "김정은 시기 북한 고등교육 변화와 남북 대학 협력의 과제."『도덕윤리과교육』, 70호, 2021, pp. 239~260.

이춘근 · 김종선. "북한 김정은 시대의 과학기술정책 변화와 시사점."『STEPI Insight』, 제173호, 2015, pp. 1~29.

정유석 · 곽은경. "김정은 현지지도에 나타난 북한의 상징정치."『현대북한연구』, 18권 3호, 2015, pp. 156~224.

3. 북한문헌

계광일. "과학기술보급실운영을 개선강화하기 위한 요구."『천리마』, 제712호, 2018, p. 40.

김정남. 『강국건설의 생명선』. 평양: 평양출판사, 2018.

「로동신문」, 각 호.

리광삼. 『경애하는 최고령도자 김정은동지께서 밝히신 전민과학기술인재화에 관한 주체의 리론』. 평양: 사회과학출판사, 2017.

리계혁. "과학기술보급실의 운영전략수립에서 나서는 문제." 『김일성종합대학 과학도서관자료통보』, 112호, 2018, pp. 1~3.

정순녀. 『과학기술로 발전하는 조선』. 평양: 외국문출판사, 2019.

"전민과학기술인재화실현에 적극 이바지하겠다." 「내나라」, 2016년 3월 18일, 미상.

한영미. "과학기술보급실 운영과 전민과학기술 인재화." 『근로자』, 2018년 8호, 2018, pp. 43~44.

"훌륭히 개건된 강원도농업과학연구소, 원산남새연구분소 준공." 「조선의 오늘」, 2020년 1월 6일, 미상.

4. 기타

"북한 1만4000곳 과학기술네트워크 구성." 「NK경제」(온라인), 2018년 7월 9일; 〈http://www.nkeconomy.com/news/articleView.html?idxno=130〉.

"전국 수력발전소에 설치된 발전기 가공…속도·질 높아져." 「통일신문」(온라인), 2013년 5월 28일; 〈https://www.unityinfo.co.kr/sub_read.html?uid=15276&section=sc9&section2=〉.

DPRK 360; 〈https://dprk360.com/360/sci_tech_complex/〉.

저자 소개

최대석 | 현 이화여자대학교 명예교수, 경제사회연구원 이사장, 전 이화여자
         대학교 부총장
김엘렌 | 이화여자대학교 통일학연구원 객원연구위원, 서울시 남북교류협력
         위원회 위원, 국가인권위원회 북한인권전문위원회 전문위원
박민주 | 동국대학교 북한학연구소 연구초빙교수
송현진 | 이화여자대학교 통일학연구원 객원연구위원
이경애 | 이화여자대학교 통일학연구원 객원연구위원
전정희 | 전 이화여자대학교 간호대학 초빙교수
조현정 | 이화여자대학교 통일학연구원 객원연구위원, 이음연구소 대표